ÉGLISE

LA MÉCANIQUE DU SILENCE

Daphné Gastaldi,
Mathieu Martiniere,
Mathieu Périsse

ÉGLISE

LA MÉCANIQUE DU SILENCE

JC Lattès

Maquette de couverture : Atelier Didier Thimonier

ISBN : 978-2-7096-5938-3

© 2017, éditions Jean-Claude Lattès.
Première édition mars 2017.

Avant-propos

Il aura fallu de longs mois d'enquête avant d'écrire la première ligne de ce livre. Cet ouvrage se fonde sur des centaines de témoignages, documents judiciaires, lettres manuscrites et rapports de police. Une année d'enquête à temps plein, au cœur des affaires de pédophilie et d'abus sexuels dans l'Église catholique de France. Au départ de Lyon, où nous travaillons comme journalistes indépendants, nous avons sillonné le pays. Nous sommes allés à la rencontre de prêtres agresseurs et de leurs victimes partout en France, à Paris, Toulouse, Strasbourg, dans le Tarn-et-Garonne, en Bretagne ou en Auvergne, jusqu'à Rome.

Certaines histoires que nous développons ici ont déjà fait l'objet d'articles sur le site *Mediapart*, d'autres sont totalement inédites. Nous révélons également dans ce livre, en partenariat avec nos confrères de l'émission *Cash Investigation* de France 2, les parcours de plusieurs prêtres déplacés à l'étranger, couverts par les plus hautes autorités religieuses.

Église la mécanique du silence

Largement utilisée dans le langage courant, la pédophilie n'est pas un terme juridique mais une notion scientifique, désignant l'attirance sexuelle d'un adulte envers des enfants. Le droit français estime qu'une victime est mineure lorsqu'elle a moins de 15 ans. Dans ce livre, nous ne nous arrêtons pas aux agressions sur mineurs mais nous prenons en compte également des victimes majeures, tout aussi démunies face au silence de l'Église.

Autant l'écrire d'emblée, notre objectif n'est pas de viser à tout prix l'Église catholique ni de traquer les prêtres pédophiles. Les noms des religieux ne sont d'ailleurs pas toujours donnés dans ce livre. Plusieurs d'entre eux sont indiqués de façon anonyme. Une décision prise au cas par cas, lorsque l'enquête judiciaire en est à ses débuts ou lorsque l'individu n'a pas avoué les faits. À l'inverse, nous avons décidé de publier les noms de deux prélats, des personnalités publiques qui n'ont pu être poursuivies en justice pour cause de prescription.

Rappelons que tant que les accusés ne sont pas condamnés définitivement (c'est-à-dire après tous les recours possibles), ils sont présumés innocents.

À travers notre enquête, nous avons voulu montrer avant tout les dysfonctionnements de l'institution catholique en France. Une Église qui a parfois besoin de pression médiatique pour sortir de sa torpeur. En interne, seuls quelques prêtres, religieux et lanceurs d'alerte catholiques ont accepté de nous aider, révélant des scandales enfouis au sein de leurs diocèses.

Sur internet, dans notre entourage, certains se sont interrogés : pourquoi ne pas enquêter aussi dans les

Avant-propos

écoles, dans les familles ou du côté des autres religions ? Chaque chose en son temps. Notre enquête s'est d'abord inscrite dans l'actualité judiciaire qui secouait le diocèse de Lyon. Nous n'avons que déroulé le fil qui se présentait à nous. Par ailleurs, enquêter sur l'Église catholique n'empêche pas d'interroger d'autres institutions. D'autant plus que la parole se libère un peu partout en France et dans le monde occidental.

De fait, nous savons aujourd'hui que la majorité des affaires de pédophilie ont lieu au sein de la famille. D'autres institutions amenées à travailler auprès d'enfants, comme l'Éducation nationale ou les clubs sportifs, sont également touchées. Ainsi en Isère, les habitants gardent en mémoire les actes de cet instituteur de Villefontaine, accusé de viols et d'agressions sexuelles sur plus de soixante enfants. En 2015, l'affaire avait mis en évidence des dysfonctionnements majeurs au sein de l'Éducation nationale. Plus récemment, fin 2016, un scandale de pédophilie éclatait dans le football anglais. Des centaines de victimes ont été recensées depuis par la police britannique. Plus de vingt joueurs, dont des anciens internationaux, ont déclaré avoir été victimes d'entraîneurs ou de recruteurs lorsqu'ils étaient enfants. Près de cent cinquante clubs seraient concernés, dont la prestigieuse équipe londonienne de Chelsea. Là aussi, l'omerta est terrible.

Mais les erreurs des uns n'excusent pas les manquements de l'Église. Pendant toute cette année d'enquête, nous avons constaté des spécificités propres à l'institution catholique. Dans chaque pays où les scandales

Église la mécanique du silence

ont éclaté, un même silence ecclésiastique s'est répété. Un mode opératoire tacite, fait de non-dits, de dissimulations, de déplacements et d'exfiltrations à la campagne ou à l'étranger. Aux États-Unis, au Canada, en Irlande, en Autriche, en Allemagne ou encore en Belgique. Maintenant, en France. À chaque fois, ce n'est pas tant le nombre de prêtres pédophiles qui a créé le scandale, mais le silence honteux de l'institution qui les a entourés.

Pour la première fois en France, nous publions des chiffres édifiants sur les abus sexuels dans l'Église. Nous révélons que des dizaines de prêtres ont été couverts par leurs évêques, sans que la justice en soit jamais informée. Et que l'institution est restée sourde aux appels de plus de trois cents victimes, partout en France. Ce sont leurs paroles qui nous ont décidés à écrire ce livre. Pour faire connaître cette mécanique du silence et, nous l'espérons, contribuer à y mettre un terme.

Prologue

Monts du Lyonnais, 1ᵉʳ avril 2016.

DAPHNÉ GASTALDI. Monsieur Gérentet ?
PÈRE GÉRENTET. Oui, c'est moi.
DAPHNÉ GASTALDI. Bonjour, nous venons de la part de X., qui vous a connu à l'église de La Trinité, à Lyon.
PÈRE GÉRENTET. Vous avez fait tout ce chemin ?
DAPHNÉ GASTALDI. Oui, nous venons de Lyon. Cette jeune femme vous connaît et elle se demandait ce que vous deveniez.
PÈRE GÉRENTET. Ah bon…
DAPHNÉ GASTALDI. Pour tout vous dire, elle ne va pas très bien aujourd'hui. Elle n'avait pas le courage de venir vous voir en personne pour en parler. Elle m'a confié qu'il s'était passé des choses étranges dans le passé avec vous.
PÈRE GÉRENTET. Ohlala… Oh mon Dieu, mon Dieu… *[silence]* Qu'est-ce que je peux faire ? Elle est sur Lyon ?
DAPHNÉ GASTALDI. Elle vit toujours à Lyon, oui.

Église la mécanique du silence

PÈRE GÉRENTET. Ohlala, vous savez, toute ma vie je me suis occupé d'enfants, au catéchisme, ailleurs... J'ai certaines fois agi un peu trop comme un vieux grand-père, avec des gestes affectueux. J'ai pu avoir des gestes...
DAPHNÉ GASTALDI. Oui, elle m'a dit que vous aviez été condamné. Elle n'avait pas porté plainte à l'époque. Et elle n'est pas la seule apparemment.
PÈRE GÉRENTET. Oui, écoutez... Je suis disponible pour la rencontrer si elle le souhaite.
MATHIEU MARTINIERE. Et elle se demandait si vous seriez prêt à reconnaître devant elle des faits, des caresses dans le presbytère ?
PÈRE GÉRENTET. Bon... Je veux bien la rencontrer. Mais les attitudes que j'ai pu avoir avec les enfants ont pu être très mal interprétées.
MATHIEU MARTINIERE. Vous avez été condamné pour cela, non ?
PÈRE GÉRENTET. Oui, j'ai été condamné pour ce genre d'attitudes. Ça s'appelle « agressions sexuelles sur mineurs ».
MATHIEU MARTINIERE. C'est pour ça que vous êtes parti de Lyon ?
PÈRE GÉRENTET. Oh oui, mais je suis parti avant. Écoutez, si ça peut l'apaiser, je suis prêt à la rencontrer. Et effectivement à lui demander pardon de ce que j'ai pu avoir comme gestes qui l'ont troublée. Aucun problème...
DAPHNÉ GASTALDI. Elle me dit que vous avez eu des pulsions. Vous vous rappelez de ce que vous avez pu faire ?

Prologue

PÈRE GÉRENTET. C'était de l'ordre des caresses… Quand on a des enfants à côté de soi, on les prend par la taille, on les tapote, on les caresse. C'était du reste très furtif et rapide, puisque les enfants que j'ai pu avoir dans ces circonstances-là, c'était à la fin du catéchisme quand j'avais un travail à vérifier avec elles.
MATHIEU MARTINIERE. Et depuis, ils vous ont interdit de voir des enfants ?
PÈRE GÉRENTET. Oui, c'est ça. Ma condamnation est récente. J'ai été retiré du ministère à l'époque, en accord avec l'évêque.
MATHIEU MARTINIERE. Mais votre condamnation date de quand ?
PÈRE GÉRENTET. Oh, c'est beaucoup plus récent, ça date du 16 février de cette année. Mais même antérieurement, en 2001, c'était l'évêque qui m'avait convoqué pour me dire qu'il avait entendu certaines choses et qu'il me demandait de quitter le ministère, à Lyon. En 2004, j'ai rencontré aussi Mgr Barbarin, il m'a dit qu'on continuait cette procédure, « *vous n'êtes plus dans le ministère* ». Il a confirmé, si vous voulez, les affaires de son prédécesseur, de m'éloigner justement. Et puis, c'est seulement en septembre 2010 que j'ai été convoqué par la police. Et puis de 2010, jusqu'à ma condamnation en 2016, voilà…
MATHIEU MARTINIERE. À quoi avez-vous été condamné au final ?
PÈRE GÉRENTET. J'ai eu deux ans avec sursis et des dommages et intérêts pour les victimes, l'interdiction d'être au contact d'enfants aussi dès le début de la procédure.

Église la mécanique du silence

DAPHNÉ GASTALDI. Et combien de femmes vous ont accusé d'attouchements lorsqu'elles étaient enfants ?
PÈRE GÉRENTET. Euh... Huit[1].

Huit enfants. Ce chiffre nous fige sur place.

---

1. Pour faciliter la lecture, cette interview a été condensée. Nous revenons précisément sur cette affaire dans le chapitre 4.

PARTIE I

LES AFFAIRES BARBARIN

1

Les pourfendeurs du silence

Parfois le combat d'une vie ressemble à une banale réunion de club de quartier. Ils sont une cinquantaine, ce vendredi 25 novembre 2016, à se retrouver pour la première assemblée générale de l'association La Parole libérée. Les invités arrivent au compte-gouttes dans la salle de conférences louée pour l'occasion à Villeurbanne, dans la banlieue de Lyon. Les salutations sont discrètes, les regards un peu anxieux. La plupart se voient pour la première fois. Un homme d'une cinquantaine d'années passe une tête timide à la porte de la salle. « *C'est bien ici ?* » Rassuré, il se glisse jusqu'à la première chaise en plastique qui croise son chemin.

Debout devant l'entrée, trois hommes captent les poignées de main et les félicitations des nouveaux arrivants. « *Ça fait plaisir de vous voir ailleurs qu'à la télé* », glisse une jeune femme. Moins d'un an après avoir créé

Église la mécanique du silence

l'association, François Devaux, Bertrand Virieux et Alexandre Dussot en sont devenus les figures incontournables. Les visages d'un scandale qui a fait trembler l'Église de France jusque dans ses fondations. Celui de ces dizaines d'enfants scouts du Groupe Saint-Luc de Sainte-Foy-lès-Lyon, affirmant avoir été agressés sexuellement par le père Bernard Preynat entre 1972 et 1991 selon les témoignages recueillis par La Parole libérée. Rappelons que le prêtre bénéficie de la présomption d'innocence tant qu'il n'a pas été condamné définitivement. Ce jour-là, l'association recense soixante-douze personnes disant avoir été ses victimes lorsqu'elles avaient entre 8 et 12 ans. Quatre évêques lyonnais successifs ont été alertés sans jamais saisir la justice. Un demi-siècle d'omerta.

L'association a moins d'un an, « *mais on a l'impression que dix ans se sont écoulés* », s'étonne encore Bertrand Virieux au moment de prendre la parole. « *Je me souviens quand on a signé les statuts sur le capot de la voiture de François, sous la pluie.* » Et le cardiologue lyonnais de se repasser le film de l'année : leur première prise de parole publique, la médiatisation de l'affaire, la procédure judiciaire initiée contre le père Preynat et le cardinal Barbarin, la succession des divulgations de scandales partout en France et les mesures annoncées finalement par l'Église pour lutter contre la pédophilie. « *C'est parti d'un fétu de paille pour aller vers un immense brasier de révélations* », résume-t-il.

Alexandre, François, Bertrand : lorsque nous les rencontrons en mars 2016, ces prénoms sont déjà connus du grand public. L'affaire Preynat fait les gros titres de

Les affaires Barbarin

la presse nationale depuis plusieurs semaines quand nous recevons un coup de téléphone de la rédaction de *Mediapart* nous demandant si nous souhaitions couvrir le sujet, étant installés à Lyon.

Nous commençons par décliner l'offre : le terrain est déjà saturé de journalistes et nous ne connaissons pas bien le milieu catholique. Mais, quelques jours plus tard, des informations nous parviennent sur le cas d'un autre prêtre du diocèse de Lyon. Impossible de passer à côté, nous acceptons. Avec une idée de départ : sortir de la région lyonnaise, s'intéresser à d'autres affaires ailleurs en France. Depuis deux ans, au sein de notre collectif de journalistes indépendants, We Report, nous avons pris l'habitude de travailler sur du temps long. Nous ne nous doutons pourtant pas un instant qu'un an d'enquête vient de s'ouvrir devant nous.

Notre premier réflexe est de rencontrer ceux par qui le scandale est arrivé, les membres de La Parole libérée. Nos premiers rendez-vous sont déroutants. Nous nous attendons à faire face à une douleur vieille de plusieurs décennies, des larmes, une souffrance qui ne se laisserait pas facilement mettre en mots. En fait de pleurs, nous trouvons des hommes dans la fleur de l'âge, décontractés, souvent drôles, qui affublent le père Preynat du sobriquet de « *Preynator* » et rient jaune en décrivant les « *magouilles* » de l'Église. L'humour comme une arme de distanciation massive, pour évacuer la pression médiatique qui pèse sur leurs épaules, pour continuer à avancer malgré le passé.

Église la mécanique du silence

« *Ce n'était pas vraiment voulu de notre part, mais dès le début on a pris ce ton un peu décalé,* se souvient aujourd'hui Alexandre Dussot. *On savait que c'était un sujet anxiogène, les gens ne veulent pas entendre ça. Des horreurs et des pleurs, t'en as plein les émissions… Mais tu zappes. Inconsciemment, on a toujours voulu être dans la description dépassionnée.* » Les faits, durs comme des uppercuts, n'ont pas besoin de pathos pour frapper. La colère froide affleure à chaque phrase de notre entretien avec François Devaux : « *Il faut bien prendre la scène dans la tête. Imaginez un gamin de 10 ans avec le sexe en érection d'un adulte dans la bouche. Ça vous aide à vous battre.* »

Au commencement de La Parole libérée, il y a Alexandre Dussot, 43 ans. Sa grande silhouette élancée nous accueille devant son pavillon de la banlieue lyonnaise. Deux pendentifs sortent de sa chemise alors qu'il s'installe au bout de son canapé. Une croix « *avec les initiales de mes cinq enfants* », nous indique-t-il. Et une médaille « *Saint-Paul, avec l'Alpha et l'Oméga* ». Pendant trente ans, le jeune homme a suivi la route que lui avait tracée son éducation catholique dans la petite bourgeoisie de l'Ouest lyonnais. Études sans accroc, carrière dans la finance, mariage à l'église, famille de cinq enfants scolarisés dans des établissements privés. Un sans-faute. Une vie à regarder devant soi, sans trop penser aux années chez les scouts. Ni aux étranges gestes de celui que tout le monde appelle encore le « père Bernard ».

Les affaires Barbarin

Alexandre a 10 ans en 1984, quand il dit avoir été agressé sexuellement au Groupe Saint-Luc pour la première fois. Il y est entré deux années plus tôt. La troupe, fondée par le père Preynat en 1972, attire à l'époque près de quatre cents jeunes par an. C'est un petit monde indépendant sur lequel le père Preynat règne sans partage. Les familles apprécient son sens aigu de l'organisation, son côté « vieille France ». Son charisme impressionne. Mais derrière la façade rassurante, le prêtre aurait montré un tout autre visage. « *Les samedis après-midi, en réunion de scouts, il m'amenait dans le local photo à côté de l'Église*, se souvient Alexandre. *Il se frottait contre moi, il passait sa main dans mon caleçon pour prendre mon sexe dans ses mains. Il fallait aussi le caresser, poser ma main sur son sexe.* » Impossible d'échapper au prêtre. « *Chaque week-end, quand j'étais sous le préau de la paroisse, j'avais peur de l'entendre m'appeler de sa grosse voix : "Alexandre ! "* » Inenvisageable d'en parler. « *Qui m'aurait cru ?* » fait Alexandre.

Les années passent, jusqu'au camp d'été de 1986, au Portugal. Après un énième épisode, Alexandre parvient à prendre ses distances avec l'aumônier. Rentré en France, il annonce à ses parents qu'il ne retournera jamais chez les scouts. Ils ne posent pas de questions. Quelques années plus tard, lors d'un déjeuner en famille, ils lui parlent de rumeurs sur le père Preynat, des attouchements, peut-être avec des jeunes d'une école voisine. Alexandre a 16 ans. L'adolescent craque. Il leur raconte. Pas de réaction. « *Ils trouvent cela incroyable, c'est tout… Et ils ne font rien* », écrira plus tard Alexandre sur le blog

Église la mécanique du silence

de La Parole libérée. En 1991, le père Preynat quitte la paroisse de Sainte-Foy-lès-Lyon pour une destination inconnue.

La vie coule sur les souvenirs. Les rares fois où il pense à ce prêtre, Alexandre l'imagine très vieux, le croit mort. En 2014, il discute avec une amie du Haut Beaujolais, au nord de Lyon, où a été déplacé Bernard Preynat. « *Là, j'apprends que non seulement il est toujours vivant, mais qu'il est toujours en poste.* » Curé de la paroisse du Coteau, le prêtre a relancé une sorte de troupe pour les jeunes, s'occupe d'enfants et prépare des échanges avec une paroisse du Liban. « *Dans ma tête, c'est stratosphérique !* » lance Alexandre. Encore aujourd'hui, l'homme d'habitude si mesuré ne peut s'empêcher de bondir sur son canapé.

Quelques mois plus tard, il croise par hasard un ancien scout, perdu de vue depuis des années. On évoque les souvenirs d'enfance, les incroyables séjours en Grèce, au Portugal, les copains. Jusqu'à cette phrase qui résonne encore aux oreilles d'Alexandre : « *Toi aussi tu t'es fait tripoter par Preynat ? Il venait dans mon duvet le soir…* » L'homme connaît un autre ancien scout à qui il est arrivé la même chose. Sous le choc, Alexandre décide d'agir.

Le 17 juillet 2014, il écrit un long mail au cardinal Barbarin. Les mots sont précis : « *Durant près de deux ans aux scouts, entre ma neuvième et ma onzième année, j'ai souffert des attouchements répétés du prêtre qui s'occupait des enfants. Je n'ai pas été le seul, et de nombreux garçons de mon âge ont eu à subir les mêmes actes.* » Dans les dernières lignes du mail, il interpelle directement

Les affaires Barbarin

le primat des Gaules : « *Comment est-ce possible ? Étiez-vous au courant ? A-t-il eu des sanctions ? Va-t-il être condamné ? Pourquoi cet homme s'occupe encore d'enfants ?* » interroge-t-il, avant de conclure.

« *À ce moment-là, je vais voir l'Église en toute confiance*, analyse-t-il aujourd'hui. *Je me disais qu'ils allaient forcément faire quelque chose.* » Il s'interrompt d'un haussement d'épaules. « *J'étais extrêmement naïf.* » Car pendant près d'un an et demi, le jeune homme va batailler avec le diocèse de Lyon, mail après mail, rencontre après rencontre, sans qu'aucune mesure à l'encontre du père Preynat ne soit prise.

« *Terrible témoignage* », lui répond pourtant le cardinal Philippe Barbarin dès le lendemain de son premier courrier. L'archevêque conseille à Alexandre de contacter une certaine Régine Maire « *qui accepte de recevoir et d'écouter ceux qui ont vécu de telles souffrances par la faute d'un prêtre* ». Au sein du diocèse de Lyon, Régine Maire joue un rôle particulier. Membre pendant sept ans du conseil épiscopal, le gouvernement de l'évêque, cette théologienne et psychologue de formation est aussi déléguée à l'écoute des victimes d'abus sexuels. Elle propose une rencontre entre Alexandre et son agresseur.

Alexandre décide de jouer le jeu. Le rendez-vous est fixé au 11 octobre 2014, à la maison diocésaine de Saint-Jean, dans le Vieux-Lyon. Devant son ancienne victime, en présence de Régine Maire, le père Preynat aurait admis les faits, affirmant se souvenir d'Alexandre. Il serait même allé plus loin, reconnaissant avoir abusé

Église la mécanique du silence

d'enfants pendant de nombreuses années. « *Il m'a dit que c'était "une ombre dans sa vie", et que le cardinal Decourtray*[1] *l'avait muté dans la paroisse de Neulise, en 1991.* » Alexandre réalise l'ampleur de l'affaire : « *C'était de la pédophilie industrialisée.* »

Le père Preynat aurait minimisé ses actes sur les enfants, se cachant derrière les décisions prises par ses supérieurs. Alors qu'il aurait avoué plusieurs agressions sans manifester beaucoup de remords, Régine Maire aurait proposé de clore la rencontre par une surréaliste « séance de pardon ». Alexandre en frissonne presque encore. « *On se tient par la main avec Preynat, on récite un "*Je vous salue Marie*", c'est un moment horrible.* » Alexandre ressort vidé.

Deux jours plus tard, Régine Maire écrit à Alexandre : « *J'espère que cette rencontre a eu pour vous un goût de paix et de guérison d'un passé douloureux qui laissera toujours une cicatrice, certes, mais qui, avec la grâce, se ferme... Si nous ne la grattons pas trop.* » Le message est limpide : Alexandre est prié de ne pas faire trop de vagues. Les semaines passent sans nouvelles. Après plusieurs demandes, Alexandre finit par rencontrer le cardinal Barbarin le 23 novembre 2014. « *Il me dit qu'il a parlé au père Preynat, qui lui a dit qu'il n'avait pas recommencé depuis 1991* », raconte-t-il. « *Je ne manquerai pas de courage sur cette question* », promet Philippe Barbarin à la fin du rendez-vous. Pour Alexandre, le prêtre a reconnu les faits, sa hiérarchie est informée, c'est « *la fin de l'histoire* ».

---

1. Albert Decourtray, cardinal et archevêque de Lyon de 1981 à 1994.

Les affaires Barbarin

Mais après avoir laissé passer les fêtes de Noël, Alexandre se rend à l'évidence : le père Preynat est toujours en poste et continue de s'occuper du catéchisme dans sa paroisse du Coteau. Après plusieurs relances, le primat des Gaules lui écrit le 15 mars vouloir retirer le père Preynat de sa paroisse. Méfiant, Alexandre se renseigne. En réalité, le prêtre continue d'officier et de s'occuper de la catéchèse. Les annonces du diocèse restent lettre morte. À la lecture de ses mails envoyés au printemps, on voit poindre la colère d'Alexandre, son incompréhension devant l'inaction de l'Église. Écœuré, il décide d'écrire au pape François au mois d'avril. Le courrier est accompagné d'un dossier complet. Les mots envoyés au Saint-Siège sont durs : « *J'ai honte pour notre Église d'avoir caché ses atrocités et de vouloir encore les masquer. Qu'attendez-vous pour agir fermement contre ce criminel qui a souillé des enfants dans leur chair ?* » Les phrases sonnent comme une rébellion pour le catholique pratiquant qu'est toujours Alexandre. La lettre restera sans réponse.

À bout de patience, Alexandre Dussot écrit un signalement au parquet de Lyon le 5 juin 2015. En France, les agressions sexuelles sur mineur sont prescrites à compter de vingt ans après la majorité de la victime, soit jusqu'à ses 38 ans. Alexandre a 40 ans. À deux ans près, il est trop tard pour lui pour porter plainte. Malgré tout, la justice se saisit enfin de l'affaire.

Le 28 juillet, le cardinal informe Alexandre que le père Preynat n'exercera plus aucun ministère et n'aura plus aucun contact avec les enfants jusqu'à ce que Rome statue sur son sort. Un an presque jour pour jour après

Église la mécanique du silence

le premier mail envoyé par Alexandre, le diocèse décide enfin d'une mesure préventive. Pourtant, la mise à l'écart du prêtre traîne encore en longueur. Sa messe d'adieux, le 15 août 2015, est immortalisée par la presse locale. On peut y voir le père Preynat entouré d'enfants auxquels il remet des petites vierges en métal, « *pour les accompagner tout au long de leur vie*[1] », note le journaliste du *Progrès*. Fatigué, Alexandre pense maintenant laisser la justice suivre son cours, sans se douter que l'affaire s'apprête à prendre une tout autre ampleur, avec l'apparition d'autres victimes.

François Devaux est un homme tranchant. Une vie de chef d'entreprise à cent à l'heure qui ne s'embarrasse pas de détails. Un fonceur. En ce mois d'octobre 2015, le père Bernard est pour lui un mauvais souvenir, enterré avec son enfance. Celui d'un gamin de 10 ans qui se retrouve seul dans la salle de réunion de la paroisse après deux ans chez les scouts Saint-Luc un jour de mai 1990. Le prêtre l'enlace, le serre très fort, passe sa main sous son short, l'embrasse sur la bouche. « *Ce sera notre secret* », glisse le curé. Le soir même, François raconte la scène à ses parents qui contactent rapidement le cardinal Decourtray pour demander le départ du prêtre. En février 1991, le père Preynat leur écrit une lettre, dans laquelle il raconte avoir été convoqué par Mgr Decourtray. « *Je reconnais m'être mal comporté avec François* », écrit-il. Mais le prêtre réclame plus de temps pour préparer son départ. « *Je vous jure que depuis la*

---

1. « Le père Preynat a célébré sa dernière messe », *Le Progrès*, 16 août 2015.

Les affaires Barbarin

rentrée de septembre, il ne s'est absolument rien passé entre moi et les enfants, assure-t-il. *Comment pourrais-je quitter la paroisse du jour au lendemain, comme un voleur, après 20 ans de présence où je n'ai tout de même pas fait que du mal ?* »

Quelques semaines plus tard, Bernard Preynat quitte la paroisse de Sainte-Foy-lès-Lyon, direction un couvent des Petites Sœurs des pauvres. Il n'y restera en réalité que six mois, avant d'être réaffecté à la paroisse de Neulise, dans la Loire. Mais les parents de François ignorent tout de cette mutation, et n'entendent plus jamais parler du prêtre. Jusqu'en 2015. Mis sur la piste du père Preynat par Alexandre, les enquêteurs de la Brigade de protection de la famille de Lyon ne tardent pas à les contacter.

« *Mi-octobre, je reçois un coup de fil de la police*, se souvient François. *Moi j'étais à 100 % dans mon job, ça ne m'intéressait pas tellement, je pensais que Preynat était au fond d'un placard.* » Le soir même, il tape le nom du prêtre sur Google. « *Et là, j'hallucine !* » lâche-t-il. Sur son écran d'ordinateur, les photos de Bernard Preynat devant des enfants, prises quelques mois plus tôt, le frappent en pleine tête. « *J'ai cogité toute la nuit. Le lendemain, j'ai appelé ma femme. Je me souviens, j'étais en voiture sur le périphérique, je tremblais.* » Il accepte un rendez-vous avec la police. François a 36 ans et peut donc encore porter plainte.

Dans la foulée, il appelle le cardinal Barbarin, sans obtenir beaucoup de réponses. Puis il se démène pour contacter la presse locale. Il raconte son histoire à un journaliste de la *Tribune de Lyon*, qui questionne à son tour le cardinal. Anticipant la publication, le diocèse de Lyon publie le 23 octobre un communiqué de presse en forme de contre-feu : « *L'archevêque de Lyon a appris avec gravité que plusieurs plaintes ont été déposées contre un prêtre de son diocèse.* » Le communiqué fait part de « *la condamnation sans réserve des actes qui ont atteint des jeunes dans leur vie intime* », précisant que « *ce prêtre n'a aujourd'hui plus aucune responsabilité pastorale et tout contact avec les mineurs lui a été interdit* ». L'article de la *Tribune de Lyon*[1] paraît quelques jours plus tard. L'affaire devient publique.

Les mêmes lieux, les mêmes gestes. C'est en lisant un commentaire laissé par François Devaux sur le site de la *Tribune de Lyon* que Bertrand Virieux comprend qu'il n'est pas la seule victime du père Preynat. Depuis presque trente-cinq ans, ce cardiologue garde en mémoire ces actes inexplicables pour un garçon de 9 ans. Surtout, il se souvient de cette altercation entre sa mère et l'aumônier des scouts. Comprenant ce qui s'était passé, ses parents avaient alerté des prêtres du diocèse et convoqué Bernard Preynat. Le curé aurait promis alors « *de ne jamais recommencer* », croit-il se souvenir aujourd'hui. Suffisant pour les parents. Bertrand restera chez les scouts deux ans de plus, il ne sera plus jamais abusé. Le prêtre s'est déjà tourné vers d'autres proies. « *Le soir même, après avoir lu l'article, j'ai appelé François* », se rappelle Bertrand. Puis tout s'enchaîne

---

1. Antoine Comte, « Qui est Bernard Preynat, le prêtre lyonnais visé par des plaintes pour pédophilie ? », *Tribune de Lyon*, 28 octobre 2015.

Les affaires Barbarin

très vite. « *J'ai porté plainte quatre jours plus tard, le 8 décembre.* » Le jour de la fête des Lumières, hommage à la Vierge Marie, protectrice de Lyon. Une plainte pour la forme. Pour Bertrand, les faits remontent à 1980. À 45 ans, il sait que la prescription jouera contre lui mais qu'importe.

Très vite, comme une évidence, les trois victimes décident de créer une association. Pour traduire le père Preynat devant la justice d'abord, mais aussi pour faire connaître le comportement de l'Église dans cette affaire. Fin décembre, les trois anciens scouts se mettent en quête d'autres victimes, en commençant par leurs camarades du Groupe Saint-Luc. Ils passent des nuits blanches à se documenter, mettent la main sur les almanachs publiés chaque année, s'inscrivent sur les réseaux sociaux « *Copains d'Avant* » ou « *LinkedIn* », listent des noms et les appellent un à un. Un travail minutieux et éprouvant. « *J'ai dû en contacter une centaine, une vingtaine ont dit avoir été victimes* », estime François. En remplissant leur tableau, les trois victimes-enquêteurs réalisent l'ampleur du scandale. Trente noms sont ajoutés à la liste en moins de dix jours.

Sous l'impulsion de François Devaux, l'association fait le choix de médiatiser l'histoire. Un site est créé et décision est prise d'organiser une conférence de presse le 12 janvier. Le jour J, les trois comparses attendent, angoissés, que la salle se remplisse. Deux policiers en civil viennent discrètement prendre le pouls de la réunion. Des mois plus tard, l'un d'eux tiendra à saluer François, croisé dans les couloirs de la Brigade des mineurs. Quelques journalistes ont fait le déplacement. Des médias locaux, mais aussi l'AFP, France Télévisions. Le sujet fait mouche. La machine est lancée, elle ne s'arrêtera plus.

Placé en garde à vue, le père Preynat répond aux questions des enquêteurs et reconnaît de nombreux faits de viols et agressions sexuelles, évoquant avec précision les prénoms et noms des enfants concernés, ainsi que les dates de ces agressions, qui vont du baiser à la fellation. Le 27 janvier, le prêtre est mis en examen pour des agressions sexuelles sur quatre victimes entre 1986 et 1991, les autres faits étant prescrits. Hasard du calendrier, le film *Spotlight* sort en salles le jour même. Le long-métrage retrace l'enquête des journalistes du *Boston Globe* en 2002, révélant l'existence d'un système de couverture des prêtres pédophiles au sein de l'archidiocèse de Boston, aux États-Unis. L'un des premiers gros scandales de pédophilie pour l'Église catholique, dont l'onde de choc a ensuite touché de nombreux autres pays. Quelques mois après sa sortie, *Spotlight* remporte l'Oscar du meilleur film. L'intérêt des médias pour La Parole libérée n'en est que renforcé.

Sous la pression médiatique, le cardinal Barbarin doit réagir. Le 10 février, dans une interview au journal *La Croix*, il admet avoir été mis au courant du passé du père Preynat *« vers 2007-2008 »* et non par Alexandre en 2014. L'aveu frappe les esprits. *« À partir de là, il n'y avait plus aucun doute sur son inconséquence »*, lâche Alexandre Dussot, amer.

Désormais en pleine tempête, le cardinal Barbarin prend la parole le 15 mars 2015, lors d'une conférence

Les affaires Barbarin

de presse improvisée à Lourdes, en marge de l'assemblée plénière de la Conférence des évêques de France (CEF). Devant les médias de la France entière, le prélat tente de faire face. « *Jamais, jamais, jamais je n'ai couvert le moindre acte de pédophilie* », martèle-t-il. L'archevêque reconnaît avoir choisi de faire confiance au prêtre, qui lui assurait n'avoir plus commis d'agression depuis son éloignement de Sainte-Foy-lès-Lyon. « *On peut me reprocher de l'avoir cru, mais depuis 1990, il n'y a plus rien eu, en tout cas certainement pas à ma connaissance* », conclut-il, avant de se féliciter que « *la majorité des faits, grâce à Dieu, sont prescrits* ». Interpellé par un journaliste, le cardinal s'excuse de la formulation, invoquant « *une erreur de langage* ». Mais le mal est fait. La phrase est reprise en boucle par les médias. L'affaire Preynat devient l'affaire Barbarin.

2

Un demi-siècle d'omerta

La voiture a rendu l'âme en fin de journée. Un dernier hoquet en arrivant à Tarare, et le moteur nous lâche définitivement dans le froid de novembre. Tant pis, nous rentrerons en train à Lyon. Depuis deux jours, nous sillonnons les routes du Roannais et du Haut Beaujolais, à l'écart des grands axes, aux confins du Rhône et de la Loire. C'est ici, dans les paroisses de Neulise, de Cours-la-Ville puis du Coteau que le père Bernard Preynat est venu s'installer après avoir été écarté de Sainte-Foy-lès-Lyon en 1991. Un morceau de campagne sans histoire, qui a accueilli vingt-cinq ans durant le prêtre désormais le plus tristement connu de France.

Partis tôt la veille, nous arrivons à Cours-la-Ville sous une pluie battante. Nous trouvons refuge dans une pâtisserie du centre-ville. La gérante hausse les sourcils en nous voyant. Il faut dire qu'elle en a vu passer des

Église la mécanique du silence

journalistes depuis un an. Son fils l'a connu, le prêtre, mais « *il ne se doutait de rien* », ajoute-t-elle précipitamment. Elle s'agace des habitants qui « *protègent* » encore le père Preynat, ces « *mères-curés* » qui disent que le prêtre « *prend pour tous les autres* ». Sa voix change de ton. « *Il vient encore là, vous vous rendez compte ! Chez un couple du voisinage.* » Elle baisse les yeux vers sa vitrine emplie de chocolats. « *J'ai l'impression que tout cela n'a servi à rien. Ils pourraient au moins le mettre dans un endroit surveillé.* »

Quelques rues plus loin, le patron du bar PMU nous taquine d'entrée de jeu. « *Encore des journalistes ! C'est pas fini cette histoire ?* » Avisant une cliente qui vient d'entrer, il lui lance un « *tu l'as connu, toi, le père Preynat ?* », goguenard. La femme rit. C'est devenu une blague dans la ville. « *On en rigole. On dit qu'on a nos vedettes à Cours-la-Ville. On avait déjà le joueur de football, Ghislain Anselmini*[1], *et le prêtre maintenant. Des vedettes, on dit !* » La cliente commande un jeu à gratter. Cheveux courts, blonds décolorés, cette ancienne commerçante se rappelle bien le prêtre. « *Il y a des dames qui vont tous les dimanches à la messe, des familles bourgeoises qui le soutiennent toujours* », assure-t-elle. Encore aujourd'hui, l'histoire divise la ville.

En face du bar, le clocher de l'église Saint-Étienne compte les heures. Le père Preynat y a officié de 1999 à 2011. Une odeur de cire flotte dans la nef déserte, dominée par un immense orgue. Personne dans les

---

1. Condamné en janvier 2016 à cinq ans de prison pour le rapt avorté de son ancien coéquipier de l'Olympique Lyonnais, Fabrice Fiorèse.

Les affaires Barbarin

travées, ni sur les bancs en bois. Seul un panneau d'affichage informe les paroissiens. Une affiche bleu ciel se détache des autres. « *Écouter votre parole,* promet le message. *Victime ou témoin, parent, proche, catholiques du diocèse de Lyon, vous souhaitez être écouté, accompagné, parlez-en avec des professionnels de l'écoute. Indépendant du diocèse, ce service est disponible 24 heures/24 et 7j/7.* » Triste ironie que cet appel placardé dans l'un des symboles de l'omerta qui a longtemps régné sur cette affaire. Près de cinquante ans de tabou, malgré des alertes successives envoyées au diocèse. Presque un demi-siècle pendant lequel les victimes n'ont pas été écoutées « *24 heures/24 et 7j/7* », mais astreintes au silence, étouffées, trompées.

Le parcours du père Preynat commence loin de Cours-la-Ville, dans l'Ouest lyonnais. Né en 1945, ce fils de bonne famille de Saint-Étienne est ordonné prêtre en 1971. Il est alors affecté à la paroisse Saint-Luc de Sainte-Foy-lès-Lyon, créée dix ans plus tôt. C'est l'époque des grandes mutations urbaines. La population double en dix ans, les courbes modernes de l'église en béton émergent au milieu des tours d'immeubles qui poussent un peu partout. Le clocher ne sera achevé que dans les années 1970. Les fidèles affluent dans la paroisse gérée par le père Jean Plaquet. Son jeune vicaire se fait vite remarquer pour son autorité naturelle et son « *génie de l'organisation* ». Dès 1972, le père Preynat fonde une troupe scoute indépendante, le Groupe Saint-Luc (GSL).

Église la mécanique du silence

Les anciens évoquent les uniformes bleus, les bérets noirs vissés sur la tête, les galons cousus sur les vêtements mais aussi les veillées au feu de bois, les grands jeux, les camps d'été, d'abord dans les monts du Forez, dans la Loire, puis au Portugal, en Grèce, en Allemagne. Dans ces années 1970, l'Église est en pleine effervescence. Le concile Vatican II, puis mai 1968, ont bouleversé sa place dans la société. Certains prêtres s'approprient une partie du discours révolutionnaire de l'époque, questionnent le principe du célibat, prônent une église plus égalitariste, remettent en cause la hiérarchie traditionnelle. Dans cette tempête idéologique, le groupe scout du père Bernard fait figure d'îlot conservateur. L'organisation est presque paramilitaire, traditionaliste, à des années-lumière de l'ambiance bouillonnante du moment. L'autorité du prêtre rassure des parents tout aussi déboussolés que leur Église. La troupe attire rapidement des centaines d'enfants par an.

Lorsqu'il prend ses fonctions, Bernard Preynat n'a que 26 ans, mais déjà dix années de passé pédophile. Nous le découvrons à la lecture de son procès-verbal d'audition du 25 janvier 2016, à Lyon. Nous sommes parmi les rares journalistes à avoir eu accès à des éléments du dossier judiciaire. *« J'ai toujours été attiré par les jeunes garçons, de 11-12 ans, voire 7-8 ans »*, admet-il devant les enquêteurs. Dès son adolescence, le jeune homme devient moniteur, puis directeur de camps de jeunes. *« Ça a commencé en 1962, lors de colonies de vacances »*, précise-t-il. Il n'a alors que 16 ans. Il tente de refréner ses pulsions, sans y parvenir. Chaque rechute l'enferme un peu plus.

Les affaires Barbarin

Entré au séminaire, le futur prêtre affirme avoir rapidement parlé de ses attirances sexuelles à plusieurs supérieurs. Il ne leur cache rien, ni ces jeunes garçons qu'il allait *« caresser dans leurs lits »* pendant les colonies de vacances, ni ces enfants pris sur ses genoux. *« J'avais conscience que je faisais quelque chose d'interdit, d'immoral »*, se souvient le prêtre. Le jeune homme tente de dompter ses pulsions. Sur les conseils de ses formateurs, il suit même une psychothérapie entre 1967 et 1968, sans succès. *« J'ai mal vécu le fait d'aller au Vinatier »*, l'hôpital psychiatrique lyonnais, explique-t-il. Il refuse de passer pour un malade mental, veut croire qu'il peut se dominer. *« À la fin de la cure, je pensais être guéri »*, se souvient-il. Mais il ne tient que quelque mois. C'est donc un prêtre connu pour son attirance envers les enfants et toujours dans le déni, qui est finalement ordonné par le diocèse de Lyon en 1971, puis placé à la tête du Groupe Saint-Luc.

À l'issue de son expertise psychiatrique ordonnée par la justice en juillet 2016, que nous avons pu lire en intégralité, le prêtre est décrit comme *« une personnalité pathologique et clivée »*.

```
Les importants mécanismes pervers
présents dans la personnalité de
B. PREYNAT liés à ses pulsions pédo-
philiques et éphébophiliques sont à
l'origine de la commission de nom-
breuses infractions sexuelles dont il
reconnaît être l'auteur.
```

Église la mécanique du silence

> Ses premiers agirs pédophiliques remontent à l'adolescence et seront déjà à cette époque dénoncés par des parents de victimes. La gestion interne, au sein de l'Église, de ses agissements, est clairement décrite par B. PREY-NAT. Ce manque de référence à un tiers judiciaire et le silence hiérarchique et institutionnel alors mis en place seraient venus s'allier à une logique de combat personnel contre des pulsions transgressives. B. PREYNAT décrit une forme de lutte solitaire contre ses propres agissements, ce fonctionnement semblant avoir été soutenu par sa hiérarchie, rendant ainsi tout appel à une fonction tierce et à la Loi impossible.
>
> Extrait de l'expertise psychiatrique de Bernard Preynat, juillet 2016.

Sans surveillance, l'aumônier n'a plus qu'à choisir parmi les scouts. Comme Christian, 51 ans aujourd'hui. Lorsqu'il a 11 ans un soir de 1977, le prêtre l'appelle dans sa tente, l'allonge par terre. « *Il a baissé mon pyjama et a caressé mon pénis* », témoigne aujourd'hui Christian. Jusqu'au coup de fil de François Devaux en 2015, il pensera avoir été une victime isolée. Quarante ans de solitude.

Dès 1978, une famille prend l'initiative d'alerter le diocèse sur les gestes qu'aurait commis l'aumônier sur un jeune garçon. « *Des caresses pendant un camp en Allemagne* », croit se souvenir Bernard Preynat pendant

Les affaires Barbarin

son audition par les enquêteurs. Il est convoqué par son supérieur, le père Plaquet. « *Il m'avait dit de ne pas recommencer* », dira le prêtre sur cette entrevue. Comme un enfant grondé par son instituteur, le curé promet de se tenir. Le diocèse laisse couler.

Ce sera la première d'une longue série d'alertes laissées sans réponse. En 1980, c'est au tour de la famille de Bertrand Virieux de s'alarmer. Après en avoir parlé au père Plaquet, responsable de la paroisse, la mère du garçon de 10 ans convoque Bernard Preynat. « *Ma mère m'avait demandé d'aller dans ma chambre. Il y a eu une altercation, je me souviens du ton qui est vite monté* », raconte Bertrand. Plus tard, il apprendra que le prêtre se serait excusé, promettant de ne plus le toucher. Cette année-là, l'archevêque de Lyon est encore Mgr Alexandre Renard. En poste depuis 1967, il prendra sa retraite l'année suivante, en 1981. Le père Jean Plaquet a-t-il alors fait remonter les accusations à la tête du diocèse ? Rien ne permet de l'établir.

Le père Bernard tient parole : il ne touchera plus Bertrand. Mais d'autres tombent au même moment sous son emprise. Comme Pierre, qui se dit victime d'attouchements à l'âge de 10 ans en 1982 lors d'un camp en Corse, ou Éric, membre du Groupe Saint-Luc de 1978 à 1982, selon deux témoignages publiés sur le site de La Parole libérée. « *En quatre ans de scoutisme, mon seul souci a été d'éviter le "Père Bernard" en plus d'avoir de bonnes notes à l'école* », écrit aujourd'hui ce père de quatre garçons. Didier Burdet, lui, a 8 ans quand il entre aux scouts. Comme tant d'autres, il a vite l'impression d'être « *le chouchou* » de ce prêtre impressionnant. Un traitement de faveur qui aurait expliqué, aux yeux de l'enfant d'alors, les câlins sur les genoux du curé et les caresses qui lui auraient été prodiguées sous sa chemise. Il tente bien de parler à sa famille, utilise des prétextes. Rien n'y fait : « *À 10 ans, j'ai dit à ma mère que je ne voulais plus aller aux scouts parce que les grands me tapaient. Si je lui avais dit la vraie raison, elle ne m'aurait pas cru. Ma mère est allée voir Preynat, qui l'a convaincue de me laisser aux scouts. Preynat, c'était Dieu. Et Dieu ne dit pas de mensonge. On croit le prêtre plus que l'enfant.* »

En 1982, nouvelle alarme. Elle nous est rapportée par un ancien paroissien, âgé de 75 ans aujourd'hui. L'homme aux cheveux poivre et sel passe plusieurs fois devant le café de notre rendez-vous avant d'oser entrer. Ses mains tremblent. Il les croise souvent. Il a apporté un livret de camp scout qui tombe en lambeaux, comme pour mieux faire remonter les souvenirs. « *Ça a commencé au retour d'un camp en Corse, quand un enfant a refusé de monter dans le car* », raconte-t-il. Intrigués, des parents interrogent leurs enfants. Trois frères sont au Groupe Saint-Luc. La famille retire immédiatement les enfants du groupe. Au moins quatre autres recueillent des témoignages similaires. D'après lui, l'information serait remontée jusqu'aux collaborateurs du père Preynat. « *Le cardinal et le scoutisme vous demandent de ne pas porter plainte, on vous promet qu'il sera écarté* », lui aurait dit un membre de l'équipe.

« *J'essayais de prendre la résolution… Ça durait quelques mois et malheureusement, je retombais* », reconnaît le prêtre dans son audition. « *On m'avait expliqué*

Les affaires Barbarin

le mal que ça pouvait faire aux enfants, mais il n'y avait pas d'autres décisions », regrette-t-il aujourd'hui. Par son inaction tout au long des années 1980, le diocèse délivre un véritable permis d'abuser au prêtre. Cette responsabilité de la hiérarchie est d'ailleurs mise en évidence dans l'expertise psychiatrique judiciaire. « *Bernard Preynat décrit ainsi un certain nombre de dénonciations passées qui n'auraient abouti à aucune procédure judiciaire et l'auraient maintenu dans un fantasme de toute-puissance et d'impunité, alimentant ainsi la logique perverse à l'œuvre* », conclut le rapport.

« *Mais qu'aurait dû faire l'Église ?* » nuance Me Frédéric Doyez. L'avocat de Bernard Preynat nous reçoit dans son cabinet non loin de la place des Terreaux, en plein centre de Lyon. Le parquet craque et les ventilateurs tournent à plein régime. « *Les parents lui demandaient de gérer seul le problème,* poursuit-il en terminant son verre d'eau. *Le fait de ne pas avoir judiciarisé cette plainte n'est pas un oubli. Il n'y a pas eu une demande à l'Église de se transformer en procureur. À l'époque, on estimait qu'on pouvait régler un problème autrement que par la justice. Aujourd'hui, on ne le ferait pas.* »

Il faut attendre 1991 et l'innocente remarque de François Devaux pour que le diocèse sorte un instant de sa torpeur. Le futur fondateur de La Parole libérée a 10 ans. De retour d'une réunion scoute, il lâche cette phrase qui fait bondir ses parents : « *Le père Bernard m'aime très fort, il m'a même embrassé sur la bouche.* » Il est aussitôt retiré du groupe. Mais l'affaire ne s'arrête pas là. « *Mme Devaux m'a prévenue que le père Preynat avait eu des gestes sur son fils »*, se souvient la mère d'un enfant du même âge que François, qui souhaite rester anonyme. Elle interroge à son tour son fils, qui finit par raconter des attouchements. « *Le père Bernard m'a dit que c'était un secret, un amour très pur, que vous ne comprendriez pas* », explique l'enfant. Sa mère est choquée. « *Il avait 10 ans, c'était un garçon menu, fluet, il avait peu de moyens de se défendre.* » Au total, quatre familles se mobilisent, et demandent des explications à la paroisse. Lors de l'entrevue en présence du père Preynat, le père Plaquet se retourne et lui lance « *ben alors, tu as recommencé ?* », aurait entendu le père de François Devaux, présent à cette rencontre et auditionné par les enquêteurs. « *Tu ne te rends pas compte ! Tu sais que si tu étais dans le civil, tu pourrais te retrouver en prison ?* » aurait ajouté le supérieur de Bernard Preynat.

Les parents interpellent le cardinal Decourtray, exigent le départ du curé, menacent de porter l'affaire devant la justice. Dos au mur, Bernard Preynat est prié de faire ses bagages. Lors de son mot de départ aux paroissiens, le prêtre évoque les raisons de son départ, en termes à peine voilés : « *J'ai aimé très fort mes scouts, mais j'en ai aussi aimé trop.* »

Après six mois de mise au vert chez les Petites Sœurs des pauvres, l'exil du père Preynat est décidé. La Loire sera sa pénitence. Il prend la tête de la paroisse de Notre-Dame des Coteaux du Levant, et s'installe dans la commune de Neulise. Dans la petite bourgade, on s'étonne bien un peu de l'arrivée de ce religieux érudit venu de la ville, presque « *trop bien* » pour l'endroit. Sa mauvaise

Les affaires Barbarin

humeur, son ton parfois cassant tranchent avec la bonhomie habituelle des curés de campagne. Mais, dans ce territoire en perte de vitesse, son dynamisme est vite apprécié. Bernard Preynat est invité à tourner la page. Lors de son audition, le prêtre se rappelle les consignes du cardinal Decourtray : « *Bernard, le passé, c'est le passé. Il faut avoir une nouvelle vie, on compte sur vous.* »

Le père Gabriel Rouillet est l'un des rares à avoir été mis dans la confidence au moment de l'arrivée du père Preynat. À l'époque, cet archidiacre du Roannais gère la quarantaine de prêtres du secteur. Nous le rencontrons au rez-de-chaussée de sa maison de Thizy. L'homme a aujourd'hui 75 ans. Pour la première fois, il a accepté de raconter sa version de l'histoire à des journalistes. Il nous accueille vêtu d'un polo vert, et s'installe entre le piano et la bibliothèque. « *Oui, je l'ai accueilli ici, je l'ai nommé curé à Neulise*, commence-t-il. *On me dit "on le mute parce qu'il a eu des problèmes avec les jeunes". Je n'ai pas cherché à en savoir plus. Les choses étaient dites.* » Était-ce un secret ? « *C'était… discret, voilà, pour qu'il puisse continuer son ministère* », louvoie-t-il. Le diocèse veut éviter un scandale public, cloisonne les informations. Mais il est du devoir du père Rouillet de rester vigilant. « *Le diocèse de Lyon m'a demandé de le surveiller. J'allais le voir une fois par mois pour voir si ça allait, pour faire attention, qu'il n'y ait pas d'enfants de chœur, pas d'enfants autour de lui* », précise-t-il. Cette surveillance ne plaît pas à Preynat. « *Il me disait "tu ne vas pas continuer à me soupçonner ?" mais mon travail c'était de lui demander régulièrement où il en était par rapport à ça.* »

Église la mécanique du silence

Devant nos interrogations, Gabriel Rouillet est affirmatif : « *Je n'ai jamais eu de rappel à l'ordre à faire* », nous assure-t-il. L'archidiacre a une mémoire sélective. Car le 26 décembre 1992, il écrit au père Preynat une lettre en forme d'avertissement, adressée en copie au cardinal Decourtray. « *Mon cher Bernard, depuis quelque temps tu prends de plus en plus régulièrement des troupes d'enfants à Neulise, d'autre part, tu as des projets de voyages d'enfants de chœur à Rome (…) Je me dois de te rappeler fermement que le diocèse exige que tu ne t'occupes pas de groupes d'enfants, garçons, de huit à douze ans.* » Trois jours plus tard, le père Preynat répond, offusqué : « *J'ai eu un comportement exemplaire, alors pourquoi ce durcissement ? (…) C'est la première fois que j'entends et lis les termes "interdiction formelle".* »

En réalité, la surveillance se relâche. Le curé a gagné la confiance de ses paroissiens et exerce son ministère sans aucune restriction. De nombreux enfants suivent bientôt ses cours de catéchisme, des voyages collectifs à Lourdes ou à Rome sont organisés. Lorsque Gabriel Rouillet quitte son poste en 1994, il laisse le dossier à son successeur Maurice Gardes, archidiacre du Roannais jusqu'en 2002. Aujourd'hui évêque d'Auch, ce dernier a également été auditionné par les enquêteurs. « *Il n'y a eu absolument aucune plainte de familles pendant cette période* », assure le prélat, qui admet n'avoir pas pris de mesure particulière concernant le père Preynat, « *ne connaissant pas la cause précise de son déplacement* ». Moins de dix ans après son éloignement de Lyon, l'Église veut croire que les plaies ouvertes par le père Preynat se sont refermées.

Les affaires Barbarin

En 1999, le prêtre est muté dans la commune voisine de Cours-la-Ville. Cette année-là il rencontre le cardinal de Lyon, Mgr Louis-Marie Billé, qui a succédé à Mgr Jean Balland[1], décédé brutalement. Pas plus que ses prédécesseurs, le primat des Gaules ne signalera l'affaire à la justice, ni ne s'opposera à l'affectation du prêtre au sein d'une paroisse. Par la vitre de son café, Ginette regarde les habitants du village défiler en direction de l'église. C'est jour d'enterrement dans ce hameau des hauteurs de Cours-la-Ville. Dans le poêle, le bois se consume doucement. Derrière son comptoir d'un vert et orange criards, la patronne de 66 ans sert des cafés aux maçons de passage. Quand on lui parle du père Preynat, Ginette redresse ses lunettes noires et blanches un peu rétro. Oui, il est déjà venu dans son café après des fêtes religieuses. « *On n'avait pas d'atomes crochus* », dit-elle simplement. Parfois, elle entend les clients parler. « *Certains n'y croient toujours pas, ils disent que les enfants mentent.* » Elle s'énerve. « *Si un jour il revient, je le mettrai dehors.* » Les rumeurs vont bon train dans ce hameau de quelques centaines d'âmes. « *Il paraît que Preynat passe par la route des bois quand il vient chez ses amis, pour ne pas être vu* », glisse-t-elle en baissant la voix. D'autres témoins évoqueront aussi sa voiture, garée certains dimanches devant la maison de cette famille du village restée fidèle au prêtre.

On nous conseille de rencontrer une « *grenouille de bénitier* ». Une vieille dame qui ouvre l'église le matin, très active dans la paroisse. À 84 ans, Marcelle

---

1. Mgr Jean Balland, archevêque de Lyon de 1995 à 1998.

Église la mécanique du silence

L. en a connu des histoires. Mais ça, « *ça m'a rendue malade* », soupire-t-elle. Elle a refusé de parler aux journalistes jusqu'à présent. Aujourd'hui, elle se délivre un peu de ce poids, les bras croisés sur son pull vert, dépitée. « *Dire qu'il est venu chez nous, souvent. Il venait déjeuner.* » Elle garde le souvenir d'un prêtre attaché à son image, un peu orgueilleux, et proche des jeunes. Mais de là à imaginer qu'il pouvait leur faire du mal, Marcelle a mis du temps à s'y faire. « *Il a fallu ses aveux pour que j'y croie* », admet-elle. Aujourd'hui, la sidération a fait place à la colère. « *J'en veux à l'Église qu'il ait été ordonné. Pourquoi ils l'ont laissé faire alors qu'il l'avait dit ?* »

À Cours-la-Ville, ils étaient une poignée à connaître le secret du père Preynat. C'est le cas de Maurice[1], marqué par le fardeau qu'il a porté pendant des années alors qu'il était un membre actif de la paroisse. Dans un café, au fil de la conversation, l'homme, d'abord sur la défensive, finit par se livrer, au bord des larmes. Des mots qu'il prononce doucement en jetant des regards inquiets vers les tables voisines. « *On m'a dit qu'il s'était passé des choses entre Bernard Preynat et des petits garçons, c'est quelqu'un de Saint-Luc qui m'a averti, le diocèse ne m'a rien dit.* » Sa femme est mise dans la confidence, ainsi qu'une autre paroissienne, responsable des enfants de chœur. « *Je ne pouvais pas laisser les enfants,* justifie-t-il. *J'ai tenu à garder ce triumvirat pour le surveiller.* »

Pourtant, le prêtre exerce son ministère en toute liberté. « *Il était parfois seul avec des enfants de chœur lors*

---

[1]. Prénom d'emprunt.

Les affaires Barbarin

de déplacements en voiture », admet-il. Mais il l'assure, il n'a jamais vu de gestes déplacés, ni même entendu de rumeurs. « *Je l'avais à l'œil,* dit-il. *Combien de soirées on a passées ensemble, combien ?* » répète-t-il. Pour lui, l'homme qui venait dîner à la maison n'était pas le Preynat d'aujourd'hui. C'était « *Monsieur Preynat* », un prêtre parfois sec, mais « *brillant, exceptionnel* », avec « *des homélies magnifiques* ». Un curé qui buvait quelquefois un peu trop de whisky, mais talentueux.

Son sentiment de culpabilité est flagrant. L'impression d'avoir fait le sale boulot du diocèse. « *Avec son passé, il n'aurait jamais dû être nommé à Cours-la-Ville* », regrette-t-il. Il secoue la tête. « *Qu'est-ce que je pouvais faire ? Qu'est-ce que je pouvais faire ?* » En parler au diocèse ? « *Preynat m'aurait tué si je l'avais dit ! Je ne pouvais pas lui faire ça. C'était un ami.* » Entre le silence des évêques et son amitié pour le prêtre, Maurice est coincé. « *Je ne voulais pas casser sa prêtrise. Et c'était une rumeur, vraie ou fausse, mais vous imaginez ? Une rumeur qu'on m'a rapportée. Le diocèse ne m'a rien dit.* »

Dans les années 2000, les informations sur le passé du prêtre circulent donc sous le manteau. Malgré tout, Bernard Preynat s'occupe toujours de la catéchèse dans l'école primaire Saint-Charles, intervient dans un institut médico-éducatif à Thizy au côté de petits handicapés. Il s'entoure également d'enfants de chœur. Trois garçons d'une dizaine d'années à l'époque. Nous avons pu discuter avec deux d'entre eux, âgés de 18 ans aujourd'hui. Ils affirment ne pas avoir été victimes d'abus de la part du prêtre, mais leur incompréhension est palpable. « *J'ai fait des confessions avec lui et trois voyages*, précise l'un. *Cela a été une grosse surprise pour moi. Je n'avais rien remarqué d'anormal. Il restait distant. Il a fallu que je voie plusieurs journaux télévisés pour y croire.* »

À Cours-la-Ville, c'est la responsabilité du cardinal Barbarin qui est pointée du doigt. Derrière le comptoir de son café, Ginette n'en finit pas de ressasser les détails de « l'affaire ». Et la taulière d'évoquer l'archevêque de Lyon : « *Avant, il fallait voir. Quand Barbarin venait, c'était le bon Dieu. Maintenant, je ne crois plus* », poursuit-elle en regardant ses mains, au vernis rouge pailleté.

Que savait le cardinal du passé de Bernard Preynat ? Lorsque la police perquisitionne les locaux de l'évêché de Lyon en juin 2016, le dossier du prêtre ne comprend que quelques pages dont la lettre des parents de François Devaux envoyée en 1990. En plus de ce document, le cardinal admettra avoir été informé du sombre passé du prêtre peu après son arrivée en 2002 à Lyon, dans une interview accordée à la rédactrice en chef adjointe de *La Croix*, Isabelle de Gaulmyn. Cette journaliste, ancienne scout de Saint-Luc, assure par ailleurs avoir averti Philippe Barbarin dès 2005 comme elle le raconte dans son livre *Histoire d'un silence*[1], publié à l'automne 2016. Deux ans plus tard, en 2007, Barbarin visite à nouveau Bernard Preynat. À la même période, en « *2007-2008* », le prélat affirme s'être entretenu avec le prêtre, en lui demandant s'il « *s'était passé la moindre chose* » depuis

---

1. Isabelle de Gaulmyn, *Histoire d'un silence*, Seuil, 2016.

Les affaires Barbarin

1991. « *Lui m'a alors assuré : "Absolument rien, j'ai été complètement ébouillanté par cette affaire." Certains me reprochent de l'avoir cru… Oui, je l'ai cru, il n'était pas dans le déni, au contraire, il avait reconnu tout et tout de suite, dès 1991* », précise-t-il lors de sa conférence de presse en mars 2016.

Puis, en 2011, bien avant la création de La Parole libérée, le cardinal est contacté par Laurent Duverger, ancien scout du Groupe Saint-Luc et présumée victime du prêtre entre 1978 et 1982. Il sera finalement reçu par l'évêque auxiliaire Thierry Brac de la Perrière. Le bras droit de l'archevêque est « *très informé* » du cas Preynat, se souvient Laurent. Il se veut rassurant « *Nous l'avons à l'œil, il n'est plus au contact d'enfants* », lance-t-il à l'ancien scout. Aujourd'hui évêque de Nevers, Mgr Brac de la Perrière a refusé de répondre à nos questions, et affirme ne pas se souvenir de cette rencontre. Laurent Duverger sort du rendez-vous en se félicitant de ces prêtres qui « *font bien leur boulot* ». Il ignore que, quelques semaines plus tôt, à la fin du mois de mai, le cardinal Barbarin a signé la nomination de Bernard Preynat à la tête de la paroisse Sainte-Claire-entre-Loire-et-Rhins, dans la commune du Coteau.

Dans la Loire, le père Preynat continue de s'occuper de la catéchèse de l'école primaire Saint-Marc, comme le montrent les archives du site internet de l'établissement. Plus surprenant encore, en dépit de toutes ces alertes, le prêtre est promu doyen par le cardinal Barbarin en 2013. Il devient responsable d'un ensemble de paroisses du Roannais. Plus que jamais en contact avec les jeunes, le père Preynat met sur pied la même année un centre de loisirs, le patronage Claire Jeunesse. La structure accueille une cinquantaine d'enfants, et organise des camps de vacances. Le diocèse laisse faire. Il faut attendre l'été 2015 et les démarches entreprises par Alexandre Dussot, pour que le prêtre soit définitivement écarté de son ministère. En septembre 2015, Bernard Preynat est mis sur la touche et envoyé chez les Petites Sœurs de Saint-Joseph de Montgay, à Fontaines-sur-Saône. Presque cinquante ans après avoir confié à ses formateurs du séminaire son attirance sexuelle pour les enfants.

À l'heure où nous écrivons ces lignes, nous n'avons pas connaissance d'abus sexuels commis après 1991, date du départ du père Preynat de Sainte-Foy-lès-Lyon. A-t-il cessé subitement ses agressions comme il l'a assuré à ses supérieurs ? Seul un père de famille de Cours-la-ville, interviewé par RMC puis auditionné par la police de Lyon en mars 2016, s'est étonné d'une étrange confession en 2003 : « *Le prêtre lui* [ma fille] *avait demandé de s'asseoir sur lui (...) Elle m'avait dit qu'en plus, il l'avait serrée contre lui.* »

Sur le plan judiciaire, une telle découverte pourrait relancer les plaintes pour « non-dénonciation d'agression sexuelles sur mineur » et « non-assistance à personne en danger ». Après des mois d'enquête, le procureur de la République de Lyon a finalement classé sans suite le dossier Barbarin en août 2016. Le parquet s'était alors appuyé notamment sur l'absence de victimes après 1991, estimant qu'il n'existait pas de

Les affaires Barbarin

« *risque imminent et constant* » au fait d'avoir laissé le père Preynat en place.

Début 2017, sept plaintes avec constitution de partie civile sont recensées à l'encontre du père Preynat. En attente de son procès pénal, il doit être jugé au niveau canonique. Exceptionnellement, le pape François a en effet accepté la levée de la prescription, ouvrant la voie à un jugement du père Preynat devant un tribunal de l'Église et à sa reconduction à l'état laïque. Un temps de réaction qui dépasse l'entendement après la paralysie de quatre évêques successifs. De quoi désespérer François Devaux, l'un des fondateurs de La Parole libérée : « *Le diocèse de Lyon savait que Preynat était coupable, je n'étais pas encore né.* »

3

Bertrand

Il a ce regard bleu pâle qui vous fixe avec bienveillance. Des yeux perçants surmontés d'épais sourcils noirs. Quelques pattes-d'oie les encadrent, comme s'il était ridé de sourires. Mais lorsque nous le rencontrons pour la première fois en mars 2016, d'autres marques impriment ce visage si souvent photographié par les journalistes depuis : la fatigue, la colère, l'inquiétude aussi. « *Ça durera quelques semaines, quelques mois au plus* », prophétisait Bertrand trois mois plus tôt en créant La Parole libérée. « *Je ne me suis jamais autant planté, les autres me le rappellent souvent* », rigole-t-il aujourd'hui.

Décrire Bertrand, c'est mettre des mots sur un quadragénaire à la mâchoire carrée comme ses épaules. Un homme de sang-froid, presque clinique, à l'image de son métier de cardiologue qu'il pratique depuis près de vingt ans. Mais derrière la fine couche de blindage surgit un personnage attachant. Un « gone » lyonnais pur jus.

« *C'est de tradition super-catho dans ma famille* », confie-t-il un soir de novembre. Nous nous sommes donné rendez-vous à la sortie de son travail, dans un bistrot du centre de Lyon. Le temps d'un verre, Bertrand raconte ses grands-pères, tous deux distingués de l'ordre de Saint-Grégoire-le-Grand, décerné par le Vatican pour services rendus à l'Église, le premier pour avoir contribué à la réfection de près de quatre cents églises dans le Rhône et l'Ain, le second pour avoir dirigé un collège privé catholique à Villefranche-sur-Saône pendant cinquante ans. « *En théorie, ça leur donnait le droit d'entrer à cheval dans une église. Quand j'étais petit, je trouvais ça génial* », rigole Bertrand.

Aujourd'hui, les bizarreries de la tradition catholique ne l'amusent plus autant. Bien sûr, ses enfants sont tous scolarisés dans le privé. Début 2016, alors que le diocèse de Lyon est en pleine tourmente, l'institutrice de sa jeune fille a même fait afficher un portrait du cardinal Barbarin dans l'école primaire. Au même moment, une prière pour l'archevêque est prononcée dans l'église à deux pas de sa maison. Sans un mot pour les victimes. « *On est cernés* », tente d'ironiser Bertrand. Sa rupture avec l'institution catholique est consommée depuis longtemps.

En 1978, les scouts du Groupe Saint-Luc étaient pourtant une évidence pour ce garçon de 7 ans. Pendant quatre ans, il ne rate aucune messe du père Preynat, se rend aux rassemblements tous les samedis et un dimanche par mois. Mais ce n'est pas du tribun qui

Les affaires Barbarin

attire les foules dont se souvient Bertrand. « *Il me faisait venir, il m'enlaçait, me tripotait* », raconte-t-il, presque mécaniquement, à force de l'avoir répété à la presse. Il y aurait eu une dizaine d'agressions. Quand il retournera dans l'église Saint-Luc avec d'autres victimes, il trouvera les lieux inchangés. « *Comme une scène figée, façon Coldcase. J'ai été téléporté dans le temps*, se souvient-il. *On a revu le couloir, qu'on appelait "le couloir de la mort", sous l'église. Ce couloir menait à des petites salles, comme des cellules, où se trouvait Preynat.* »

Les vingt-cinq années suivantes sont pour Bertrand un long silence entrecoupé de confessions à ses parents, à qui il fait immédiatement comprendre ce qui s'est passé, à ses amis d'enfance, à qui il se livre adolescent puis à son épouse, Dominique, une psychologue rencontrée à 19 ans. « *Je n'avais pas un poids énorme, pas de besoin de me libérer*, analyse-t-il. *Pas comme d'autres qui ont vécu des années en espérant que justice serait faite un jour.* »

L'inconscience de l'Église le révolte plus encore que ce qu'il a subi. Celle du père Plaquet, le supérieur du père Preynat. « *Un prêtre façon maître Yoda*, grince Bertrand. *Il essayait de canaliser la force Preynat, comme directeur de conscience.* » Lorsqu'il le croisera dans les années 1990, Jean Plaquet lui assurera que Bernard Preynat avait été envoyé chez les Petites Sœurs des pauvres. « *Il m'a menti* », lâche Bertrand.

L'enfant qu'il était n'a pas été détruit, mais l'adulte n'en est pas sorti indemne. « *Cette année, j'ai réalisé à quel point ça avait changé ma vie, sans que je ne m'en sois rendu compte* », souffle Bertrand. Une « *méfiance* » s'est installée en lui. Sa voix s'élève soudainement dans le bar paisible. « *Une méfiance envers tout le monde, envers les adultes, envers la parole des gens, le vrai, le faux. Toute notion de confiance a été pulvérisée quand j'avais 9-10 ans.* » Combien de fois s'est-il détourné d'un projet, opposé à un chef, par défiance ? « *C'est un point commun qu'on a avec François et Alexandre, on a un vrai problème avec l'autorité, d'ailleurs on travaille tous les trois en libéral ou en indépendant.* »

La rencontre avec les anciens scouts François et Alexandre « *tient d'un petit miracle* », estime Bertrand, fier de la solidarité qui s'est installée entre eux. Mais le praticien tient aussi à rappeler l'investissement des dizaines d'autres membres de l'association. Le nom « La Parole libérée » par exemple, vient de Pierre Fontanari, le webmaster du forum. « *On a fait un brainstorming tout un week-end, et il a sorti ça d'un coup. C'est court, ça claque et le mot "parole" est omniprésent dans la Bible*, raconte Bertrand. *Aujourd'hui, c'est presque une expression consacrée. Alors qu'au début, quand tu tapais ça sur internet, tu avais les paroles de la Reine des Neiges !* » rigole-t-il.

La parole se libère tellement que l'association est rapidement submergée d'appels. Forte de ses compétences de psychologue, la femme de Bertrand s'investit dans la cause. « *À un moment, on se refilait le téléphone. On n'en pouvait plus, entre les journalistes, les messages d'insultes, les personnes qui déliraient la nuit. Et au milieu les victimes qui essayaient de nous contacter* », raconte Dominique. Le couple a pris le temps d'expliquer la situation à leurs quatre enfants, simplement, mais sans

Les affaires Barbarin

rien cacher. Le domicile familial prend des allures de cellule de crise.

Dans leur entourage, tout le monde n'apprécie pas cet engagement. « *On nous appelait pour nous dire "tout ça, c'est pour salir l'Église", "repentez-vous"* », se souvient Bertrand. Dans ce microcosme catholique, il devient « *la brebis galeuse* » pendant quelques mois. La fracture traverse aussi sa propre famille. « *Pendant près d'un an, mon père ne m'a plus parlé* », regrette-t-il. Plus par crainte pour son fils que par rancune. Quand ils reprennent enfin contact, après avoir « *crevé l'abcès* », Bertrand s'aperçoit que son père a soigneusement conservé toutes les coupures de journaux sur le sujet. « *Ça a été assez rude,* admet Bertrand. *Moi j'ai été élevé dans le bon esprit "vivons heureux, vivons caché", de la vieille bourgeoisie de Sainte-Foy-lès-Lyon. Donc s'exposer comme ça, c'était impensable. Ils ont eu peur pour moi. Finalement, on a tous compris que, quand on disait la simple vérité, ça se passait bien.* »

Une centaine d'interviews plus tard, Bertrand est devenu incollable sur les médias, et maîtrise sa parole en communicant aguerri. Mais en ce mois de décembre 2016, il répond de moins en moins aux sollicitations et s'apprête à transmettre à l'association les cent dix contacts de journalistes enregistrés dans son portable. L'impression du devoir accompli, l'envie de passer la main, de ménager sa famille. Un effet de lassitude aussi. « *À un moment, à force de répéter, de voir les mêmes têtes, on perd en force,* justifie-t-il en enroulant son écharpe à la sortie du café. *Je serai toujours disponible pour l'association, mais je veux retrouver une vie normale.* » Nous marchons quelques mètres ensemble, le long de l'hôpital où il a fait ses premières armes. « *En quatrième année de médecine, j'étais déjà là à suturer des patients,* confie-t-il en montrant le bâtiment. *J'ai l'impression de faire déjà un boulot utile au quotidien. On a fait le job pour Preynat, je ne vais pas passer ma vie à ça.* » La sonnerie de son portable retentit alors que nous prenons congé. Il répond en nous saluant d'un signe de la main. Un autocollant de La Parole libérée apparaît à son oreille, sur la coque de son téléphone. Avec ce message, adressé aux éventuels passants : « *La vérité vous rendra libre.* »

4

Premiers aveux

MATHIEU MARTINIERE. François ? C'est Mathieu. Je t'appelle des Monts du Lyonnais. On est sur la route avec Daphné. On a un nouveau papier à te proposer, c'est urgent... *Clic.* Non, plus de réseau... Foutue campagne !

Nous sommes début avril. L'affaire Preynat a éclaté depuis plusieurs mois. Mais sur les routes, c'est toujours l'hiver. La Twingo de Daphné file sur les hauteurs de Lyon, sillonnant des collines encore enneigées. Nous n'arrivons à joindre François Bonnet, le rédacteur en chef de *Mediapart*, que par intermittence. À quelques dizaines de kilomètres de la ville, impossible d'avoir plus de deux barres de réseau. Foutue campagne.

MATHIEU MARTINIERE. François, tu m'entends ? On a un nouveau cas. Le père Gérentet de Saluneaux.

Église la mécanique du silence

L'AFP vient de publier une dépêche, mais on revient de chez lui à l'instant. On est les premiers à l'avoir rencontré. Il nous a dit avoir agressé huit jeunes filles, alors que nous n'avions qu'un seul témoignage. Oui, c'est terrible. Et attends, nous avons appris autre chose. Barbarin était au courant…

* * *

Tout a commencé par un coup de téléphone. Celui de Béatrice[1], 41 ans, se disant victime d'abus sexuels de la part du père Guy Gérentet de Saluneaux. Puis, les évènements se sont enchaînés, en cascade. Le lendemain, nous la retrouvons dans une brasserie du centre-ville de Lyon à deux pas de la place Bellecour. Fragile, Béatrice est venue accompagnée de sa sœur, et nous attend, fébrile, dans l'arrière-salle du restaurant. Avec des mots simples, presque d'enfant, elle déroule toute son histoire.

Elle commence en 2013, avec un flash-back douloureux, qui ravive des souvenirs enterrés au plus profond de sa mémoire. « *Dans la nuit, ça m'est revenu. Ce n'était pas un rêve. C'était une évidence. Ça m'a fait tellement pleurer, pleurer, pleurer,* nous raconte, émue, Béatrice. *Ce soir-là, j'étais allée dormir chez maman. La grande chambre. La chambre rose. Et je l'ai dit tout de suite à ma mère. Elle a beaucoup pleuré* », ajoute-t-elle, encore bouleversée.

---

[1]. Pour garantir l'anonymat des victimes et de leur famille, les prénoms ont été modifiés.

Les affaires Barbarin

Béatrice a 5 ans lorsque ses parents la mettent au catéchisme à l'église de La Trinité, dans le 8e arrondissement de Lyon. Nous sommes à la fin des années 1970. Les cours sont alors assurés par le père Guy Gérentet de Saluneaux, un prêtre mariste très traditionaliste. À l'époque, les parents ne se doutent pas de l'attirance sexuelle du religieux pour les enfants. Son charisme le rend au-dessus de tout soupçon. Mais pour les enfants déjà, sa personnalité effraie.

Un jour, selon son récit, Béatrice reste seule avec le prêtre, dans l'église. L'institutrice de l'école de La Trinité est partie. « *J'avais un souffle au cœur, sûrement causé par le stress. Je m'évanouis dans l'église et on m'emmène dans le presbytère. C'est là qu'il commet des horreurs sur mon corps* », croit se souvenir Béatrice. Un drame qui a choqué sa sœur à l'époque. « *Un soir, elle est rentrée de l'école et a dit à notre mère que le prêtre lui avait baissé sa culotte. Mais personne n'a compris* », nous raconte-t-elle aujourd'hui, avec colère.

Près de trente ans après l'agression présumée, Béatrice décide de porter plainte, en février 2014, auprès de la Brigade de protection des familles de Lyon. Trop tard, car les faits sont prescrits. Le policier qui la reçoit lui apprend tout de même l'existence d'une autre victime. Béatrice se sent démunie. Elle en appelle aujourd'hui aux médias. « *Il faut arrêter la prescription. J'aurais pu faire un procès. Mais là, je ne peux pas me défendre,* désespère Béatrice, les larmes aux yeux. *On n'est pas coupable. On est victime. Mais on a l'impression que nous sommes les coupables !* »

Église la mécanique du silence

Nous sortons du restaurant, secoués. C'est notre première rencontre avec une victime à ce point affectée. Bertrand, François, Alexandre, les trois fondateurs de l'association La Parole libérée, ont depuis longtemps enfoui leurs blessures d'enfance dans des carrières professionnelles brillantes et des couches d'humour incisif. Béatrice, elle, est encore marquée au fer rouge, dans sa chair et dans son âme.

Nous rentrons rapidement au bureau, un local situé à l'Atelier des médias, espace de *coworking* que nous partageons dans le centre-ville de Lyon avec des journalistes, des professionnels du web et de la communication. Nous tentons alors de nous renseigner sur le père Gérentet, un prêtre qui serait aujourd'hui octogénaire. Un coup de fil à un religieux nous confirme que Guy Gérentet de Saluneaux habite toujours la région. Il aurait trouvé refuge à Montrottier, un petit village des Monts du Lyonnais, où il posséderait des attaches à la fois familiales et idéologiques.

Nos recherches nous confirment qu'au sein des scouts Saint-Louis, et dans sa paroisse de La Trinité du 8e arrondissement de Lyon, Guy Gérentet de Saluneaux s'est largement fait connaître du petit monde catholique conservateur de la capitale des Gaules. Il s'est progressivement rapproché de la Fraternité sacerdotale Saint-Pie-X, une société de prêtres traditionalistes fondée par Mgr Marcel Lefebvre, en opposition au concile Vatican II qui marquait dans les années 1960 l'ouverture de l'Église au monde moderne. En 1988, la Fraternité Saint-Pie-X a rompu définitivement avec Rome avant de retrouver grâce au Vatican, et notamment

Les affaires Barbarin

auprès du pape François, qui réfléchit actuellement à une réconciliation. Sur le web, nous découvrons que le village de Montrottier abrite l'école privée hors-contrat de La Péraudière, un pensionnat pour garçons aux accents catholiques intégristes, géré par la Fraternité Saint-Pie-X.

Dès le lendemain, un samedi matin, nous prenons la route pour Montrottier, un bourg de 1 300 habitants perdu dans la campagne à une cinquantaine de kilomètres de Lyon. Nous voulons essayer d'aller à la rencontre du père Gérentet de Saluneaux. Car en dehors du récit terrible de Béatrice, nous ne savons encore rien à ce stade de l'enquête. Une heure plus tard, nous franchissons le panneau de la commune, qui annonce la célèbre « Fête des œufs » du village. Nous sommes à quelques jours de Pâques et près de trente mille chocolats ont été cachés dans les rues et les pâturages. Les festivités attirent chaque année des milliers d'enfants à Montrottier.

Nous garons la voiture dans le centre du bourg et commençons notre enquête de voisinage. La présence du prêtre, qui vit ici depuis 2004, semble discrète. D'après les habitants, il apparaît quelquefois dans les commerces ou sur son vélo, vêtu d'une soutane, mais difficile d'en savoir plus. « *Il ne sort jamais* », nous lâche un pilier de comptoir au café. « *Lui ou les gens de l'école, on ne les voit pas. Ils ont peu de contacts avec le reste du village* », ajoute une habitante. « *En tout cas, les curés ne veulent pas en entendre parler. Ils ont même demandé qu'il ne vienne pas à la chapelle* », nous confie le maire Bernard Chaverot, dans son bureau.

Église la mécanique du silence

Nous tentons notre chance au pensionnat de La Péraudière, une école « *perdue au milieu des bois, au fond d'un cul-de-sac* », prévient Bernard Chaverot. Le père Gérentet de Saluneaux y a enseigné des années auparavant. Messes en latin, lever des couleurs matinales et travaux manuels forment le quotidien de cet établissement géré en partie par la Fraternité Saint-Pie-X. « *Ça fait trente ans que j'habite ici, et je ne sais pas trop ce qui s'y passe* », admet le maire. Nous stationnons à quelques mètres de l'école, qui paraît vide. Les enfants et leurs maîtres ont déserté les salles de classe. Nous décidons de ne pas perdre plus de temps et allons directement au domicile du père Gérentet.

Sa maison, une vieille bâtisse de campagne en pierre, est située à quelques mètres d'une des deux églises du village. Il y a ce grand portail marron, frappé d'un panneau « stationnement interdit ». Puis, cette porte blanche avec un rideau. Nous sonnons. Suivent des pas lourds dans l'escalier, des marches qui craquent. La porte s'ouvre sur un homme très grand, vêtu d'une longue soutane noire. Le père Guy Gérentet de Saluneaux en personne.

C'est notre première rencontre avec un prêtre accusé de pédophilie. Nous l'avons longuement appréhendée, avec beaucoup de préjugés. Nous avons élaboré de multiples scénarios. Par peur d'une fin de non-recevoir, nous avons décidé de ne pas décliner notre profession, nous contentant de nous présenter comme intermédiaires entre la victime et le prêtre. Une stratégie que nous n'aurons plus à reproduire. Les autres prêtres que nous rencontrerons ne seront pas les « monstres »

Les affaires Barbarin

attendus et parleront bien plus facilement qu'on ne le croit. Même à des journalistes.

Sur ce perron de la maison de Montrottier, la conversation va s'engager pendant une trentaine de minutes. À l'aise, le père Gérentet ne semble nullement surpris par nos questions. En ce matin d'avril, son nom n'est pas encore sorti dans la presse. Nous ne savons pas, à ce stade, qu'il vient d'être, en première instance, reconnu coupable de multiples agressions sexuelles sur mineures. C'est le prêtre lui-même qui nous l'apprend. Le froid, ses mots, peut-être l'ampleur des faits, nous glacent sur place.

DAPHNÉ GASTALDI. Combien de personnes vous ont accusé ?

PÈRE GÉRENTET. Huit, et sur les huit, seules trois étaient au procès.

MATHIEU MARTINIERE. Toutes à l'église de La Trinité ?

PÈRE GÉRENTET. Pratiquement.

Calmement, le père Gérentet de Saluneaux, 81 ans, nous explique être resté longtemps incapable de concevoir le mal qu'il causait aux enfants. Tout au plus admet-il avoir eu un comportement « *de vieux grand-père* » et « *des gestes affectueux* ». Dans ses souvenirs, les caresses délivrées ici et là étaient des gestes « *furtifs* », envers des enfants peut-être juste un peu plus timides que les autres. « *Je n'ai jamais voulu faire du mal à des jeunes. Pour moi, ça relève de l'horreur* », assure-t-il. L'homme ne remet pas en cause sa condamnation, mais minimise la portée de ses actes. « *Je ne vois pas grandir les enfants. C'est plus vrai pour les petites filles que pour les garçons, dit-il. Je vois toujours la petite fille*

Église la mécanique du silence

de 5-6 ans que je prends dans mes bras, que je fais sauter, avec qui je chahute. »

Comment le prêtre mariste a-t-il pu s'occuper d'enfants presque toute sa vie ? Durant une trentaine d'années, des années 1970 à 2001, il a en charge le catéchisme à la paroisse de La Trinité (Lyon 8e). Il y développe un grand ascendant sur les fidèles du quartier. « *Il était imposant, assez autoritaire* », se souvient une septuagénaire qui assistait à ses offices dans les années 1990. Le soutien de ses ouailles est total, sa remise en cause presque impossible. Les enfants enfouissent tout cela dans leur mémoire, faute de pouvoir en parler avec leurs parents. L'amnésie post-traumatique fait le reste.

Alors que nous discutons avec le père Gérentet, pétrifiés, nos poches se mettent à vibrer. Mathieu Périsse, qui est resté à Lyon, tente de nous appeler. Nous ne décrochons pas. L'Agence France Presse, l'AFP, vient de publier une dépêche, dévoilant la condamnation du père Gérentet, détails que nous ne découvrirons qu'après notre interview. Ainsi, le 23 septembre 2010, le prêtre a été mis en examen pour des agressions sexuelles commises sur huit jeunes filles entre 1989 et 2000. En garde à vue, il a reconnu son « *attirance sexuelle pour les enfants* ». C'est le courrier d'un religieux, prieur d'une abbaye du sud de la France, qui a conduit le parquet à s'intéresser à son cas. D'après l'AFP, le moine avait recueilli « *les confidences de l'amie d'une victime* ». La procédure aboutira cinq ans plus tard. Le 12 février 2016, le père Gérentet de Saluneaux est condamné en première instance à deux ans d'emprisonnement avec sursis, des dommages et intérêts et une interdiction

Les affaires Barbarin

d'exercer auprès de mineurs par le tribunal correctionnel de Lyon.

Pendant notre échange avec le prêtre, nous comprenons qu'à deux reprises le diocèse de Lyon a été informé de faits inquiétants, sans en avertir la justice. Dès 2001 d'abord. Cette année-là, une jeune fille aurait fait état d'actes de maltraitance commis par le prêtre à son égard. Le cardinal Louis-Marie Billé, qui dirige alors le diocèse, réagit rapidement. Le prêtre est convoqué. Dans l'entretien, l'archevêque de Lyon lui affirme « *avoir entendu certaines choses*, nous rapporte le prêtre à Montrottier. *Il m'a juste dit ce qui m'était reproché, et qu'il fallait que je quitte le ministère pour écarter toute possibilité de récidive.* » Le père Gérentet de Saluneaux est désormais interdit de tout ministère public par le diocèse. Il doit partir se mettre au vert, loin de Lyon et de ses victimes. La justice n'en aura pas connaissance.

Puis, dans le froid glacial des Monts du Lyonnais, le prêtre nous parle de la deuxième alerte. Un nom familier surgit alors dans la conversation.

PÈRE GÉRENTET. En 2004 quand je suis venu ici, j'ai rencontré Mgr Barbarin. Il m'a dit, « *on continue la procédure, vous n'êtes plus dans le ministère, voilà c'est terminé* ». Il a confirmé, si vous voulez, les affaires de son prédécesseur : de m'éloigner.

Après l'affaire Preynat, un deuxième nom de prêtre couvert par le cardinal Barbarin apparaît brutalement dans l'actualité. Du côté du diocèse de Lyon, on tente d'abord de se dédouaner. Membre de la congrégation des Maristes, Guy Gérentet de Saluneaux a été reconduit à l'état laïque en 2012. « *Ce n'est pas un prêtre diocésain* », pointe Yves Baumgarten, le vicaire général de Lyon, avant de concéder que « *normalement, les signalements auraient dû avoir lieu* ». Et le bras droit du cardinal Barbarin d'enfoncer le clou : « *Il y a eu dysfonctionnement et négligence.* »

Une négligence qui apparaît dans les propres écrits du cardinal Barbarin. Nous avons pu consulter les « diaires » de l'archevêque de Lyon, ce journal de bord dans lequel sont consignés les événements importants du diocèse. À la page du 9 mars 2006, le primat des Gaules écrit avoir été informé des gestes du père Gérentet de Saluneaux, quatre ans avant sa mise en examen : « *Il y a d'autres cas. Une fille. 2 ou 3 ont dit que le P Gérentet leur donne un sentiment de culpabilité. Il y a 20-25 ans. Surtout une. Cette fille a été très déstabilisée dans sa sexualité.* »

5

Jacques

« *C'est une histoire comme les autres, histoire d'amour douce folie.* » Rien qu'en lisant ces quelques mots écrits à l'encre rouge, Jacques F. ressent comme un coup de poing dans l'estomac. La violence du choc le force à s'asseoir, les jambes coupées. Qu'est-ce qui l'a incité ce 27 septembre 2004 à ouvrir le courrier de son fils ? La couleur bordeaux de l'enveloppe ? Voilà des semaines qu'il trouve des mots adressés à son garçon, âgé de 16 ans, dans la boîte aux lettres de leur maison du Lot-et-Garonne. Amusé d'abord, ce fonctionnaire a songé à un flirt épistolaire d'adolescents, il a imaginé une première petite amie à son fils. Jusqu'à ce moment précis où il découvre la signature en bas de la lettre d'amour : Jean-Marc. Il connaît ce prénom, c'est celui d'un prêtre lyonnais arrivé en 1994 dans la région de Montauban sans qu'on sache bien les raisons de son exil et qui

Église la mécanique du silence

fréquente avec assiduité sa belle-famille « *fascinée* » par son aura de religieux.

Nous sommes à la rentrée scolaire 2004. Jacques appelle rapidement son ex-femme pour l'alerter de cette correspondance. Le clerc de 50 ans écrit des lettres affectueuses, « *trop affectueuses* », à leur fils depuis des semaines. Au retour du lycée, une réunion de crise est organisée. « *Nous lui avons imposé d'écrire une lettre pour cesser cette relation*, se remémore Jacques. *Notre fils a été choqué qu'on ouvre son courrier. Et il a eu l'impression qu'on lui faisait écrire sous la contrainte.* » Suite à l'envoi non négociable de cette lettre, le prêtre répondra une dernière fois. Mais l'enveloppe sera interceptée par Jacques qui guette la boîte aux lettres, en père protecteur.

Hors de lui, il écrit au curé pour que ces échanges cessent. « *Monsieur, je vous somme, à dater de ce jour, de cesser toute relation, sous quelque forme que ce soit avec mon fils, enfant mineur dont je suis légalement responsable.* » Et de prévenir : « *Toute nouvelle tentative de votre part serait suivie immédiatement de ma part d'une plainte officielle auprès des autorités.* » Le professeur ne s'en tient pas là. Une copie part à l'évêché le même jour, le 16 octobre 2004. « *Je ne peux qu'approuver votre attitude concernant votre fils. En effet, je lui ai retiré toute fonction sacerdotale dans mon diocèse* », lui répondra l'évêque de Montauban Mgr Bernard Housset, une semaine après. « *Je me dis qu'il va le sanctionner, qu'il ne peut en être autrement*, se remémore Jacques. *J'ai pensé que l'évêque avait fait son travail et que mon fils était hors de danger. À ce moment-là, l'idée ne m'est pas venue d'aller voir la*

Les affaires Barbarin

police. Le ton des lettres me perturbait, mais je ne mettais pas encore les mots dessus. » L'alerte semble passée, la vie reprend son cours.

Douze ans plus tard, Jacques nous reçoit dans son salon. Nous l'avons eu plusieurs fois au téléphone, avant de faire le déplacement. Le père de famille semble désemparé. « *On pensait que c'était fini après cette lettre, nous étions naïfs, nous étions naïfs* », répète-t-il en croisant les mains fébrilement. Derrière sa bonhomie et un accent chantant des Pyrénées, nous percevons le désespoir d'un homme qui perd peu à peu son fils. Quelque chose de brisé s'exprime dans son regard clair. Il y a quelques semaines, Jacques a failli avoir un accident alors qu'il était au téléphone en voiture avec Stéphane[1]. « *Je suis passé à son appartement à Toulouse et comme il n'était pas là, je l'ai appelé. Et là, il m'annonce qu'il est dans le village du prêtre !* » Sous le choc, Jacques lui raccroche maladroitement au nez. Son véhicule manque de faire une embardée sur le périphérique. Comme le jour où il a ouvert la lettre, son estomac se tord de douleur.

À ce stade, il n'a plus rien à perdre. Le père de famille se met à enquêter tous azimuts. Il retrace le parcours du prêtre. Pendant des jours, il cherche des pistes, rencontre des prêtres et des paroissiens. Jacques s'entretiendra même avec le nouvel évêque, qui lui semble passif. Surtout, il s'interroge. Pourquoi ce prêtre lyonnais a-t-il

---

1. Pour préserver l'anonymat des victimes, certains prénoms ont été modifiés.

débarqué ici, dans une petite commune du Tarn-et-Garonne en 1994 ? Quel est donc ce passé dont personne ne sait rien ou ne veut parler ? Au bout de deux semaines, ses recherches patinent au point de le décourager. Finalement, c'est le site de l'association de victimes La Parole libérée, créée à l'origine pour d'anciens scouts abusés par le père Preynat, qui lui permet de lancer un appel à témoins. « *J'enquête laborieusement sur les agissements du prêtre, avec plus ou moins de soutien de la part de son entourage "professionnel" d'autrefois, dont beaucoup se défilent* », écrit-il sur le forum de l'association. Rapidement, deux témoignages lui parviennent. En parallèle, l'état de santé de son fils empire. Jacques en est persuadé : « *Stéphane est sous emprise, son état physique et mental est dégradé et très préoccupant. Il a des douleurs généralisées dans le bassin, les bras et les jambes au point où il ne peut plus marcher. Il n'y a aucune explication médicale. Et il ne portera jamais plainte* », s'alarme-t-il.

Quelques jours avant de nous parler, il a franchi le pas en faisant un signalement. Le 29 mars 2016, déterminé, il s'est rendu à la gendarmerie dès l'ouverture des portes. « *J'avais peur de ne pas avoir assez de preuves mais les gendarmes m'ont pris au sérieux* », s'exclame-t-il, conforté dans son action. Il y passera plus de trois heures pour dénoncer le prêtre, en détaillant le dossier apporté sur une clé USB. Il y a urgence. Son fils a presque coupé tous les ponts avec sa famille.

Brusquement, il se lève de son fauteuil et va chercher une valisette près de la table à manger. À l'intérieur, se trouvent les lettres, les rares preuves, qu'il a conservées

Les affaires Barbarin

toutes ces années. Jacques hésite avant de nous inviter à les lire. Comme s'il nous voulait nous passer le relais, se libérer d'un poids. Il secoue la tête, fatigué : « *Mon fils, aujourd'hui, n'existe plus. Il est manipulé. Son gourou s'appelle Jean-Marc Desperon*[1]. »

---

1. Notre enquête a été publiée sur le site *Mediapart* le 15 avril 2016, avec pour titre « Une nouvelle affaire menace le cardinal Barbarin ». Nous avions pris le parti de ne pas dévoiler le nom du religieux car il n'avait pas encore été mis en examen ni avoué les faits.

6

Le gourou

« *Inquiétante disparition* ». Ce 20 avril 2016, le titre de *La Dépêche* nous interpelle. L'article précise que Jean-Marc Desperon, ancien prêtre de Castelsarrasin, n'a plus donné signe de vie depuis deux jours. Des plongeurs de la gendarmerie ont fouillé le lac de son village de Finhan, dans le Tarn-et-Garonne, en vain. « *Nous le recherchons, nous ne savons pas s'il est mort ou vivant* », déclare la procureure de Montauban. Plus inquiétant encore, on apprend dans la journée que le sexagénaire a envoyé à des amis un courrier en forme d'adieux : « *Vous allez apprendre beaucoup de choses sur mon compte (…). Merci d'avoir été de bons voisins pour moi* », écrit-il. L'hypothèse du suicide semble plausible.

Quelques jours plus tôt, nous avons publié une longue enquête sur *Mediapart*, dans laquelle nous retracions le parcours de ce prêtre du diocèse de Lyon, soupçonné d'agression sexuelle sur mineur. Nous l'avions rencontré chez lui. Deux heures d'une semi-confession, pendant lesquelles il n'avait pas remis en cause les témoignages en notre possession. A-t-il mis fin à ses jours ? Après des semaines d'enquête, impossible d'envisager une conclusion aussi brutale à une histoire déjà tragique. Le lendemain, soulagement. Jean-Marc Desperon a été retrouvé à son domicile après trois jours d'errance dans la campagne. Mis en examen pour « *agression sexuelle sur mineur* », il est placé en détention.

Cette arrestation est l'épilogue d'un parcours entamé à Lyon dans les années 1980. Fils de militaire, Jean-Marc Desperon est né à Saïgon le 14 juillet 1954, l'année de la fin de la guerre d'Indochine. De retour en France, le jeune homme s'installe boulevard des Provinces à Sainte-Foy-lès-Lyon. Son chemin croise alors celui du père Preynat, qui vient à peine de créer le Groupe Saint-Luc. À 18 ans, le jeune homme rejoint la troupe scoute comme animateur, en parallèle de ses études à Sciences-Po Lyon. Il y restera jusqu'en 1975, date à laquelle il décide d'entrer au séminaire. Ordonné prêtre en 1983, il est affecté à la Croix-Rousse.

Sur le plateau de la colline des Canuts, il devient aumônier du collège-lycée Saint-Exupéry. Rapidement, il occupe une place particulière auprès des adolescents. Un « prêtre-pote », qui les invite à manger chez lui, les emmène faire du vélo dans les monts d'Or et les laisse même parfois conduire sa voiture.

Les affaires Barbarin

Alice[1] a 15 ans lorsqu'elle rencontre le père Desperon en 1987. Elle est au lycée et fréquente alors la cure de la rue Hénon. Un petit groupe de jeunes s'est déjà formé autour du prêtre. Ils parlent beaucoup, vivent en bande et partent en week-end à la campagne. Sous l'œil bienveillant de l'homme, des cercles de discussion se mettent en place. Chaque jeune joue l'introspection, se livre, tombe le masque devant les autres. Le groupe utilise un vocabulaire propre, un fourre-tout philosophique inspiré par le père Desperon, où il est principalement question de « *vivre des relations vraies* » ou de « *dépasser ses limites* ». L'aumônier développe une idéologie orientée à gauche, poussant les jeunes à révolutionner les pratiques de l'Église. « *Il faut remettre ça dans un contexte*, raconte aujourd'hui Alice. *Ces années-là sont aussi celles du* Cercle des poètes disparus. *Je pense que nous traversions tous cette quête d'idéal propre à l'adolescence et que nous trouvions à la cure un moyen de l'exprimer.* »

Le prêtre entretient une correspondance épistolaire nourrie avec certains jeunes. Des lettres souvent très longues, écrites sur des cartes postales, des photos, agrémentées de dessins et de citations. Sous son impulsion, des élèves se lancent dans des analyses graphologiques ou des ennéagrammes, des tests de personnalités controversés. D'humiliantes séances d'autocritique se mettent en place. Une sorte de tribunal de la vérité. Éprouvée, Alice décide de s'éloigner de la cure. « *C'était douloureux et parfois violent* », raconte-t-elle aujourd'hui.

---

1. Pour préserver l'anonymat des victimes, certains prénoms ont été modifiés.

Église la mécanique du silence

Jean-Marc Desperon a l'oreille des jeunes. La porte de sa cure de la rue Hénon est toujours ouverte. Même la nuit. « *Il se donnait corps et âme pour eux. Il a passé des nuits à faire réviser les gamins mais le problème, c'est qu'il tombait amoureux* », se souvient une ancienne accompagnatrice de la paroisse de la Croix-Rousse, qui estime s'être montrée vigilante à l'époque. « *Dans notre maison de campagne, on lui avait préparé une chambre quand il venait avec les enfants, le week-end, mais il n'y allait pas. Il dormait au milieu des jeunes, au milieu de ses brebis.* »

« *Il tombait amoureux* » : une formule ambiguë pour désigner le rapport que Jean-Marc Desperon entretient alors avec les jeunes. Une ancienne élève, nous a raconté avoir fréquenté l'aumônerie les années 1983-1984, avec son frère de deux ans plus jeune. « *Je me souviens d'un jour où ma mère est rentrée à la maison et où elle a trouvé Jean-Marc dans la chambre de mon frère. Elle l'a mis dehors "énergiquement"… Mon frère était encore collégien à l'époque* », assure-t-elle.

« *Son emprise s'installait progressivement* », confirme Guillaume[1], un autre ancien du groupe. Le garçon est en classe de cinquième quand il rencontre Jean-Marc Desperon. Il « *flashe* » immédiatement sur ce prêtre charismatique. « *J'avais le même profil que les autres jeunes du groupe : je ne m'entendais pas avec mes parents, je cherchais des idées neuves sur le monde. Jean-Marc a rempli ce manque.* » Mais, le quadragénaire évoque aussi des

---
1. Prénom d'emprunt.

Les affaires Barbarin

attitudes bien plus équivoques de la part du curé. Vers 1992, les membres de l'aumônerie commencent à rénover « La Verrière », une vieille ferme du Haut Beaujolais, don d'un paroissien à une association dirigée par le prêtre. « *Là-bas, il embrassait des jeunes sur la bouche, tout en disant que ce n'était pas quelque chose de sexuel.* » Il affirme avoir été témoin de « *relations passionnelles* » entre des jeunes plus âgés et le prêtre. Notamment deux anciens lycéens, avec qui l'aumônier aurait vécu « *quasiment en couple* ».

Fin 1993, des plaintes de paroissiens remontent au diocèse de Lyon. « *On apprend qu'un des jeunes a quitté le domicile familial, pour s'installer à la cure et couche dans l'antichambre de Desperon* », rapporte le père Paul Gay, confirmant un autre témoignage. Aujourd'hui à la retraite, l'homme de 78 ans a été curé de la paroisse Sainte-Élisabeth de la Croix-Rousse à partir de 1989. Collègue et supérieur de Jean-Marc Desperon, il se souvient de cette période de tensions. L'aumônier est accusé de diviser les familles, en montant les lycéens contre leurs parents. La révolte gronde, la colline se déchire entre partisans et détracteurs du prêtre. Jacques Faivre, alors évêque auxiliaire de Lyon, futur évêque du Mans, est saisi de l'affaire. Décision est prise d'éloigner Jean-Marc Desperon. Un possible « *repli dans un monastère* » est évoqué, puis abandonné, détaille Paul Gay. Ce sera donc le Sud-Ouest, Castelsarrasin, dans le diocèse de Montauban.

Pour justifier son départ en 1994, le diocèse de Lyon affirme aujourd'hui l'avoir écarté en raison de « *l'emprise psychologique* » que le prêtre exerçait sur des adolescents et des adultes. Le diocèse de Montauban a-t-il été informé de la raison de cette mutation ? Les évêques n'en ont aucun souvenir. *« Son père était malade, c'est pour ça qu'il est venu »*, soutient Mgr Jacques de Saint-Blanquat, 91 ans, évêque de Montauban à l'époque. Même discours du côté de Mgr Bernard Housset, son successeur, qui affirme s'être renseigné sur ce prêtre lors de sa nomination comme évêque en septembre 1996.

Avant son retour en paroisse à Castelsarrasin, une période de congé sabbatique s'ouvre pour le prêtre entre 1994-1996, pendant laquelle il entame une courte psychothérapie. Mais Jean-Marc Desperon n'a pas coupé tout lien avec son passé lyonnais. Son emprise reste forte et il revient régulièrement dans la région voir ses anciens élèves. Les jeunes de « sa bande », désormais majeurs, le rejoignent les week-ends et pendant les vacances à la maison de La Verrière dans le Haut Beaujolais. Entre 1996 et 1998, l'un d'eux décidera même de suivre le prêtre et de s'installer lui aussi à Castelsarrasin, où il travaille comme animateur au sein de l'aumônerie d'un collège public. Pendant deux ans, le jeune homme dormira régulièrement chez le prêtre, dans sa maison de la petite commune de Finhan.

En 2002, ce Lyonnais décide d'écrire au diocèse de Montauban, comme deux autres victimes, pour dénoncer les faits passés. En moins de six mois, entre juillet et novembre 2002, le diocèse de Montauban va être alerté par trois lettres mentionnant des agressions sexuelles. Des courriers envoyés à Mgr Bernard Housset, évêque du diocèse de Montauban, où exerce Jean-Marc Desperon, et transmis au diocèse de Lyon, duquel dépend toujours

Les affaires Barbarin

officiellement le prêtre[1]. L'existence de ces lettres que nous révélons pour la première fois dans ce livre nous a été confirmée par plusieurs sources, dont une source judiciaire proche du dossier.

Parmi les auteurs des lettres, Sébastien[2] dit très bien se souvenir du comportement « *anormal* » de ce curé, rencontré lorsqu'il avait 15 ans en 1991. Un aumônier qui, selon lui, caressait la joue de certains jeunes, leurs cuisses, prétextant des gestes d'amitié. À l'époque, les adolescents n'y voient rien de mal. « *On était persuadé qu'il n'avait pas d'arrière-pensées*, se rappelle Sébastien, *avec le recul, on se demande comment on a pu ne pas voir.* » Pour lui, tout bascule « *vers 1993-1994* », il a alors 17 ou 18 ans. À cette époque, le prêtre l'a chargé de venir le réveiller le matin dans sa chambre de la cure de la Croix-Rousse. « *Un jour, il m'a demandé de me déshabiller, pour toucher mes parties génitales* », lâche-t-il brusquement quand nous le rencontrons. Les attouchements auraient eu lieu à plusieurs reprises. « *C'était toujours avec la même technique, il intellectualisait tout, me disait qu'il ne fallait rien y voir de mal, que c'était "tout à fait naturel"* », confie Sébastien. Le jeune homme ne comprend pas ce qui lui arrive, il culpabilise. « *Ça paraît hallucinant, mais il faut prendre la mesure de tout l'embrigadement pendant des années pour en arriver là* », insiste-t-il. Comment faire comprendre qu'un jeune adulte puisse subir des attouchements sans se défendre ?

---
1. Au sein de l'Église, un prêtre dépend durant toute sa carrière du diocèse où il a été ordonné. Il est considéré comme étant « incardiné » dans ce diocèse.
2. Prénom d'emprunt.

Église la mécanique du silence

« *Il y avait probablement consentement, mais un consentement manipulé, c'est pervers* », tranche Sébastien.

Dans la lettre qu'il envoie en juillet 2002 à l'évêque de Montauban, il détaille toute son histoire. Les services de Mgr Housset accusent réception et l'informent qu'il peut les appeler si besoin. Sébastien n'ira pas plus loin. « *En 2002, je n'étais pas prêt à porter plainte. Je craignais de devoir l'affronter, je me défilais*, justifie-t-il. *Je suis passé par l'Église en me disant qu'ils allaient tirer la sonnette d'alarme et aller devant la justice. Tout ce que je vois c'est qu'ils ont géré l'histoire entre eux, en interne* », constate-t-il, amer.

En ce mois de juillet 2002, Philippe Barbarin vient tout juste d'être nommé archevêque de la capitale des Gaules. Il est informé de ces courriers par son homologue de Montauban. C'est par la voix de son vicaire général, Yves Baumgarten, que le diocèse de Lyon évoquera avec nous les lettres de 2002. « *C'est avec des majeurs et il n'y a pas de plaintes explicites des victimes* », avance-t-il pour expliquer l'inaction de l'Église. « *La difficulté, c'est de savoir quand on doit signaler (…) Il y a des choses dont on ne sait pas très bien quelle est la nature* », soutient le bras droit de Philippe Barbarin. Une vision partielle de l'affaire. Car, selon nos informations, les trois lettres envoyées en 2002 font état de faits d'attouchements de manière « *très explicite* », ne laissant pas de place à l'interprétation. « *On aurait dû agir avant* », concède aujourd'hui le vicaire.

Interrogé par mail sur ces lettres, Mgr Housset, aujourd'hui évêque émérite de La Rochelle, affirme lui aussi que les victimes se plaignaient uniquement de

Les affaires Barbarin

« *l'emprise captative* » du prêtre, précisant avoir « *mené une enquête* » les mois suivants. « *Je me suis rendu compte que plusieurs adultes étaient dans la même situation* », raconte-t-il. Le prélat demande alors au prêtre de prendre une année de congé sabbatique, en 2003, à l'issue de laquelle il décide de lui retirer tout ministère « *car son comportement n'était pas digne d'un prêtre* », indique-t-il. Le père Desperon vit désormais retiré dans sa maison familiale de Finhan, et n'a plus de responsabilité officielle. « *Il est utile de préciser que le diocèse n'a plus de lien avec le père Desperon à partir du moment où il n'a plus exercé de ministère, même s'il habite le département* », précisent les services de Mgr Bernard Ginoux, l'actuel évêque de Montauban. Une manière commode de se dégager de toute responsabilité, tout en renvoyant la balle au diocèse de Lyon.

De fait, le diocèse de Lyon a toujours gardé un œil sur le père Desperon, depuis son départ de la Croix-Rousse en 1994. Entre les deux villes, les informations circulent bien, comme en attestent les diaires du cardinal Barbarin.

À la page du 7 juin 2003, l'archevêque de Lyon retranscrit en style télégraphique un échange avec une religieuse lyonnaise : « *Remous à propos de Jean-Marc Desperon, muté à Montauban. Il aurait recommencé à Montauban. Il faudrait réagir.* » Quels sont ces « *remous* » en question ? S'agit-il de la lettre de 2002 ? Toujours est-il que ce dossier préoccupe Mgr Barbarin durant les années suivantes. Le 18 août 2004, le prélat retranscrit un échange qu'il a eu avec le prêtre, en visite à Lyon. « *Depuis deux ans, je suis hors ministère* », lui répète Jean-Marc Desperon, avant de préciser que la décision a été « *prise en accord* ». Le cardinal Barbarin noircit son cahier des phrases du prêtre. Ce sont des bribes de confessions, aux tournures ambiguës. « *En 1994-97. Période d'épreuve. Tous mes repères sautent* », peut-on lire. « *Après 97, une crise d'angélisme, de toute puissance et d'identification sexuelle.* » Le cardinal Barbarin prend enfin note d'« *une année de travail psy en 1987* » et d'une « *psychothérapie en 1994-1997* », suivie par le curé.

Au mois de novembre 2004, le cardinal charge son évêque auxiliaire, Hervé Giraud, d'aller interroger Jean-Marc Desperon. La rencontre a lieu à Lourdes, à l'occasion de l'assemblée générale de la Conférence des Évêques de France. « *Je devais lui poser une question bien précise*, rapporte Mgr Giraud, aujourd'hui évêque de Sens-Auxerre. *Je ne me souviens plus sur quoi portait cette question, mais c'était sur des dérives sectaires, on l'accusait d'être un gourou* », assure-t-il. Le prélat affirme n'avoir jamais entendu parler d'éventuelles lettres de victimes, ni d'agressions sexuelles. Il se souvient en revanche très bien du comportement du prêtre. « *Je sentais en face de moi un homme qui ne voulait pas dire la vérité.* » L'évêque s'emporte, tape du poing sur la table et sort en claquant la porte. « *Mgr Housset répétait quelque chose comme "c'est un prédateur, c'est un prédateur"* », se souvient-il.

Les affaires Barbarin

Manifestement inquiet de la santé mentale du père Desperon, le cardinal Barbarin semble avoir voulu le faire expertiser à la suite de cette entrevue. Dans son journal de bord du 25 novembre 2004, deux noms de psychanalystes sont apposés à celui du prêtre, suivis de la mention « *Deux experts. Canon 1041. Maladie Psychique* ». En droit canonique, la loi de l'Église, l'article 1041 concerne justement « *celui qui est atteint d'une forme de folie ou d'autre maladie psychique en raison de laquelle, après consultation d'experts, il est jugé incapable d'accomplir correctement le ministère* ». Philippe Barbarin a-t-il voulu se débarrasser d'un prêtre devenu gênant ? C'est en tout cas chose faite en 2005, date à laquelle le cardinal lui interdit à son tour l'exercice de tout ministère.

Officiellement, Jean-Marc Desperon est toujours prêtre. Mais désormais lâché par ses supérieurs, sans fonction ni réel suivi, il est livré à lui-même. Les deux évêques n'ont effectué aucun signalement à la justice. Une solitude propice à toutes les dérives. Une nouvelle victime présumée va croiser la route de ce prêtre. Durant l'année scolaire 2004-2005, au moment précis où Mgr Barbarin tente de couper les ponts avec le prêtre, Jean-Marc Desperon aurait agressé sexuellement un mineur de 15 ans.

Il nous a fallu plusieurs semaines d'enquête avant de pouvoir contacter Laurent[1]. Le hasard d'une conversation avec une voisine du prêtre, un nom qui émerge, quelques coups de téléphone, et nous voilà chez lui.

---

1. Prénom d'emprunt.

Église la mécanique du silence

Nous le retrouvons au mois d'avril, installé sur sa terrasse ensoleillée de l'agglomération toulousaine, un jus d'orange posé sur la table en plastique. On s'observe quelques secondes. Nous avons à peu près le même âge. Puis il se lance. Un récit glaçant, qui jure avec la douceur du printemps naissant.

Laurent a 15 ans quand il subit, affirme-t-il, pour la première fois les attouchements du père Desperon. Scolarisé en troisième dans l'agglomération toulousaine, l'élève est en confiance. Il côtoie le prêtre depuis son enfance. L'homme se rend souvent dans la maison familiale, sa présence dans la chambre de Laurent n'éveille pas les soupçons. Comment, ce jour-là, se retrouvent-ils allongés tous les deux sur son lit d'adolescent ? Laurent ne l'explique pas. La main du père Desperon se serait glissée sur le sexe de l'adolescent. L'attouchement le tétanise.

Quelques mois plus tard, à l'été 2005, le prêtre emmène Laurent en vacances. Une virée en voiture dans le Sud-Est, une semaine de camping en duo au cours de laquelle l'adolescent dit avoir subi à nouveau plusieurs attouchements. « *Après cet été, je me suis éloigné un moment de lui* », raconte Laurent.

Les années s'écoulent sans contact entre Laurent et son agresseur. L'adolescent a maintenant 17 ans. À l'été 2007, avant d'entrer en terminale, il le croise à nouveau lors d'un anniversaire et recommence à le côtoyer régulièrement. Le rapprochement est favorisé par son grand frère, Romain[1]. De trois ans son aîné, lui aussi s'est

---

1. Prénom d'emprunt.

Les affaires Barbarin

mis à fréquenter le prêtre dès 2005, bientôt rejoint par deux amis d'enfance, Thomas[1] et Nicolas[2]. À partir de 2008, les trois amis se sont installés en colocation dans une maison à côté de Toulouse. *« Jean-Marc »* prend l'habitude d'y passer à l'improviste, plusieurs fois par semaine.

Les trois jeunes hommes évoquent à l'unisson un homme *« brillant »* aux conversations *« passionnantes »*. Un érudit qui cite Alain Badiou, Slavoj Žižek ou encore Mehdi Belhaj Kacem, des penseurs connus pour leurs engagements d'extrême gauche, tout en distillant cette philosophie très personnelle fondée sur la notion de confiance et d'engagement collectif. *« Il avait cette faculté à nous couper du reste du monde »*, se souvient Romain. Comme à Lyon dix ans plus tôt, le prêtre les abreuve de lettres, pointe leurs erreurs, leur demande de se juger mutuellement. Certaines discussions nocturnes sur le choix d'une petite amie ou l'idée d'un déménagement prennent l'apparence de procès interminables, au cours desquels les décisions des uns et des autres sont critiquées collectivement.

À l'été 2008, Laurent vient d'avoir son bac et passe régulièrement à la colocation de son frère. Il aurait subi à nouveau des attouchements en juillet 2008. Mais l'adolescent tente de résister et engage le lendemain une discussion avec le père Desperon. *« Je lui ai dit clairement que je ne voulais pas de ça, que je ne voulais plus aucun contact physique avec lui »*, se rappelle-t-il.

---

1. Idem.
2. Idem.

Église la mécanique du silence

Malgré tout, il continue de le fréquenter, attiré par les discussions passionnées et une amitié réelle. Si bien qu'à la rentrée 2008, alors que le jeune étudiant emménage dans un appartement à Toulouse, le prêtre finit par s'y installer. Pendant un an, presque tous les soirs, l'homme se serait livré à des attouchements sur Laurent, raconte aujourd'hui le jeune homme. « *Son truc, c'était de dire qu'il allait me "pacifier"*, raconte la victime. *En fait, c'était des caresses sur l'ensemble du corps, sauf sur le sexe parce que j'arrivais à l'éviter. C'était horrible, j'étais toujours prostré. Je ne vois pas comment il aurait pu penser que j'appréciais ça* », dit-il, la voix un peu tremblante.

Et pourtant, l'emprise du père Desperon sur Laurent n'aurait pris fin qu'à l'automne 2009. Dans un sursaut, le jeune homme parvient à le chasser. S'ensuit une correspondance accablante. « *Plusieurs fois, Laurent m'avait dit des phrases comme "Je décide ce que je veux faire de mon corps"* », écrit Jean-Marc Desperon le 2 décembre 2009, évoquant un épisode de 2005.

> Et quand, dans cette approche affectueuse de son corps je caresse le sexe de [Laurent], c'est une continuité. Cette fois-là et aucune fois, je n'ai engagé, ni en pensée, ni en acte, ma propre sexualité ou un désir avec [Laurent]. Parce que je me sentais clair sur ce plan-là, je faisais le choix de vivre cette intimité. Je n'attendais aucun retour physique ; je

Les affaires Barbarin

> ne voulais ni obtenir de lui, ni extorquer de sa part un plaisir sexuel. Et même s'il était en érection ou s'il a ressenti une sorte d'orgasme (?) selon moi ce n'était pas un critère de désir sexuel de sa part. Dans cette intimité dont j'étais conscient, je lui donnais quelque chose de ma sérénité, de ce qu'il représentait pour moi. Et j'ai interprété son silence comme un abandon dans la confiance, comme une détente passagère pour lui et ça revêtait beaucoup de valeur.
>
> Extrait d'un mail de Jean-Marc Desperon, le 2 décembre 2009, adressé à un proche de la victime.

Dans ses courriers, le prêtre se met parfois en scène. Comme dans cette longue lettre envoyée à l'été 2005 à Laurent, alors âgé de 15 ans, quelques jours après les abus présumés pendant la semaine de vacances dans le Sud-Est. Singeant un dialogue de théâtre, il y interprète le rôle d'un « harceleur » interrogé par un « commissaire ».

En 2009 comme en 2005, les mots sont éloquents, et Jean-Marc Desperon se dévoile parfois par antiphrase, comme dans cette lettre non datée, reçue par Laurent : *« Rassure-toi je ne suis pas pédophile (tu n'as pas encore quinze ans !) et ce n'est pas à ton corps que j'en veux (même si je suis sensible à la beauté des corps). »* Ces courriers accélèrent la rupture entre l'ancien prêtre et le groupe de jeunes. Aujourd'hui âgé de 26 ans, Laurent n'envisage pas de porter plainte. « *Ça ne m'apportera rien, je pense*, explique-t-il. *Mais je veux surtout éviter qu'il fasse d'autres victimes.* » Une fois notre premier article publié, il sera auditionné par la police, et décidera de se porter partie civile.

Nous avons voulu comprendre, mettre le prêtre face à son passé. Au début de notre enquête en avril 2016, son nom n'a pas encore été effacé de l'annuaire du diocèse de Lyon. Il y apparaît en bas de page, dans la rubrique « *prêtres en ministère extra-diocésain* ». Son adresse en poche, nous prenons la route. Jusqu'au village de Finhan, au sud de Castelsarrasin. Devant la petite maison héritée de ses parents, le portail est ouvert. Une maxime sur l'amitié placardée sur la porte nous accueille. Sur l'encadrure, le dessin d'un œil de femme nous scrute, semblable aux amulettes porte-bonheur que l'on retrouve en Turquie.

On l'appelle. Cheveux bouclés gris, un peu hirsute, Jean-Marc Desperon surgit d'un côté de la maison, à travers la haie du jardin. Il porte une parka noire, un jogging bleu-gris et des chaussures de randonnée. Derrière des lunettes teintées, de grands yeux bleus surmontés de sourcils broussailleux nous interrogent avec insistance. On se présente : « *Nous venons vous voir parce qu'on nous a signalé des faits assez graves, on voudrait vous en parler.* » L'homme bredouille quelques mots, se reprend. « *Je suis surpris, c'est la première fois qu'on me pose ce genre de questions.* » Il parle par bribes. Des phrases en pointillés, ponctuées de longs silences, masquent mal sa gêne. « *À ma connaissance, il n'y a aucune plainte contre…* » Puis, comme on l'interroge sur des témoignages, « *non, sur des mineurs il n'y a rien, mais…* ». Pendant un quart d'heure, nous jouons avec lui un étrange jeu de devinettes, sur ce bout de terrain devant sa maison. Comprenant que nous en savons déjà beaucoup, il nous inviter finalement à entrer, en jetant un rapide coup d'œil vers les fenêtres des voisins.

Mal à l'aise, nous nous installons dans un vieux canapé, entre deux peluches. Le sexagénaire s'assoit en face, dans un fauteuil. Devant lui, la table basse est recouverte de figurines d'animaux en plastique, comme autant de jouets d'enfants soigneusement alignés. Pendant deux heures, notre conversation est décousue. L'homme esquive chaque question portant sur les faits, joue en virtuose de l'implicite et du sous-entendu. Anxieux, il s'accroche aux barres de la chaise, près de ses pieds, et se balance. Les mains tremblantes et les lèvres serrées. « *Je n'ai jamais été un gourou*, se défend-il. *J'ai un charisme, un tempérament, c'est indéniable. Mais un gourou, voire un manipulateur, non.* »

MATHIEU PÉRISSE. Quels gestes avez-vous commis ? Est-ce que vous vous en souvenez ?
JEAN-MARC DESPERON. J'assume tout ce que j'ai fait, dans ma vie affective, ma vie sexuelle et tout ça (…) Je n'ai pas le sentiment d'avoir imposé des gestes. Vous pouvez embrasser quelqu'un qui ne vous embrassera pas en retour, c'est pas nécessairement qu'il était contre. (…)

Église la mécanique du silence

MATHIEU PÉRISSE. Mais est-ce que ces jeunes pouvaient toujours refuser ? Vous étiez adulte, prêtre, vous aviez une emprise sur eux...
JEAN-MARC DESPERON. Ça, j'ai beaucoup réfléchi dessus, c'est clair... mais... Je vois des situations où, sur le plan de la sexualité ou du rapport avec la pornographie et tout ça, j'étais beaucoup moins informé ou expérimenté que des personnes que je voyais.
DAPHNÉ GASTALDI. Que diriez-vous à ces personnes qui se sentent victimes de vous ?
JEAN-MARC DESPERON. J'ai confiance dans le fait qu'il y a eu une telle qualité de relation que c'est ça qui gagnera.

Nous évoquons avec lui les lettres de 2002 envoyées par des victimes. Ses silences sont de plus en plus pesants. Il se lève pour préparer un thé, visiblement mal à l'aise.

DAPHNÉ GASTALDI. Qui s'était plaint ? Les jeunes directement ?
JEAN-MARC DESPERON. Oui, ça serait deux jeunes adultes, que j'ai connus à Lyon, qui auraient écrit à l'évêque de Montauban en 2002.
DAPHNÉ GASTALDI. C'était pour des questions d'emprise, de harcèlement, ou plutôt des actes physiques ?
JEAN-MARC DESPERON. Oui, là c'est plutôt physique, oui. Mais je n'ai jamais eu accès à ces lettres.
DAPHNÉ GASTALDI. Ils se sont retournés contre vous ?
JEAN-MARC DESPERON. *[Il hésite.]* Ce que je n'ai pas eu depuis quatorze ans, comme type de dialogue, pourquoi l'avoir maintenant avec vous ?

Les affaires Barbarin

MATHIEU PÉRISSE. Qu'a décidé l'évêque de Montauban ?
JEAN-MARC DESPERON. Qu'il allait répondre très vite aux gens qui m'attaquaient, aux plaignants si vous voulez, pour leur montrer que leurs demandes étaient prises en compte. (…). Mais la décision qu'on avait prise ensemble c'était une année sabbatique, donc je continuais physiquement à vivre ici (…) et l'autre aspect c'est qu'une fois par mois je lui écrivais (…) pour faire le point.
DAPHNÉ GASTALDI. Après 1994, vous avez demandé à être accompagné par le diocèse, par un psychologue, un directeur de conscience… ?
JEAN-MARC DESPERON. J'ai pas attendu ça. J'ai toujours eu des personnes référentes de mon action.
MATHIEU PÉRISSE. De votre entourage ? Des référents officiels ?
JEAN-MARC DESPERON. Qu'est-ce que vous appelez officiels ? Je veux dire des gens qui sont totalement au courant de ce que j'ai vécu quoi.
MATHIEU PÉRISSE. Des psychologues ?
JEAN-MARC DESPERON. Je ne réponds pas à tout ça, voyez…
DAPHNÉ GASTALDI. Vous vous êtes confié à des prêtres ?
JEAN-MARC DESPERON. Oui, il y a des prêtres.
DAPHNÉ GASTALDI. Ils vous appellent, vous allez à Lyon ?
JEAN-MARC DESPERON. Non, à Lyon je n'y vais plus.
MATHIEU PÉRISSE. Depuis quand ?
JEAN-MARC DESPERON. Philippe Barbarin, j'ai dû le voir en 2004 pour la dernière fois en vis-à-vis. Il a dû y avoir trois rencontres sur deux ans. Pour faire le point, dans le sens où il y avait un statu quo…

MATHIEU PÉRISSE. Vous avez rencontré son évêque auxiliaire, Mgr Giraud ?

JEAN-MARC DESPERON. Un jour, je reçois un coup de fil, il me dit qu'il est à Lourdes et qu'il veut me rencontrer pour faire un point. Je crois que c'était en novembre 2004. Là je le rencontre avec Mgr Housset, visage très fermé. C'était comme s'ils étaient face à un délinquant sexuel dans le déni, et qu'il fallait que j'avoue, que je donne des noms. Des noms de victimes, je ne sais pas… On était dans une petite salle, on aurait dit deux inspecteurs qui essayaient de faire craquer quelqu'un. Et là, le cri du cœur d'un des deux : « *Tu seras réduit à l'état laïque !* »

DAPHNÉ GASTALDI. Que s'est-il passé ensuite ?

JEAN-MARC DESPERON. La réponse de Barbarin a été de me faire rencontrer deux experts psychologues. Il fallait que j'aille à Lyon. Deux noms, deux jours différents, trois quarts d'heure, j'ai joué le jeu. Là on est en février 2005, je dirais. Mais c'était nul quoi…

Il s'interrompt. Nous nous levons pour prendre congé, encore sonnés par cette interview surréaliste. Silencieux, le prêtre reprend le fil tortueux de sa pensée, comme s'il cherchait une conclusion à tout cela. « *Il y a tellement eu un manque de dialogue, alors qu'il y avait d'autres chemins possibles pour accéder à la vérité, il y a douze, quatorze ans.* » Pour la première fois, nous sentons quelques regrets, ceux d'un homme perdu.

Jamais sa hiérarchie n'a pris la décision, difficile, de le conduire vers la justice. Jusqu'au bout, le cardinal

Les affaires Barbarin

Barbarin s'est pourtant tenu informé de sa situation. Mais son journal de bord révèle un archevêque surtout inquiet à l'idée de voir certains dossiers rendus publics. Nous avons même la surprise de découvrir que la page du 8 avril 2016 nous mentionne. Ce jour-là le cardinal reçoit un texto de la part d'un prêtre de son diocèse, se rapportant à « *une maison où se retrouvait le groupe de Desperon* », avec cette mise en garde : « *Des journalistes enquêtent, des jeunes.* » Le cardinal est bien informé.

En avril 2016, alors que nous venions de transmettre une série de questions au diocèse de Lyon, ce dernier nous a indiqué que la reconduction à l'état laïque du père Desperon venait d'être actée. Cette précipitation peut surprendre, plus de vingt ans après les premières alertes sur les dérives sectaires du prêtre, et quatorze ans après les lettres des victimes de 2002.

Vingt ans d'inaction, dont les conséquences se chiffrent en vies brisées. À notre connaissance, trois plaintes ont été déposées contre le prêtre mais ne pourront être retenues par la justice. Les deux premières, déposées par les auteurs des lettres de 2002, ont été classées pour cause de prescription. La troisième, déposée par Jacques F., le père d'une victime d'emprise, a été classée sans suite. Au moins cinq victimes d'abus sexuels ont été auditionnées par les enquêteurs dans le cadre de l'instruction judiciaire, toujours en cours à l'heure où nous écrivons ces lignes. Suite à notre enquête publiée en avril 2016, le parquet a décidé de poursuivre l'instruction sur la base du seul témoignage de Laurent qui s'est constitué partie civile.

Église la mécanique du silence

Aujourd'hui, Jean-Marc Desperon a été réduit à l'état laïque. Mais son parcours reste emblématique de la torpeur et du laxisme de la hiérarchie catholique sur ces questions. Mgr Balland, Mgr Giraud et Mgr Barbarin à Lyon. Mgr Housset et Mgr Ginoux à Montauban. Au moins cinq évêques ont eu, à un moment de leur carrière, la possibilité de mettre un terme aux agissements du prêtre.

Laurent espère être le seul à avoir payé le prix de leur silence.

7

Un ticket pour Nanterre

« Il s'agit d'un sujet intelligent, indemne de psychose, de délire, d'hallucination mentale ou d'automatisme mental, il ne présente aucun signe de névrose grave (...) Il semble avoir cédé à un refoulé ; il a bien conscience de la portée de ses actes qu'il reconnaît, caresses masturbations et fellations uniquement, et qu'il assume. »

> Notification des conclusions d'expertise sur Philippe de Morand. Rapport d'expertise établi par le Dr X., déposé le 29 décembre 2008. Médecin agréé par la cour d'appel de Versailles.

Église la mécanique du silence

C'est un dossier oublié du diocèse de Lyon. Il se lit pourtant comme une radiographie du silence de l'Église. En mai 2016, la lecture des pièces de l'instruction du père de Morand nous frappe par sa similitude avec les affaires Preynat, Gérentet de Saluneaux et Desperon. Au fil des pages du dossier se dessinent les contours d'une « méthode Barbarin », entre peur du scandale, non-dénonciation et déplacement du prêtre fautif.

Le 1er juin 2016, Michel[1] est convoqué à la brigade de la protection de la famille de Lyon. Huit ans après sa première déposition, les policiers veulent l'entendre cette fois-ci dans le cadre de l'enquête ouverte pour « non-dénonciation » sur le cardinal Barbarin. Michel a 17 ans quand il rencontre le père Philippe de Morand, alors aumônier de la troupe des scouts Saint-Louis de Lyon, une branche traditionaliste des scouts d'Europe. Entre eux s'instaure rapidement une relation de confiance. Michel va jusqu'à se confier sur sa famille déchirée auprès du religieux. En trois ans, Philippe de Morand devient son « *directeur spirituel* », voire un « *grand-frère* », sur qui il peut compter. Plusieurs fois par semaine, le jeune homme et le prêtre, de vingt ans son aîné, enchaînent des parties de squash et des discussions tardives. « *On était très proches, au point que je dormais parfois à la cure de Saint-Jean-Baptiste, où il était vicaire* », se souvient amèrement le Lyonnais.

Le 10 janvier 2008, Michel se rend à Longes, un village à quarante kilomètres de Lyon où exerce alors Philippe de Morand. Ce soir-là, fragilisé par une succession de drames

---

1. Pour préserver l'anonymat des victimes, certains prénoms ont été modifiés.

Les affaires Barbarin

personnels, il trouve refuge chez le prêtre. Il reste dormir après le dîner. Leurs deux matelas sont installés côté à côte dans la chambre. Dans l'obscurité, le père de Morand se met à caresser les organes génitaux de Michel. S'ensuivent des attouchements et des fellations. Une crise de tétanie paralyse sur-le-champ le jeune homme, blessé au bras et incapable de se défendre à ce moment-là. « *J'étais comme une pierre tombale* », raconte-t-il, la gorge serrée. Dans un élan désespéré, Michel s'enfuit par la fenêtre dès que le prêtre s'endort. Sa famille le récupérera transi et recroquevillé dans un fossé, tard dans la nuit.

Dès le lendemain, son père se rend en catastrophe auprès de Mgr Barbarin. Puis Michel rencontre à son tour le cardinal à l'archevêché. « *Il passait son temps à dire : "quel malheur, quel malheur" en parlant de ce qui m'était arrivé* », raconte la victime. Sur le conseil de Philippe Barbarin, le jeune homme va ensuite à l'Officialité, le tribunal de l'Église, pour faire une déposition. Mais la démarche n'entraînera pas d'enquête interne, ce que Michel ignore à cette époque. Or le cardinal Barbarin aurait dû demander l'ouverture d'une procédure ecclésiastique, comme le prévoit l'article 1717[1] du code de droit canonique.

D'autant plus que le prêtre se dénonce le lendemain des faits, le 11 janvier 2008, auprès du cardinal et de

---

1. Dans le droit canonique, au début de la quatrième partie concernant le procès pénal, le chapitre 1 détaille l'enquête préalable : « *Can. 1717 – § 1. Chaque fois que l'Ordinaire a connaissance, au moins vraisemblable, d'un délit, il fera par lui-même ou par une personne idoine, une enquête prudente portant sur les faits, les circonstances et l'imputabilité du délit, à moins que cette enquête ne paraisse totalement superflue.* »

Église la mécanique du silence

l'Officialité. Philippe de Morand avoue également ses actes dans un SMS et dans une lettre destinée à Michel, que nous avons pu consulter. « *J'ai trahi la confiance que tu avais en moi alors que je savais ce que je représentais pour toi,* écrit-il à l'encre noire. *L'archevêque et tes parents me défendent de prendre contact avec toi, je comprends cette décision et je la respecterai (…) Je te présente mes excuses et te demande pardon pour le mal que je t'ai fait. En abusant sexuellement de toi, j'ai conscience d'avoir blessé ta personne physiquement et moralement.* »

Malgré la reconnaissance de l'agression, le cardinal Barbarin se contente d'éloigner ponctuellement le prêtre des jeunes. « *Fin janvier, M*^{gr} *Barbarin m'a demandé d'arrêter les scouts Saint-Louis et d'aller voir un psychothérapeute au Puy-en-Velay car il souhaitait qu'il y ait le moins de publicité possible autour de cette affaire* », dévoile Philippe de Morand, lors d'une confrontation avec la victime en mars 2009, pendant l'instruction.

Les mois passent sans que Michel ait de nouvelle du diocèse de Lyon. Au printemps, il découvre que le père de Morand continue de donner des messes dans sa paroisse « *comme si de rien n'était* », raconte-t-il. Plus grave, un de ses amis proches lui apprend qu'il doit prochainement être marié par le prêtre. C'en est trop pour Michel, qui décide de mettre la pression sur le cardinal Barbarin. « *Je lui ai dit de le dégager, sinon j'allais porter plainte contre lui pour non-dénonciation de crime* », explique-t-il, nerveux. Ce n'est qu'à la suite de cet ultimatum que l'archevêque de Lyon finit par réagir.

Les affaires Barbarin

Durant l'été, le cardinal Barbarin organise une exfiltration en deux temps. « *J'ai donc décidé d'envoyer le père Philippe de Morand au monastère de Sept-Fons dans l'Allier* », déclarera Philippe Barbarin lorsqu'il sera auditionné par la gendarmerie en décembre 2008. Le transfert a lieu au mois de juin, six mois après les faits. En toute discrétion. « *Après j'ai demandé à la paroisse de Nanterre de l'accueillir. J'ai voulu également qu'il ait un suivi psychologique.* » Mais, sur ce point, la version du père de Morand est beaucoup plus développée. Un départ du prêtre pour l'étranger aurait même été envisagé, assure le prêtre aux enquêteurs. Contacté, le diocèse de Lyon ne confirme ni ne dénie cette information.

> Père DE MORAND. J'ai séjourné une semaine dans la communauté de vie religieuse dans laquelle vit ce thérapeute et à deux reprises, du 6 avril au 11 avril, puis du 4 au 10 mai. (…) Puis, fin juin, Mgr Barbarin m'a demandé de quitter la paroisse et de rejoindre une abbaye à Sept-Fons, dans l'Allier où je suis resté trois mois. Au mois de septembre, il m'a parlé d'aller à une formation en psychologie au Canada pour me restructurer puis de m'envoyer en Afrique. Au Canada, ils étaient prêts à m'accueillir à condition que je fasse un travail thérapeutique préalable d'où mon orientation sur Nanterre. Tout ceci parce que l'archevêque avait pris l'engagement vis-à-vis de

Église la mécanique du silence

> Michel* de m'envoyer à un endroit où il ne risquerait pas de me croiser.
>
> Procès-verbal de confrontation
> du 20 mars 2009

Une fois sa « pénitence » à l'abbaye de Sept-Fons achevée, Philippe de Morand est rapidement réintégré comme prêtre de la paroisse Sainte-Geneviève de Nanterre. « *Le père de Morand a été prêtre étudiant sans ministère en paroisse jusqu'au jugement en 2010* », assure le diocèse de Nanterre. Mais durant cette période, le prêtre reste très actif auprès des jeunes. « *Je donne un coup de main à la paroisse en célébrant quelques messes et en m'occupant du catéchisme des CM2* », détaille le père de Morand lors de sa première comparution devant les gendarmes à l'automne 2008. « *Par ailleurs, j'ai repris des études pour éviter de faire courir trop de bruits sur ma situation et justifier ainsi mon départ de Lyon* », assume le curé qui précise suivre « *des études en écritures saintes et en théologie* » au prestigieux collège des Bernardins.

De son côté, effaré par l'inertie des autorités religieuses, Michel décide de prendre les devants en saisissant la justice, par un signalement au procureur, le 23 juillet 2008. Le prévenu est alors mis en examen du chef de viol, depuis un temps non couvert par la prescription. Une confrontation est alors organisée le 20 mars 2009 entre le prêtre et Michel, accompagné de leurs conseils. Le prêtre reconnaît les gestes de nature sexuelle : « *Au départ, j'ai pris son inaction comme un consentement. Mais, au fur et à mesure des gestes, je me suis rendu compte qu'il y avait aucun geste de sa part. J'ai*

Les affaires Barbarin

alors pris conscience de son absence de consentement et j'ai arrêté (...) Il y a eu entre deux et quatre fellations de ma part cette nuit-là. »

Le père de Morand ne sera finalement pas éloigné au Canada ni en Afrique. Le 2 décembre 2010, près de deux ans après les faits, le père de Morand est condamné à six mois de prison avec sursis pour le délit d'agression sexuelle, par le tribunal correctionnel de Lyon. Il versera des dommages et intérêts à la victime. Malgré cette condamnation, le prêtre poursuit ses activités, au contact de jeunes et du public en général, cette fois au sein de la paroisse de Saint-Cloud. Il y anime en 2013 des journées d'enseignement « *spécialement destinées aux enfants* », et des pèlerinages organisés pour les « *pères de famille* », selon le site de la paroisse. En septembre 2015, il est même nommé vicaire de la paroisse de Bagneux, dans le diocèse de Nanterre, où il officie toujours aujourd'hui. À l'automne 2016, à la suite de la médiatisation de l'affaire, une nouvelle mission, notamment auprès d'hôpitaux, lui a été confiée.

« *Il faut que les catholiques sachent que si un prêtre officie dans leur paroisse, c'est qu'il n'a pas à rougir de son passé* », assurait pourtant le cardinal Barbarin dans une rare interview accordée au *Figaro* et datée du 21 mai 2016[1]. L'archevêque de Lyon affirmait également attendre sa convocation par les services de police en charge de l'enquête « *avec sérénité* », tout en admettant « *des erreurs de gouvernance* ».

---

1. Jean-Marie Guénois, « Le cardinal Barbarin : "On ne quitte pas le navire en pleine tempête !" », *Le Figaro*, 20 mai 2016.

Église la mécanique du silence

Des erreurs que le primat des Gaules a mis des années à reconnaître, jetant sur les faits un voile pudique. Selon nos informations, le cardinal Barbarin a finalement demandé début mai 2016 l'ouverture d'une enquête canonique à l'encontre du père Philippe de Morand. Plus de huit ans après les faits. Une information confirmée par son vicaire général, le père Yves Baumgarten, qui nous recevra sept mois plus tard, bien après la révélation détaillée de l'affaire dans *Mediapart*. « *C'est vrai qu'il y a eu une période trop longue entre les faits et le dépôt de plainte. Les choses n'ont pas été faites correctement. Il y avait un laps de temps beaucoup trop long.* » Dubitatifs, nous osons lui demander si des sanctions auraient été prises si la victime n'avait pas alerté la justice. « *Il* [le prêtre] *a été retiré de sa paroisse, il a été placé dans une abbaye puis envoyé dans un autre diocèse évidemment. Je sais bien que lorsqu'on dit ça, on a l'impression qu'on va le planquer quelque part.* » Difficile de réprimer un haussement de sourcils à cet instant précis. « *C'est aussi une sanction canonique de déplacer un prêtre d'un diocèse à l'autre, parce que c'est un déracinement,* reprend-il. *Maintenant, c'est un fait qu'on n'a pas agi comme on devait, comme le droit canonique nous demandait d'agir. Il y a eu un manquement.* »

8

Jean

Ensemble, ils forment le maquis de l'Église. La résistance à la loi du silence. Quelques prêtres et religieux, isolés dans l'institution, qui sabotent le discours ecclésiastique officiel. « *La fine équipe* », comme ils aiment à se présenter. Un groupe officieux d'« *information et d'action* », en lutte contre les dérives sectaires, les abus sexuels et l'immobilisme de leur hiérarchie.

L'un des membres du réseau a accepté de nous recevoir. La conversation restera *off the record*, confidentielle. Dans ce livre, il aura un nom de code : Jean.

Le prêtre nous ouvre la porte de sa maison en jean et polo gris. Dans la cuisine, le café est déjà prêt. Il s'excuse pour le désordre. « *C'est un appartement de vieux garçon* », dit-il avec un sourire. La table du salon déborde de dossiers, qui s'empilent près de son ordinateur. À 60 ans, le curé est hyper connecté, capable d'envoyer des emails de jour comme de nuit. Réactif, il nous accompagnera virtuellement tout au long de notre année d'enquête.

Donner plus d'informations sur Jean reviendrait à le trahir. Ce sont des sources comme lui qui nous ont permis de comprendre les rouages internes de l'Église. La majorité des prêtres n'osent parler, par loyauté pour leur évêque. À Lyon, nous avons tenté de contacter pas loin d'une centaine de prêtres du diocèse. Ils ne sont qu'une poignée à nous avoir répondu, souvent par la négative. Jean, lui, a décidé de nous faire confiance.

Son côté progressiste, peut-être. Il dit le tenir de sa famille de résistants chrétiens et syndicalistes. Quand il s'exprime, c'est avec passion. Il a de la gouaille, s'emporte facilement devant l'inertie de certains évêques qui entachent à ses yeux l'image de son Église.

Il tient à le préciser, il n'a aucun compte à régler avec sa hiérarchie. « *Je suis heureux d'être prêtre mais il faut faire le ménage une bonne fois pour toutes sur ces affaires de pédophilie, qu'on puisse mieux respirer* », s'anime-t-il.

Le prêtre sait de quoi il parle. Régulièrement, des victimes d'abus sexuels le sollicitent pour lui demander des conseils et s'orienter dans les méandres de l'institution. Au fil des discussions, nous comprenons aussi qu'il est un repère pour des paroissiens démunis, qui essayent de lancer l'alerte dans différents diocèses de France. Sa connaissance maille ainsi une bonne partie du territoire.

Jean n'a pas toujours été un chevalier blanc. Formé à une époque où le sujet était tabou, il reconnaît n'avoir pris conscience du problème de la pédophilie que dans les années 1990. « *Pendant les dix premières années de*

Les affaires Barbarin

mon ministère, je n'ai jamais entendu parler de ces histoires. Puis, il y a eu des affaires. J'étais mal à l'aise car je ne comprenais pas ces choses-là. J'ai décidé de me former sur le plan juridique et de la psychologie. »

Une connaissance fine de l'Église qu'il partage aussi avec certains médias. « *Tous les chrétiens doivent avoir le souci de la justice, de la vérité et de la liberté. C'est pour ça que j'ai accepté d'aider certains journalistes* », explique-t-il. Aujourd'hui, il a tout un carnet d'adresses de reporters dont il estime le travail. Il n'hésite pas à commenter les articles, et à les enrichir de précisions techniques. « *Permettez-moi une petite rectification* », nous écrit-il un jour après la publication d'un article sur Mediapart. « *Les évêques ne portent pas une robe verte avec une calotte rose, mais une chasuble. La chasuble est le rappel du manteau que les apôtres portaient sur leur tunique : les couleurs changent selon le temps liturgique.* »

Pour lui, le travail des journalistes est salutaire. « *Nos responsables religieux bougent seulement sous la menace d'une publication*, déplore-t-il. *Je ne suis pas un prêtre révolutionnaire ni désireux d'en découdre avec ses chefs, mais quand je vois comment ils temporisent et qu'ils n'agissent que s'ils y sont contraints, on est bien obligé de bénir les journalistes et le travail qu'ils font.* »

À l'inverse de certains clercs qui ont prétexté une « panne d'internet » pour ne pas nous répondre, lui a compris notre démarche. Que nous n'étions pas là pour attaquer l'Église. En adepte de la transparence, il combat les théories du complot alimentées par les réseaux traditionalistes. Sur internet, il scrute les forums

Église la mécanique du silence

catholiques et ne s'empêche pas de poster des commentaires sous pseudonyme pour rétablir des vérités. Avec des mots bien sentis, même devant nous, il ne se fait pas prier pour fustiger les prêtres intégristes, « *enfermés dans leur château fort et qui veulent jeter de l'eau bouillante sur ceux qui s'approchent de trop près* ».

Accro à l'actualité, il ne rate pas un seul article sur les affaires de pédophilie du diocèse de Lyon. Il a suivi de près l'affaire Preynat, ses rebondissements, les revirements du cardinal Barbarin. Il a applaudi les tribunes et les prises de position publiques de clercs lyonnais lancées à l'encontre du primat des Gaules. « *Des prêtres courageux* », affirme-t-il. Jean fustige les demi-mesures. Il prône la tolérance zéro, y compris pour les évêques. « *Barbarin est en faute, il est en faute, voilà.* »

9

Le cardinal

C'est un sifflotement qui en dit long. Ce 8 novembre 2016, nous sommes à Lourdes pour l'assemblée plénière de la Conférence des évêques de France (CEF). Sur l'esplanade du sanctuaire, le froid et la pluie ont chassé les pèlerins. Après la messe, les prélats ont commencé à reprendre les débats. Nous nous retrouvons seuls devant l'amphithéâtre avec Mgr Rivière, évêque d'Autun. Soudain, un homme amaigri, au long manteau noir, s'avance sous la grisaille. Le cardinal Philippe Barbarin.

L'homme paraît paisible, incroyablement serein. Comme sur une autre planète. Passant à quelques mètres de nous, il sifflote, tranquillement. Une mélodie joyeuse, entraînante. Et pourtant, l'archevêque de Lyon vient peut-être de vivre la pire année de sa carrière. Une année de scandales et de battage médiatique. La veille, une centaine d'évêques se sont réunis au cœur de

Église la mécanique du silence

la basilique Notre-Dame-du-Rosaire de Lourdes, pour une messe exceptionnelle. Un temps de prière, de pénitence et de jeûne pour toutes les victimes de pédophilie. Ils ont demandé pardon pour « *le silence coupable* » de l'Église face aux abus sexuels de leurs prêtres.

« *Ce mal, nous avons pu en être complices*, admet dans son homélie Mgr Luc Crepy, évêque du Puy-en-Velay. *Nous, évêques, par notre silence, notre passivité ou notre difficulté à entendre et à comprendre la souffrance que nous pensions oubliée chez ceux qui avaient été blessés dans leur chair, il y a longtemps. Nous avons voulu sans doute sauvegarder l'image de respectabilité de l'Église, par peur du scandale, en oubliant qu'elle est sainte et composée de pécheurs. En cela, nous avons failli à notre mission en n'étant pas meilleurs que le reste de la société qui gardait aussi le silence* », confesse le président de la nouvelle Cellule permanente de lutte contre la pédophilie dans l'Église.

À la sortie de la messe, le cardinal Barbarin répond aux micros d'une vingtaine de journalistes. Il avance un timide mea culpa. « *Ça m'a aidé à faire mon examen de conscience. Pour moi, le grand changement, c'est quand les victimes sont venues me parler* », assure l'archevêque de Lyon. Des excuses qui paraissent aujourd'hui bien tardives. Car selon nos informations, depuis 2002, Mgr Barbarin a été informé d'au moins cinq cas de prêtres accusés d'abus sexuels dans son diocèse, sans pour autant en saisir la justice. Les pères Preynat, Desperon, Gérentet de Saluneaux, de Morand et un prêtre

Les affaires Barbarin

du Prado envoyé en Afrique de l'Ouest[1]. « *C'est vous qui le dites* », rétorque à Lourdes le primat des Gaules à Élise Lucet, la journaliste de *Cash Investigation*, avec qui nous collaborons. Lui avoue avoir posé la question de sa démission directement au pape. « *Quand il m'a appelé, je suis allé le voir et avec lui, nous avons fait le point. Il m'a dit très clairement sa confiance.* »

Devant les caméras ou face au Saint-Père, Mgr Philippe Barbarin paraît imperturbable. Un an après le déclenchement de l'affaire Preynat, le cardinal siffle une mélodie qui en dit long. Le plus dur semble derrière lui.

***

L'année 2015 s'était pourtant bien terminée pour Philippe Barbarin, archevêque de Lyon et primat des Gaules depuis 2002. En décembre, il est élu par les électeurs d'un journal local, *Lyon Mag*, « Lyonnais de l'année », devant la ministre Najat Vallaud-Belkacem et l'humoriste Florence Foresti. Un résultat qui s'explique par la popularité d'un homme hyperactif, capable de voler au chevet des Chrétiens d'Irak, comme de s'exprimer dans les rangs de la Manif pour Tous. À Lyon, qu'on l'adore ou l'abhorre, tout le monde connaît le visage du cardinal. Chaque 8 septembre, c'est l'homme qui bénit la ville avec le maire depuis la colline de Fourvière, lors du fameux Vœu des Échevins.

Pourtant, le 12 janvier 2016, le couperet tombe. L'association La Parole libérée apparaît pour la

---

1. Voir chapitre 16, dans la partie 2.

première fois dans les médias. François, Alexandre, Bertrand et tous les autres témoignent des agressions sexuelles subies pendant leur enfance. Ils seraient plusieurs dizaines de victimes du père Bernard Preynat à Sainte-Foy-lès-Lyon. Quelques semaines plus tard, hasard du calendrier, sort en France le film oscarisé *Spotlight*. Le film contribuera fortement à sensibiliser l'opinion publique et les médias en France.

L'affaire Preynat ne fait pourtant pas encore la Une des journaux. C'est le cardinal Barbarin lui-même qui va accélérer la polémique. Une interview donnée dans *La Croix*[1], le 12 février 2016, déclenche une tornade médiatique. Au cours de l'entretien, l'archevêque de Lyon avoue avoir été au courant des agressions sexuelles du père Preynat dès 2007-2008. Le diocèse de Lyon déclare pourtant depuis le début de l'affaire que le cardinal n'a été informé qu'en 2014. « *J'ai alors pris rendez-vous avec lui pour lui demander si, depuis 1991, il s'était passé la moindre chose. Lui* [Bernard Preynat] *m'a alors assuré : "Absolument rien, j'ai été complètement ébouillanté par cette affaire." Certains me reprochent de l'avoir cru… Oui, je l'ai cru : il n'était pas dans le déni, au contraire, il avait reconnu tout et tout de suite, dès 1991* », admet Mgr Barbarin. Sa ligne de défense, pour le moins discutable, choque les victimes. Deux jours plus tard, les membres de La Parole libérée annoncent des dépôts de plainte imminents pour non-dénonciation contre le cardinal. Le 4 mars, une enquête préliminaire est ouverte par le parquet de Lyon.

---

1. Céline Hoyeau, « Le cardinal Barbarin : Ma seule préoccupation a été qu'aucun mal ne soit plus commis », *La Croix*, 10 février 2016.

Les affaires Barbarin

Malgré le soutien de la Conférence des évêques de France, les appels à la démission se multiplient dans la presse et sur les réseaux sociaux. Le 15 mars, c'est le Premier ministre Manuel Valls qui appelle l'archevêque de Lyon à « *prendre ses responsabilités* ». Le même jour, Mgr Barbarin se défend lors d'une conférence de presse organisée pendant l'assemblée plénière de la CEF, à Lourdes. Il commet alors peut-être sa plus grosse erreur de langage, avec le désormais célèbre « *Dieu merci, les faits sont prescrits* ». Pour les victimes, c'est la gaffe de trop. Le grand déballage peut commencer.

Le 15 mars toujours, un haut fonctionnaire au ministère de l'Intérieur, Pierre[1], dit avoir été victime d'abus sexuels d'un autre prêtre du diocèse de Lyon, le père Jérôme Billioud, déjà condamné pour une atteinte sexuelle en 1998. Mais les faits sont prescrits. Il raconte au *Figaro*[2] avoir alerté le cardinal Barbarin en 2009, mais celui-ci avait alors laissé le prêtre en poste. Le lendemain, *Le Parisien*[3] évoque l'histoire d'un nouveau curé, le père Bruno Houpert. Condamné pour agressions sexuelles, le prêtre avait été ensuite promu et nommé doyen par Mgr Barbarin. Le cardinal est alors acculé par la presse et l'opinion publique. L'archevêque fait la Une du journal *Le Monde*, l'affaire est à son pic médiatique. Les attentats de Bruxelles, du 22 mars 2016, vont probablement sauver la mitre de Philippe Barbarin. Pour

---

1. Pour garantir son anonymat, le prénom a été modifié.
2. Anne Jouan, « Le cardinal Barbarin face à un nouveau témoignage mettant en cause un autre prêtre », *Le Figaro*, 15 mars 2016.
3. Vincent Mongaillard, « Mgr Barbarin a promu un prêtre condamné pour agressions sexuelles », *Le Parisien*, 16 mars 2016.

quelques jours salvateurs, l'actualité va se détourner des affaires de pédophilie dans l'Église.

Ce n'est pourtant pas faute d'avoir enquêté. Contactés par *Mediapart* quelques jours plus tôt, nous commençons à publier nos premiers papiers. Nous révélons les affaires Gérentet de Saluneaux, Desperon et de Morand. Informé à chaque fois par des victimes, l'évêque n'a pas alerté tout de suite la justice. Mais le cardinal passe à travers les gouttes. Face à nos questions, le diocèse de Lyon argumente, louvoie, organise des contre-feux. Malgré nos multiples sollicitations, Mgr Barbarin refuse de nous recevoir. Il s'est entouré d'une grande agence de communication de crise, VAE Solis, qui conseille déjà EDF, Vinci ou Sanofi. Et s'est replié sur sa colline d'ivoire de Fourvière.

Pour tous ceux qui ont eu à le côtoyer, Mgr Philippe Barbarin, 65 ans, reste une énigme. Une personnalité brillante et originale, autant que clivante et imprévisible. Un homme médiatique dont on ne sait rien ou peu, à part une passion pour Tintin et la course à pied. « *C'est un homme paradoxal. Il n'est pas attaché à son confort, pas coincé et peut être agréable. Mais il peut aussi se révéler prince de l'Église dans toute sa splendeur, politique, manipulateur* », confie un prêtre lyonnais. « *Inclassable* » pour Mgr François Bousquet, l'ami et recteur de l'église Saint-Louis-des-Français de Rome. « *Il a les défauts de ses qualités. C'est un gars qui fonce, c'est un gars qui a de l'imagination, c'est un gars qui pense, qui est en avant. Alors peut-être que des fois, il n'a pas entendu suffisamment, mais j'aime mieux ça plutôt que quelqu'un d'immobile qui passe son temps à planter les oreilles pour*

Les affaires Barbarin

entendre tout autour et qui n'agit pas après », estime ce copain de séminaire.

Philippe Barbarin naît en 1950 à Rabat, au Maroc. Il est issu d'une famille très pieuse de onze enfants, d'un père militaire et d'une mère femme au foyer. Trois sœurs sont religieuses, l'une d'entre elles est même membre de la congrégation très conservatrice de l'*Opus Dei*. Après une enfance au Maroc, il poursuit ses études en France, où il décroche deux maîtrises, en philosophie et théologie, à l'Institut catholique de Paris. Dans le même temps, il intègre le prestigieux séminaire des Carmes, et est ordonné prêtre à Alfortville, dans le diocèse de Créteil, en 1977. Il cumule alors différentes fonctions : prêtre en paroisse, aumônier en lycée puis délégué diocésain à l'œcuménisme. Jusqu'en 1994, où il s'envole pour Madagascar.

Pendant quatre ans, il y sera prêtre missionnaire et enseignant au séminaire de Fianarantsoa. *« Il y a laissé une empreinte colossale »*, raconte un prêtre du diocèse de Lyon. *« C'est un homme qui s'est engagé. Il a appris le malgache. C'est un bourreau de travail, avec une mémoire phénoménale. Je pense qu'il connaît le Nouveau Testament en grec presque par cœur »*, ajoute ce clerc. De retour en France, il est nommé évêque, en octobre 1998, à Moulins dans l'Allier. Puis, quatre ans plus tard, le 16 juillet 2002, c'est la consécration. À seulement 52 ans, Mgr Philippe Barbarin est nommé archevêque de Lyon et primat des Gaules. L'année suivante, le pape Jean-Paul II, dont il est proche, le crée cardinal. Il est alors le deuxième plus jeune cardinal au monde en exercice.

Église la mécanique du silence

L'ascension, fulgurante, a été appuyée par un homme. L'influent cardinal de Paris, Mgr Jean-Marie Lustiger, qui décédera en 2007. Mgr Barbarin l'a bien connu pendant ses années parisiennes. Les deux hommes ont été influencés par une figure idéologique de la capitale, Mgr Charles, longtemps aumônier de La Sorbonne. Un prêtre intellectuel, conservateur et évangélisateur qui a marqué tout une génération de prélats catholiques. « *Lustiger a beaucoup compté dans la carrière de Barbarin, mais c'est Mgr Charles qu'il faut avoir en tête pour comprendre ses relations avec le milieu conservateur, son réseau* », assure un prêtre lyonnais.

Mgr Philippe Barbarin s'installe donc à Lyon, sur le siège épiscopal de Sainte-Irénée. C'est l'un des plus illustres de France, qui donne le titre honorifique – et quelquefois pompeux – de « primat des Gaules ». Marathonien à ses heures perdues, il est partout, courant de paroisse en paroisse. Il affiche un style direct, sans complexe. Ultra-conservateur quand il s'agit de fustiger le mariage homosexuel, il peut se montrer progressiste en prenant la défense des Roms et des réfugiés. Il se distingue également pour son combat en faveur des Chrétiens d'Orient en Irak ou pour son appel au dialogue interreligieux. À Lyon, il est proche du recteur de la Grande Mosquée, mais aussi du Grand Rabbin, avec qui il publie un livre en 2008[1]. « *Il court contre la mort si vous voulez mon avis. Il est tout le temps en train de courir, courir, courir* », confie un évêque qui le connaît

---

1. Philippe Barbarin, Gilles Bernheim, *Le rabbin et le cardinal*, Stock, 2008.

Les affaires Barbarin

bien. Une course contre la mort qui va s'illustrer de manière concrète. Atteint d'un cancer en 2007, il subit en 2013 un triple pontage coronarien, qui lui laisse une surdité partielle.

De Lyon jusqu'à Rome, le cardinal court aussi cultiver ses réseaux. C'est un véritable animal politique. Il sait se rendre proche des élus locaux, du maire et baron socialiste de Lyon Gérard Collomb, jusqu'au jeune loup des Républicains et nouveau président de la région Auvergne-Rhône-Alpes, Laurent Wauquiez. Alors que « l'affaire Barbarin » éclate en 2016 et qu'une enquête préliminaire est ouverte, les deux hommes politiques, pourtant adversaires, n'hésiteront pas à monter au créneau dans les médias pour défendre le cardinal. En novembre, ils seront même reçus au Vatican, aux côtés de Mgr Barbarin et d'une communauté d'élus de la région Rhône-Alpes, par le pape François.

Depuis le début de sa carrière de prêtre, Philippe Barbarin a su entretenir de solides amitiés avec Rome et les différents papes, de Jean-Paul II à François. En 1977, quand il est ordonné jeune curé dans le diocèse de Créteil, il envoie déjà un faire-part d'ordination à un certain Karol Wojtyła, archevêque de Cracovie et futur Jean-Paul II. Philippe Barbarin a du nez. À la fois moderne et conservateur, à l'image du pape polonais, il s'inscrira dans les pas de la génération Jean-Paul II. Et depuis quelques années, il cultive une proximité avec un autre iconoclaste, le pape François. *« Ici, à Rome, il est extrêmement connu et présent. Aussi parce qu'il a une expérience ancienne de familiarité avec le pape »*, confirme Mgr Bousquet, à l'église Saint-Louis-des-Français.

Église la mécanique du silence

Pourtant, en France, la personnalité de Philippe Barbarin divise. Il y possède son cercle de fidèles, mais aussi de nombreux ennemis. Son individualisme, qui touche parfois à l'arrogance, irrite. Sa vivacité d'esprit est autant reconnue que son manque d'écoute. « *Barbarin, je le juge durement. Vous ne pouvez pas savoir* », confie un évêque en poste qui l'a bien connu. « *Cet homme est complètement à part dans l'épiscopat. Certains se demandent comment il en est arrivé là* », ajoute le prélat. Isolé au sein de l'appareil catholique, Mgr Barbarin, pourtant l'un des trois seuls cardinaux français en exercice, avec Mgr Vingt-Trois (Paris) et Mgr Ricard (Bordeaux), n'a jamais eu de responsabilité au sein de la Conférence des évêques de France. « *Ça s'explique par la défiance des évêques*, analyse un prêtre lyonnais. *L'un d'eux m'a dit : "Barbarin, c'est une grenade dégoupillée, on ne sait pas où et quand elle va exploser." Il est imprévisible, et encore plus depuis la sortie des affaires Preynat et autres.* »

Même dans la capitale des Gaules, le cardinal est loin de faire l'unanimité. Ses positions conservatrices contre le mariage homosexuel, l'avortement ou encore l'euthanasie, ont clivé dans une ville certes bourgeoise, mais aussi terre d'un grand courant humaniste chrétien. L'archevêque de Lyon, qui possède un style direct, bien à lui, n'est pas avare de polémiques. Le 14 septembre 2012, en plein défilé de la Manif pour Tous, il déclare au micro de RCF au sujet du mariage homosexuel : « *Après, ça a des conséquences qui sont innombrables. Après, ils vont vouloir faire des couples à trois ou à quatre. Un jour peut-être, qui sait ? l'interdiction de l'inceste tombera.* » Et le 3 janvier 2017, il n'hésite pas à accueillir

Les affaires Barbarin

en « rock star » dans son diocèse le cardinal Sarah. L'archevêque de Conakry, connu pour ses positions ultra-réactionnaires sur les questions de sexualité, est alors en pleine tournée promo de son livre *La Force du silence*.

Au sein du diocèse de Lyon, cette communication directe et ces coups politiques agacent. « *Il joue toujours des coups de billard à trois bandes* », confirme un prêtre lyonnais. L'affaire Preynat et les scandales de pédophilie ont généré de l'incompréhension dans l'évêché. Ainsi, le 19 mars 2016, lors d'une séance du conseil presbytéral – « le Sénat de l'évêque » qui réunit quarante-quatre prêtres du diocèse –, les premiers mécontentements se font entendre. On demande des explications, on déplore une mauvaise communication, un manque de stratégie. Les prêtres vont même exiger que le cardinal, habitué à improviser ses prises de parole, écrive son homélie pour la messe de Pâques du lendemain, et ne sorte pas de son texte. Pour cette fois, la consigne sera respectée. « *Barbarin ne joue pas carte sur table avec nous. Il nous intègre dans sa stratégie de com', mais ne nous tient pas vraiment au courant des choses* », nous confie l'un des membres du conseil presbytéral.

Au printemps 2016, prenant la mesure du scandale de l'affaire Preynat, de nouvelles mesures de lutte contre la pédophilie sont tout de même annoncées par le diocèse de Lyon. Une commission d'experts pour juger les prêtres et une cellule d'écoute pour les victimes sont mises en place. De coup de sang en petite rébellion, un changement de cap commence à être perceptible dans le diocèse. « *À Lyon, les conseils de la CEF sont suivis. Il y a un vrai changement d'attitude de la part du cardinal* », admet un prêtre du diocèse, pourtant peu tendre avec son supérieur. Une transparence, qui n'est pas encore flagrante en interne, déplorent toutefois certains clercs. Le 30 juin, après les délibérés de la commission d'experts, le diocèse a fait savoir que quatre prêtres avaient été suspendus pour des faits d'atteintes sexuelles. « *On ne nous a pas communiqué les noms des personnes concernées*, regrette un membre du conseil presbytéral. *Je comprends que l'on ne déballe pas publiquement les noms de personnes condamnées et qui ont déjà purgé leur peine, mais il faut aussi un minimum de transparence.* »

Le 21 novembre, un nouveau prêtre du diocèse de Lyon, le père Patrick Royannais, en mission à Madrid, exprime sa colère dans une tribune sur Facebook. Lui va plus loin, et demande, publiquement, une démission. « *Deux ans de mensonges, de roueries où il promet d'agir et diffère sans cesse l'action, où il se moque des victimes et laisse son avocat les insulter. Deux ans de gesticulations médiatiques à jouer la victime lynchée par les méchants médias qui ont eu comme seuls torts d'obliger l'archevêque à cesser de protéger un pédophile* », s'emporte le père Patrick Royannais. « *C'est la faillite d'une personne. C'est la faillite d'un système* », lâche le prêtre, sans filtre. Un mois plus tard, le 19 décembre 2016, quelques jours avant Noël, la nouvelle tombe. Les membres de l'association La Parole libérée sont élus « Lyonnais de l'année » par le journal *Lyon Mag*. Un an après le cardinal Barbarin. Une ironie grinçante, qui prépare, peut-être, à un changement d'époque.

Les affaires Barbarin

Entre-temps, le 1ᵉʳ août, dans la chaleur de l'été, le parquet de Lyon a classé sans suite les plaintes pour « non-dénonciation d'agressions sexuelles sur mineurs » et « non-assistance à personne en danger » visant le cardinal Barbarin. L'archevêque de Lyon est ainsi blanchi par la justice. Informé des faits d'abus sexuels du père Preynat entre 2005 et 2009, selon le parquet, Mgr Barbarin n'a pu être poursuivi, la prescription sur le délit de non-dénonciation étant de trois ans. Sur l'alerte d'Alexandre Dussot de 2014, les éléments présents dans le dossier d'instruction n'ont pas permis de démontrer la volonté ou la conscience des autorités ecclésiastiques d'entraver l'action de la justice entre 2014 et 2016. De plus, l'enquête préliminaire conduite par la Brigade de protection des mineurs de Lyon n'a pas pu déterminer l'existence de victimes après 1991. Aucun péril imminent ou constant n'a pu être démontré au sujet du père Preynat. « *Nous sommes satisfaits que le droit soit dit et qu'on en revienne à plus de mesure. Cette plainte était injustifiée pénalement* », commente l'un des avocats de Mgr Barbarin, Me Jean-Felix Luciani.

Le coup est rude pour les membres de l'association La Parole libérée. « *Si cela ne gêne personne que des prêtres qui ont commis des agressions sexuelles ou condamnés restent en place et s'occupent d'enfants, il y a un problème de société* », nous lâche Alexandre Dussot, alors que nous l'interrogeons pour *Mediapart*[1]. Ces victimes se battent

---

1. Daphné Gastaldi, Mathieu Martinière et Mathieu Périsse, « L'affaire Barbarin classée sans suite, le combat des victimes continue », *Mediapart*, 1ᵉʳ août 2016.

Église la mécanique du silence

depuis près d'un an pour faire reconnaître la responsabilité du cardinal Barbarin dans la non-dénonciation du père Preynat. Le droit français et la prescription bloquent un éventuel procès. Pourtant, si l'espoir est mince, rien n'est perdu pour les membres de La Parole libérée. À l'heure où nous éditons ce livre[1], les avocats et leurs clients sont bien décidés à utiliser toutes les voies de recours possibles contre l'archevêque de Lyon.

D'autant qu'à travers nos révélations, nous savons aujourd'hui que le cardinal Barbarin s'est trouvé négligent, a minima, sur huit dossiers. Cinq de ces prêtres, les pères Preynat, Desperon, Gérentet de Saluneaux, de Morand et un prêtre du Prado, ont été couverts par le cardinal Barbarin, informé de faits d'abus sexuels sans saisir la justice. Un sixième clerc, le père Billioud, a été laissé en poste jusqu'en 2016, malgré une condamnation pour atteinte sexuelle en 1998 et l'alerte d'une victime présumée en 2009. Enfin, deux autres prêtres encore inconnus à ce jour complètent cette liste de négligences. C'est l'une des révélations de ce livre, que nous publions avec nos confrères de l'émission de France 2, *Cash Investigation*[2].

***

Éloignés en catimini à la fin de l'été, deux autres prêtres du diocèse de Lyon, les pères Patrick L. et Didier

---

1. Janvier 2017.
2. Émission *Cash Investigation* sur France 2, réalisée par Martin Boudot, avec la collaboration des trois auteurs de ce livre.

Les affaires Barbarin

B.[1], ont été laissés en poste malgré leurs condamnations. Pris dans la tourmente des affaires, le cardinal Barbarin a attendu les scandales de 2016 pour leur retirer leurs ministères. En toute discrétion.

Le premier, le père Patrick L., a été condamné à un an de prison avec sursis pour possession d'images pédopornographiques en 2003. Après plusieurs postes auprès d'adultes au sein de sa congrégation, les Pères du Saint-Sacrement, il retrouve une position de prêtre en paroisse à Décines, dans la banlieue de Lyon, en 2015. Contacté, le diocèse de Lyon se justifie : « *Il a participé à des célébrations, il y avait des enfants mais au vu de tout le monde, il n'était pas en lien direct avec les enfants (…) Il y avait une personne responsable de la catéchèse au contact des enfants.* » Pourtant, le diocèse ne peut garantir que le père L. ne s'est jamais retrouvé seul avec des enfants. Sur plusieurs clichés trouvés sur le site internet de la paroisse, on le voit d'ailleurs au contact de jeunes, célébrant leur première communion.

Quelques jours avant son départ, le 1er août, le journaliste de *Cash Investigation*, Martin Boudot, l'a rencontré dans sa paroisse. Le père L. confirme être intervenu lors de communions ou de célébrations avec des enfants. Sans surveillance particulière. À savoir s'il est guéri, le père L. répond : « *Oui, c'est pour ça que j'ai accepté ce poste ici.* » Pour lui, sa condamnation a été « *le déclic pour guérir un certain nombre de choses* ». Mais les fidèles n'ont jamais été mis au courant de son passé.

---

1. En accord avec nos confrères de Cash Investigation, les noms des clercs ont été anonymisés, bien que les prêtres aient été condamnés.

Église la mécanique du silence

Suite à nos questions, le diocèse minimise sa responsabilité en rappelant que ce prêtre du Saint-Sacrement n'est pas directement dépendant de Lyon. Pourtant, le père L. est bien inscrit dans l'annuaire du diocèse. Le cardinal a donc autorité sur lui. Après le scandale de l'affaire Preynat, Mgr Barbarin n'assume plus la présence de ce prêtre. La preuve : dès mars 2016, il décide de retirer au plus vite le père L., comme l'attestent ses prises de notes que nous avons pu consulter. À la fin du mois d'août, le cardinal Barbarin retire donc le père L. de son ministère et le renvoie dans sa communauté, en tant qu'aumônier pour personnes âgées.

Le cas du père Didier B. est encore plus problématique. Condamné en 1992 à six ans d'emprisonnement, dont deux avec sursis, pour agressions sexuelles sur mineurs, par le tribunal de grande instance de Villefranche-sur-Saône, il était encore en poste en 2016. Pendant l'enquête, l'homme a reconnu une vingtaine de victimes dans le Roannais entre 1985 et 1991. Après avoir purgé sa peine de prison, il passe ensuite plusieurs années en retraite chez les Petites Sœurs des pauvres à Clermont-Ferrand. Avant de redevenir ministre du culte en 2009, d'effectuer quelques remplacements dans le Roannais, et d'être nommé prêtre auxiliaire à Vaise, dans le 9e arrondissement de Lyon. Puis, il concélèbre des messes à l'église Saint-Antoine, dans le 7e arrondissement de Lyon. Sur ce cas aussi, il aura fallu attendre la médiatisation des affaires de pédophilie pour que le cardinal Barbarin décide, au 1er septembre 2016, de retirer tout ministère pastoral au père Didier B. Près de vingt ans après sa sortie de prison. Dans ses diaires, que nous avons pu consulter, le cardinal

Les affaires Barbarin

Barbarin avait pourtant accolé le nom de Didier B. à celui de Bernard Preynat en 2016. Avec la mention : « *Ça n'a pas été réglé.* » En réponse à nos questions, le diocèse de Lyon admettra une réaction tardive : « *Nous avons pris conscience que nous ne pouvons plus traiter les cas anciens de la même façon et que nous devons épurer le passé.* » Le cas n'a été signalé à Rome qu'en 2016.

Le 7 septembre 2016, le journaliste Martin Boudot s'est également entretenu avec le père B. pour *Cash Investigation*. Le prêtre vit aujourd'hui dans une maison de retraite avec d'autres prêtres, près de l'église Saint-Antoine. Sur le fronton de l'église, on peut lire : « *Dieu est amour.* » À l'écran, le père B. apparaît avec une chemise à carreaux et un sac noir Nike. Il offre du panache. C'est la fin de l'été. Depuis la décision de l'écarter du diocèse de Lyon, il continue de rendre des services à la communauté de prêtres du coin mais reconnaît qu'il est placé « *en repos le plus complet* ». Voici un extrait retranscrit de ce bref entretien, filmé en caméra cachée :

MARTIN BOUDOT. Vous êtes toujours prêtre ?
PÈRE DIDIER B. Oui…
MARTIN BOUDOT. Et le cardinal vous soutient ?
PÈRE B. [*Il fait oui de la tête.*]
MARTIN BOUDOT. On voulait vous rencontrer, pour voir si on pouvait faire une interview avec vous. J'imagine que ce n'est pas évident ce que vous avez vécu, monsieur.
PÈRE B. Non, c'est secret (…). Il vaut mieux ne rien dire. Quand le cardinal sera plus à l'aise, d'ailleurs je

pense qu'il est plus à l'aise maintenant... Laissons le temps au temps.

MARTIN BOUDOT. Le cardinal, il est au courant de votre situation ?

PÈRE B. Oui, je pense. Quand même, c'est mon chef, c'est mon patron !

MARTIN BOUDOT. C'est vrai que c'est votre patron.

PÈRE B. Allez, je vais vous laisser parce que c'est gênant pour moi. OK, soyez très discrets. Merci.

MARTIN BOUDOT. On voudrait faire une interview avec vous donc...

PÈRE B. Non, pas pour le moment, je suis enquiquiné avec le chef.

MARTIN BOUDOT. Avec le chef ?

PÈRE B. Il faut attendre.

MARTIN BOUDOT. Il vous a demandé de rester discret ?

PÈRE B. Oui, merci messieurs. À une prochaine.

MARTIN BOUDOT. Est-ce que vous considérez qu'on peut être prêtre, même en ayant été condamné pour agressions sexuelles ?

PÈRE B. Oui, on peut... Bien sûr. Un prêtre ou un autre.

En partant, le journaliste de *Cash* tente une dernière question :

MARTIN BOUDOT. C'est une histoire ancienne, vous êtes guéri ?

PÈRE B. Oui, chut... Au revoir, messieurs.

Didier B. met un doigt à sa bouche, en guise de *chut*, puis referme la porte.

10

L'entretien-vérité

Pendant toute cette année d'enquête sur les abus sexuels dans l'Église, qui nous a mobilisés presque à plein temps, nous avons sollicité régulièrement le cardinal. L'archevêque de Lyon a toujours refusé de nous répondre personnellement, renvoyant à son directeur de communication, Pierre Durieux.

En novembre 2016, le diocèse de Lyon a fini par céder. Nous aurons notre entretien-vérité. Ce ne sera pas avec le cardinal Barbarin, qui a préféré accorder des interviews au *Figaro* et à *La Croix*. Mais avec Yves Baumgarten, le vicaire général du diocèse de Lyon, et bras droit du cardinal. L'homme de l'ombre qui, en coulisse, a géré tous les scandales. Un vicaire loué par les prêtres de la région, même parmi les pires détracteurs du cardinal. « *Dans son entourage, des personnes comme Yves*

Église la mécanique du silence

Baumgarten arrivent à mener un travail remarquable », considère un clerc lyonnais. « *Baumgarten, ce n'est pas impossible qu'il se retrouve avec une mitre sur la tête après cette affaire. Il est humble, d'une grande valeur, il fera le ménage s'il le faut »*, estime un autre.

Notre entretien a lieu en décembre 2016, dans les locaux du diocèse de Lyon, près de la cathédrale Saint-Jean. Il va durer plus de deux heures. Yves Baumgarten nous reçoit dans son bureau où trône une affiche des *Tontons flingueurs*. Sa tenue est à l'image de cet homme, carré et sobre dans un pull noir bordé d'un col romain blanc. Devenu prêtre à 40 ans, cet inspecteur du Trésor public de profession n'a été nommé vicaire général qu'en 2014. Nous nous asseyons sous les auspices des héros de Georges Lautner, en nous demandant qui dégainera le premier.

Envoyé en première ligne par son évêque, le vicaire ne va poser aucune condition. Et fait assez rare pour être écrit, aucun chargé de communication ne va assister à l'interview. Après un an de scandales, Yves Baumgarten va même, au nom du diocèse de Lyon, faire un long *mea culpa* sur la gestion des affaires de pédophilie et d'abus sexuels. Ses réponses ne seront pas toujours précises et resteront parfois ambiguës. Mais elles ont le mérite d'apporter un éclairage de vérité sur un sujet douloureux et complexe.

À la fin de l'entretien, nous sortons avec des sentiments partagés. Une vigilance à garder d'abord. Nous devrons rester attentifs dans les prochains mois pour nous assurer de la pérennité des mesures prises par le diocèse. De la surprise ensuite. Car malgré nos doutes persistants, une sincère volonté de transparence semble enfin émerger de l'évêché. « *Il y aura un avant et un après »,* admet d'emblée Yves Baumgarten. Une promesse dont nous prenons acte.

Extraits de l'interview enregistrée le 5 décembre 2016 :

MATHIEU MARTINIERE. On a fait plusieurs demandes d'interviews au cardinal Barbarin. Pourquoi ne veut-il pas répondre à des questions précises ?
YVES BAUMGARTEN. Je crois qu'il y a eu une personnalisation de l'affaire qui n'est pas bonne. Ce n'est pas l'affaire Barbarin. C'est l'affaire du diocèse de Lyon, de l'Église de France. De vouloir trop concentrer les choses sur la personne de Barbarin, ça nous empêche de voir vraiment les vrais problèmes et de prendre les bonnes solutions. Si le problème, c'est le cardinal Barbarin, on est tout de suite dans l'alternative : est-ce qu'il reste, est-ce qu'il s'en va ? Et ce n'est pas ça le problème. C'est qu'on puisse analyser les dossiers tels qu'ils sont, que la justice puisse analyser toutes ces informations, si elles relèvent de la justice. Et que nous prenions acte de tout ça pour adopter des pratiques sécurisantes, c'est ça l'enjeu (…).
DAPHNÉ GASTALDI. Cela fait maintenant plus d'un an que l'affaire Preynat a éclaté. Cela a été une année violente pour l'Église de France. Avec le recul, est-ce que vous avez l'impression que c'est un véritable tournant ?
Père YVES BAUMGARTEN. Je vais déjà me situer au niveau du diocèse de Lyon. Pour nous, c'est clairement un

tournant parce qu'il y a un traumatisme pour le diocèse, pour un certain nombre de prêtres et même au-delà du clergé, pour toutes les personnes qui travaillent dans l'Église. Les diacres, les laïcs missionnés, les salariés… Ils ont tous vécu cette année de façon très violente, très douloureuse, très contradictoire aussi, parce que certains sont pour une répression très forte, d'autres sont pour plus de miséricorde.

DAPHNÉ GASTALDI. En plus, c'était l'année de la miséricorde[1].

YVES BAUMGARTEN. Oui, c'était l'année de la miséricorde, donc évidemment ça nous est beaucoup revenu tout ça. Donc voilà, je pense qu'il y aura un avant et un après. Aussi pour ceux qui dirigent le diocèse. Pour le cardinal aussi, il y a un avant et un après. Pour moi aussi. Moi, j'ai pris ma fonction de vicaire général en mai 2014 au moment où un premier cas survenait, donc j'ai été baigné dans toutes ces histoires-là.

DAPHNÉ GASTALDI. C'était le baptême du feu…

YVES BAUMGARTEN. Ah oui, c'était le baptême du feu (…). On se doit d'être en vérité vis-à-vis de l'extérieur, du monde dans lequel nous vivons. En vérité vis-à-vis de notre Église et de nos fidèles, et en vérité vis-à-vis de nous-mêmes. On ne peut pas prêcher la vérité, la morale si on n'est pas clair. Donc il faut absolument qu'on soit clair. Il y a eu un travail de fait. Moi-même, j'ai évolué sur certains points. Au début, je me disais : comment peut-on permettre à certains prêtres

---

1. L'année 2016 a été décrétée par le pape François « *année sainte du Jubilé de la miséricorde* », une année consacrée au pardon dans l'Église catholique.

Les affaires Barbarin

de continuer ? Aujourd'hui, je me rends compte que ce n'est plus possible de continuer quand les faits sont très graves, même dans des ministères très fermés. Parce que l'être du prêtre est touché, et il vaut mieux dire à certains prêtres, voilà c'est terminé. Et je pense que cela va être l'option prise un peu partout.

DAPHNÉ GASTALDI. S'il y a un témoignage, vous allez désormais le porter devant la justice ?

YVES BAUMGARTEN. S'il y a un témoignage qui relève d'un fait de pédophilie, nous le transmettons à la justice. Aujourd'hui, c'est clair. Tous les cas de moins de 18 ans. Si les faits semblent quand même avérés. La justice demande de faire une pré-enquête pour vérifier que ce n'est pas n'importe quoi. S'il y a un signalement suffisamment précis, là nous le transmettons à la justice (…).

DAPHNÉ GASTALDI. Le 30 juin, une commission d'experts mise en place par le diocèse a suspendu quatre prêtres. Sur quels critères avez-vous décidé de relever ces prêtres ?

YVES BAUMGARTEN. On a fixé des critères qu'on a publiés. *[Le vicaire lit une feuille]* Quand un prêtre a commis des faits d'agressions sexuelles sur mineurs, quelles que soient la date, l'ancienneté des faits ou la date de survenance de la découverte, il est écarté définitivement de tout ministère (…). Cela ne veut pas dire qu'ils ne sont plus prêtres aujourd'hui. Il y a trois niveaux de sanctions : le niveau le plus élevé, c'est d'être renvoyé de l'état clérical. C'est une mesure canonique qui ne peut être prise que par Rome. Le deuxième niveau, ce sont les mesures de suspens *a divinis*, c'est-à-dire suspendu de tous les sacrements. Le troisième, c'est une mesure plus pastorale, que les évêques peuvent prendre s'ils jugent que c'est opportun pour le bien des fidèles, pour le bien de l'Église. C'est de ne plus avoir de ministère, de mission particulière. Le prêtre reste prêtre, il peut célébrer la messe mais il n'est plus en charge pastorale. Cela veut dire qu'il n'a plus de peuple, plus de personnes qui relèvent de sa juridiction, donc il n'a plus autorité sur quiconque mais il reste prêtre.

DAPHNÉ GASTALDI. Ces prêtres suspendus, s'ils ont le droit à une deuxième chance, est-ce qu'ils peuvent revenir dans quelques années ?

YVES BAUMGARTEN. Tout dépend des faits qui ont été reprochés. Très clairement pour les cas que nous avons relevés, il n'y aura pas de nouveau ministère. On ne va pas les remettre curés si on a estimé qu'ils ne pouvaient plus l'être. Ils ne le seront plus. Plus jamais. C'est clair que les mesures qu'on a prises aujourd'hui, elles sont définitives.

MATHIEU MARTINIÈRE. On était à Lourdes, en novembre 2016, pour l'assemblée générale de la CEF. Avant de partir, j'ai regardé les articles sur l'affaire Pican, au début des années 2000. C'était le premier gros scandale de pédophilie dans l'Église qui éclatait en France. J'ai retrouvé un article de *L'Express*, qui date d'il y a seize ans. Il y avait eu le même type de réunion à Lourdes, centré autour de la lutte contre la pédophilie. À l'époque, c'était le cardinal Billé[1] qui était le président de la CEF, et il déclarait « *prendre la mesure du*

---
1. Mgr Louis-Marie Billé, archevêque de Lyon entre 1998 et 2002.

Les affaires Barbarin

problème ». Aujourd'hui, on sait que le cardinal Billé était au courant des abus du père Preynat. Il y avait donc un double discours. Si je me mets à la place du grand public, comment vous croire aujourd'hui ?

YVES BAUMGARTEN. C'est une vraie question. *[Il réfléchit.]* Il y a deux niveaux de réponse. D'abord, j'ai envie de vous dire, vu ce qu'on a connu l'année dernière, qu'on n'a pas envie que ça recommence (...). Alors, on ne s'y prend pas forcément toujours très bien. J'ai conscience qu'on est imparfait dans notre communication, et même dans les mesures que l'on prend parce que c'est très compliqué (...). Pour le cardinal Billé, je ne sais pas comment ça s'est passé dans sa tête, mais bien souvent, quand un évêque règle un problème, son successeur estime que le cas est réglé, que le cas a trouvé une solution, plus ou moins bonne ou mauvaise. C'est assez erroné comme principe, je suis d'accord pour le reconnaître (...).

MATHIEU MARTINIERE. Est-ce qu'il n'y avait pas un gros problème de transmission de l'information ?

YVES BAUMGARTEN. Mais bien sûr. C'est-à-dire que l'information circulait très mal, tout était cloisonné (...). Il y a eu des circonstances où des évêques sont morts, l'un brutalement comme Decourtray. Donc évidemment, il n'y a pas de passation de pouvoir qui peut se faire (...). Normalement, il y a les vicaires généraux qui sont là pour assurer cette transition, cette passation des dossiers. Le fait est que cela n'a pas été fait comme ça. Des décisions ont été prises à différents degrés de la hiérarchie sans être suffisamment communiquées à l'échelon inférieur, ce qui aurait permis un tracé bien meilleur. Il y

a eu un manque de transmission de l'information, très clairement, quand on voit qu'en début d'année 2014, il n'y a quasiment rien dans le dossier Preynat.
DAPHNÉ GASTALDI. Vous dites que sur l'affaire Preynat notamment, les allégations des victimes concernant la non-dénonciation, ce n'est qu'un problème de transmission ?
YVES BAUMGARTEN. Ce n'est pas que ça. Il y a plusieurs dysfonctionnements : une mauvaise perception des choses à l'époque et un défaut de transmission de l'information. Il y a un flou dans nos pratiques sur les faits anciens. Il y a plusieurs éléments de dysfonctionnements qui expliquent qu'à un moment donné, tout a explosé.
MATHIEU MARTINIERE. Si on résume aujourd'hui, on a au moins quatre prêtres[1], les pères Preynat, Desperon, de Morand et Gérentet de Saluneaux, où le cardinal Barbarin a été informé, mais n'a pas saisi la justice. On a aussi le père Billioud, qui est encore un cas différent. Il n'y a pas eu d'enquête canonique, et il est resté en place pendant plusieurs années. Quand on voit ces quatre ou cinq affaires, où il y a eu négligences du cardinal Barbarin, est-ce qu'une démission ne serait pas un symbole ? Est-ce que ce ne serait pas un symbole de dire : je démissionne car je tire la conséquence de mes actes ?
YVES BAUMGARTEN. Déjà, les quatre cas que vous évoquez, à chaque fois, ils sont assez différents. Il y a un prêtre religieux qui ne dépend pas de l'autorité du cardinal, qui est un prêtre mariste, pas du diocèse de Lyon.

---

1. Nous solliciterons après cette interview le diocèse de Lyon sur un cinquième cas de prêtre couvert par Mgr Barbarin. Voir chapitre 16.

Les affaires Barbarin

MATHIEU MARTINIERE. Le cardinal avait été informé sur le cas Gérentet…

YVES BAUMGARTEN. Ah, le cardinal avait été informé, oui, tout à fait. Mais dans l'Église, c'est aux autorités compétentes de réagir, normalement. Il n'est pas traité directement pas le diocèse de Lyon même s'il a une mission, et à ce titre-là, on a une responsabilité, car il avait une mission sur la paroisse de La Trinité.

DAPHNÉ GASTALDI. Nous avons travaillé longuement sur le dossier Desperon. Il y a eu des courriers entre 2002 et 2004. Pourquoi à ce moment-là personne n'a averti la justice ? Ce sont quand même des faits graves. Des pratiques sexuelles sous emprise, ce n'est pas rien.

YVES BAUMGARTEN. Oui… Mais, c'est avec des majeurs, et il n'y a pas de plaintes explicites des victimes. La difficulté, c'est de savoir quand est-ce qu'on doit signaler et quand est-ce que la victime doit signaler (…).

MATHIEU MARTINIERE. Certains jeunes avaient la majorité sexuelle, mais n'avaient qu'entre 16 et 18 ans. Vous nuancez le fait qu'ils soient mineurs ou majeurs du point de vue du droit, ce qu'on peut comprendre. Mais en termes de morale, qu'ils aient 15 ans ou 16 ans, qu'est-ce que ça change au final ?

YVES BAUMGARTEN. Non, vous avez raison, ça ne change rien. On aurait dû agir avant. Maintenant, quels sont les moyens qu'on avait ? Il y a eu des tentatives pour reprendre contact avec lui, pour discuter avec lui, pour l'inciter à trouver un travail, pour trouver un autre équilibre de vie, pour un suivi psychologique. Il y a eu des analyses qui ont été faites, mais comme il est assez fuyant et à distance, ça n'a pas été fait correctement.

Église la mécanique du silence

MATHIEU MARTINIERE. Au final, vous avez attendu que l'affaire sorte dans la presse pour la perte de l'état clérical.

YVES BAUMGARTEN. Alors, on l'avait demandé (…) Après, quand vous avez fait sortir cette affaire-là, j'ai eu un coup de téléphone, exactement en mars 2016 avec lui, pour lui dire maintenant il faut que tu demandes la perte de ton état clérical parce que la situation pour toi va devenir très compliquée. Et c'est ça qui lui a fait peur en fin de compte. C'est quand c'est sorti dans la presse que ça lui a fait peur et qu'il a dit j'arrête ça. C'est sûr que s'il n'y avait pas eu ça, il ne l'aurait pas demandé.

MATHIEU MARTINIERE. Finalement, on se rend compte qu'il n'y aurait pas eu de scandales cette année s'il n'y avait pas eu cette volonté de dissimuler. Ce n'est pas seulement l'affaire Preynat et les 72 victimes qui choquent l'opinion, c'est le fait que l'Église ait dissimulé cette affaire-là. Est-ce que vous avez pris conscience de ça ?

YVES BAUMGARTEN. *[Il hésite longuement.]* Je ne pense pas qu'il y ait eu une volonté de dissimuler. Peut-être de dissimuler nos fautes à un moment donné. Sans doute…

MATHIEU MARTINIERE. Sur l'affaire Preynat, il n'y a pas de volonté de dissimulation ?

YVES BAUMGARTEN. *[Long silence.]* Il faut se rendre compte que dans l'esprit de beaucoup, cette affaire-là, elle était réglée, quoi… Et personne ne savait quelle était la gravité des faits exactement. En tout cas, ceux qui le savaient peut-être ne sont plus là pour en parler (…).

MATHIEU MARTINIERE. Plus qu'une volonté de dissimulation, cela peut être une volonté de mettre les

Les affaires Barbarin

problèmes sous le tapis. Sur Preynat, pour être précis, on a interviewé le père Gabriel Rouillet. En 1991, à Neulise, lui a été informé de faits d'agressions sexuelles sur enfants. On a refait le parcours, d'autres personnes ont été mises au courant, dans l'entourage du prêtre, au cœur de la paroisse Saint-Luc, le diocèse de Lyon, les évêques savaient, ça fait beaucoup de personnes. Est-ce que ce n'est pas une volonté de l'institution de mettre un voile sur ces faits ?

YVES BAUMGARTEN. Lorsqu'on est en contact avec les faits de cette nature-là, ou qu'il y a des rumeurs, il y a d'abord un phénomène un peu naturel de refuser cette vérité. C'est quelque chose qui nous fait mal d'admettre qu'un prêtre ait pu faire ça. Ça peut faire du mal à l'Église, et donc il y a une réaction un peu épidermique de dire non, je ne veux pas y croire. Ça a pu exister, c'est vrai (…).

DAPHNÉ GASTALDI. Est-ce que c'est une négligence des différents évêques, jusqu'au cardinal Barbarin ?

YVES BAUMGARTEN. Il y a eu négligence de ne pas avoir voulu faire une investigation approfondie sur le cas de Preynat. À chaque fois, les évêques s'en sont tenus à une première déclaration de Preynat (…). Et c'est vrai que c'est mauvais en soi (…).

DAPHNÉ GASTALDI. Pourquoi n'y a-t-il jamais eu d'enquête canonique, alors qu'il y avait des plaintes des parents ?

YVES BAUMGARTEN. C'est sûr qu'en 1991, il aurait fallu porter plainte devant la justice. Il aurait fallu mettre en place une procédure canonique (…).Quand la justice passe, on peut avancer. Il aurait fallu qu'il y ait tout ça.

Église la mécanique du silence

Malheureusement, cela n'a pas été fait. De notre fait : ça, c'est la responsabilité de l'Église (…).
MATHIEU MARTINIERE. Aujourd'hui, sans nous donner l'adresse, où est le père Preynat ? Comment est-il surveillé avant un potentiel procès ?
YVES BAUMGARTEN. Il est placé dans un appartement. Ça a été très compliqué parce que personne ne voulait l'accueillir (…). Il n'est pas surveillé, j'ai des contacts avec lui, d'autres prêtres ont des contacts avec lui réguliers. Mais il n'y a pas de surveillance particulière.
MATHIEU MARTINIERE. C'est en accord avec la justice ?
YVES BAUMGARTEN. Son contrôle judiciaire ne prévoit aucune mesure de cet ordre. Le fait est que pendant vingt-cinq ans, il n'y a pas eu de fait nouveau. Je ne pense pas qu'il y ait de dangerosité. On a fait en sorte qu'il ne soit pas à proximité d'écoles évidemment.
MATHIEU MARTINIERE. C'est vous qui payez ses frais d'avocats ?
YVES BAUMGARTEN. Non, c'est lui qui paye ses frais d'avocats.
MATHIEU MARTINIERE. Comment fait un prêtre pour payer ses frais ?
YVES BAUMGARTEN. Soit il a des biens personnels, mais c'est vrai que ça coûte très cher, soit il peut bénéficier de l'aide judiciaire s'il est sans revenus, sans ressources. Nous, nous lui assurons sa subsistance, son logement, sa couverture sociale, pour qu'il puisse vivre dignement.
DAPHNÉ GASTALDI. Pourquoi le diocèse de Lyon ne se porte pas partie civile dans cette affaire ? En 2006, Mgr de Monléon à Meaux s'était porté partie civile

Les affaires Barbarin

contre son prêtre. C'était d'ailleurs la première fois dans l'Église.

YVES BAUMGARTEN. Ça a été discuté. Il y a deux arguments. D'abord, c'est vis-à-vis des victimes. Je pense qu'elles n'auraient pas très bien compris qu'on se mette comme ça à côté des victimes, en disant que nous aussi finalement on est victimes. Elles auraient dit : vous vous moquez du monde, vous vous assimilez aux victimes alors que vous êtes en position d'accusés (...). L'autre raison, c'est que quels que soient les actes commis par un prêtre, il reste de notre responsabilité. On ne doit pas le laisser tout seul. C'est à nous de l'assumer (...). On est responsables de nos prêtres jusqu'au bout.

11

La claque

Ce sont des signalements, publiés sur internet comme autant de bouteilles jetées à la mer. « Match » fonctionne comme un triste site de rencontre. Les victimes y mentionnent le nom de leur agresseur, la date et le lieu des faits. Les formulaires détaillés sont remplis par des victimes dans l'espoir, ou plutôt la crainte, de trouver d'autres personnes abusées elles aussi par le même prêtre.

Début janvier 2017, 358 formulaires étaient disponibles sur cet outil, développé par l'association La Parole libérée. Parmi eux, 124 concernaient des « *agresseurs religieux* », précise Franck Favre, le concepteur de Match. Même s'il n'est pas victime, cet habitant de la commune de Ranchal, où a officié le père Preynat, a été l'un des premiers à soutenir le combat de La Parole libérée, dont il est devenu le webmaster. Aux premières loges, il assiste au déferlement des témoignages à partir de janvier 2016.

Église la mécanique du silence

« *Après notre première conférence de presse, tout a explosé* », se souvient-il, les yeux écarquillés en repensant à l'impact de l'affaire Preynat. Vif, il sirote un expresso dans un café de la place Bellecour, à Lyon, peu avant les fêtes de Noël.

Face à l'afflux de victimes, Franck réalise l'importance de développer un outil pour gérer ces données. « *On a créé Match en juin. Ça a tout de suite pris, c'était impressionnant. J'ai fait de la gestion de la base de données petit à petit. Je passais plusieurs jours par semaine là-dessus* », se remémore-t-il. Les premiers temps, il reçoit un message toutes les deux heures dès qu'un formulaire était rempli sur Match. Il se montre précautionneux, toutes les mesures de confidentialité ont été prises. « *Rien n'est en ligne dans cette base de données, les mails sont effacés pour avoir une sécurité maximale. On a construit cet outil en collaboration avec l'avocate, qui est très prudente* », explique-t-il.

Après des années de refoulement et de traumatismes, des centaines de victimes sortent d'un long silence partout dans l'Hexagone. Initialement destiné aux scouts de Sainte-Foy-lès-Lyon, le site de La Parole libérée devient en quelques semaines une plateforme d'expression pour toutes les victimes de prêtres en France. Un an plus tard, un peu moins de 200 000 visiteurs ont consulté l'une de ses pages. Neuf cents témoignages et messages de toute la France, des histoires allant des années 1960 à nos jours. Des déclarations anonymes, des appels à témoins ou des coups de gueule contre l'Église.

Dès nos premiers articles publiés sur *Mediapart*, nous avons l'intuition que le diocèse de Lyon n'est en réalité

Les affaires Barbarin

que la partie émergée de l'iceberg. Que l'affaire Barbarin n'est en réalité que la vitrine d'un mal plus profond au sein de l'Église de France. Nous décidons alors d'ouvrir une boîte mail[1] pour permettre aux personnes qui veulent témoigner dans la presse de nous contacter. À notre grande surprise, des dizaines et des dizaines de mails nous parviennent rapidement entre les mois de mars et de juin, documents à l'appui. Nous avons publié certains témoignages, qui ont été repris par la presse locale et créé des remous dans les diocèses concernés. Certains sont encore inédits.

***

Toulouse (Haute-Garonne), années 1980.
« *Ma principale motivation pour parler, c'est mon ami Raphaël[2] qui a été victime et qui s'est suicidé en 2005. Il n'a pas su vivre avec ça et il en est mort* », exprime douloureusement Jérôme de Truchis au téléphone. Pour marquer les esprits, cette victime tient aujourd'hui à témoigner sous son vrai nom. Scout en 1986, il affirme avoir dû repousser « *la main baladeuse* » du père G. avant qu'elle n'atteigne ses parties génitales. C'était une nuit, lors d'un week-end en Bretagne. Peu avant son suicide, Raphaël aurait confié avoir été lui aussi victime d'abus sexuels de la part du prêtre.

---

1. temoins@wereport.fr
2. Pour préserver l'anonymat des victimes, certains prénoms ont été modifiés. Ici, ce pseudonyme est le même que l'on retrouve dans le livre de Galiane, *Les Enfants des ogres*, Éditions du Dauphin, 2016.

Église la mécanique du silence

Révolté par la mort de son ami, Jérôme décide d'informer l'archevêque de Toulouse Mgr Marcus (1996-2006) de la dangerosité du père G., alors aumônier de lycée et auprès de jeunes en difficulté. Dans une lettre du 16 avril 2005, il dénonce des faits qui, « *bien que prescrits* », laissent craindre que « *de tels agissements puissent encore se poursuivre* ». Le courrier est cosigné par un prêtre de la paroisse et un chef scout. À trois voix, ils demandent que le prêtre soit écarté de tout contact avec les enfants.

Malgré ce courrier explicite, Mgr Marcus ne saisira jamais la justice. Contacté, l'ancien archevêque de Toulouse se dédouane en rappelant qu'il recevait de nombreuses plaintes contre la « *truculence* » du prêtre à l'époque. Avant même la lettre de 2005, le père G. avait ainsi été éloigné dans le diocèse voisin de Tarbes à cause d'une incompatibilité d'humeur avec son évêque. « *C'était un homme extrêmement turbulent, extrêmement exubérant, qu'on a dû changer de diocèse* », assure au téléphone Mgr Marcus. Après 2005, le père G. continuera malgré tout pendant onze ans à célébrer régulièrement des messes dans différentes paroisses du diocèse de Tarbes. Mgr Marcus assure de son côté que le père G. faisait l'objet d'une attention particulière de ses supérieurs. Sans plus de mesure. « *Le fait qu'on mette les papiers dans les tiroirs et que le curé reste en place, c'est révoltant* », déplore Jérôme.

Le 5 avril 2016, alors que les scandales éclatent dans de nombreux diocèses de France, un courrier arrive sur le bureau du procureur de la République de Toulouse.

Les affaires Barbarin

Le père G. est à nouveau accusé par Galiane[1]. Elle ne se dit pas victime mais rapporte l'histoire de son ami Raphaël. « *Ce que je peux affirmer, c'est que lorsqu'il était à Toulouse, paroisse de Lanta, cet homme hébergeait de nombreux jeunes, en particulier des garçons, souvent paumés. Il avait pour habitude de dormir avec l'un de nous, j'ai un souvenir très précis d'avoir dormi dans son lit, j'avais dix ou onze ans, il était nu* », écrit-elle dans son signalement au procureur. Et de poursuivre : « *Je suis allée rencontrer la mère de mon ami qui s'est suicidé. Son fils aurait confié à l'un de ses amis des abus sexuels qu'il aurait subis dans l'enfance de la part du père G.* ».

De cette histoire, Galiane écrira un livre, *Les Enfants des ogres,* publié à la faveur des scandales dans le diocèse de Lyon. Grâce à son intervention, une enquête préliminaire a été ouverte par le parquet de Toulouse au printemps 2016. Plusieurs signalements ont été portés à l'attention de la justice. Rome a également été saisi du dossier. En juin 2016, le père G. est finalement suspendu de son ministère par Mgr Brouwet, évêque de Tarbes-Lourdes et Mgr Le Gall, archevêque de Toulouse. Onze ans après la lettre de 2005.

Yssingeaux (Haute-Loire), 1968.

Pour Pierre, la soixantaine, le souvenir des abus dont il dit avoir été victime a la violence d'une paire de claques. Des gifles envoyées par sa mère comme on referme une porte sur un secret trop lourd à partager. Une mère croyante, bien trop respectueuse de l'Église

---

1. Prénom d'emprunt.

Église la mécanique du silence

pour écouter la parole de son enfant venu lui faire part des étranges habitudes des prêtres de son école. Pierre avait 12 ans quand il aurait été agressé sexuellement par deux religieux au sein du collège du Sacré-Cœur de Yssingeaux, en Haute-Loire.

Dans ce territoire rural de la fin des années 1960, l'Église demeure un pilier de la société. La famille de Pierre est très pratiquante. Ce sera le collège catholique, comme une évidence. En classe de sixième, l'enfant découvre l'ambiance de l'internat, où les prêtres *« gardent les enfants »* plus qu'ils ne les encadrent. *« On rentrait seulement un week-end sur trois et pour les vacances. »* Seules quelques promenades dans le village sont autorisées, toujours en groupe, accompagnées par les pères. *« Le reste du temps, nous n'avions aucun contact avec l'extérieur »*, résume-t-il.

Dans ce milieu fermé, les enfants sont priés de se choisir un directeur de conscience. Un religieux, chargé de veiller sur leur moralité. Un peu au hasard, Pierre se tourne vers le père F. Un mentor avec qui il doit s'entretenir une demi-heure chaque semaine. L'occasion de raconter ses états d'âme, ses péchés, ses interrogations. *« C'est lui qui a évoqué en premier les questions d'attirance et de sexualité*, raconte Pierre. *Puis un jour, il m'a demandé de m'approcher de lui. Il m'a calé entre ses jambes, m'a caressé au travers de mon pantalon. Ça s'est répété plusieurs fois. Ce n'est jamais allé au-delà. »* Sa voix se voile quelques secondes.

L'enfant décide d'aller en parler au père supérieur du collège, le père B., qui élude étrangement ses questions. *« C'était quelqu'un d'omniprésent, à la fois confident,*

Les affaires Barbarin

autorité morale, mais aussi infirmier de l'établissement », s'étonne encore Pierre. Le soir, vers 21 heures, pendant l'étude, les pensionnaires peuvent aller le consulter en cas de petits bobos. Il y a bien des rumeurs : certains camarades laissent entendre que le père B. leur a demandé de baisser leur pantalon. Mais Pierre n'y prête pas tellement attention. Un soir, un mal de gorge le conduit à l'infirmerie. « *Il nous recevait dans sa chambre personnelle, où il avait une sorte d'armoire à pharmacie* », décrit-il.

La consultation n'a rien de médical. Pierre se souvient des paroles du prêtre. « *Il m'a dit :* "Tu tousses, il va falloir que tu te déshabilles. Les glandes qu'on a dans la gorge correspondent à celles qu'on a au niveau du zizi, il va falloir que je regarde." » En confiance, l'enfant obtempère. « *C'est à ce moment-là qu'il m'a tripoté.* »

Le week-end suivant, Pierre rentre chez lui et se confie à sa mère. Elle lui adresse alors cette claque qui résonne encore aujourd'hui. Il grandit, s'éloigne de son directeur de conscience, évite le supérieur et l'infirmerie. La vie suit son cours, il devient éducateur spécialisé dans la protection de l'enfance et traite des affaires de pédophilie « *Qui sait si ce choix est lié à mon passé ?* » s'interroge-t-il aujourd'hui. Il y a quelques mois, les révélations de La Parole libérée ont fait office de « déclic » pour le jeune retraité. « *Je me suis dit qu'en 2016 des choses semblent pouvoir être entendues.* »

Après la publication de son témoignage en avril 2016, d'autres victimes se font connaître en Haute-Loire. Au total, trois hommes d'Église, aujourd'hui décédés, sont mis en cause pour des faits anciens au collège du Sacré-Cœur d'Yssingeaux. Près de cinquante ans après les faits,

Église la mécanique du silence

l'évêque du Puy-en-Velay, Mgr Crépy, sera même obligé de réagir dans les médias locaux.

Paris (Ile-de-France) et Challans (Vendée), 1981.
Il est 10 h 10 au sein des bureaux de la brigade de protection des mineurs à Paris, en ce 20 septembre 1994. On annonce à M. Merlin son placement en garde à vue, suite à une plainte avec constitution de partie civile de Clément[1]. Après une fouille au corps obligatoire, il s'assoit face à un officier de police judiciaire pour une longue audition. Jean-Michel Merlin est un laïc consacré, ayant prononcé des vœux et vivant au sein du mouvement catholique des Focolari[2], mais sans statut de prêtre. À l'époque, l'homme est aussi journaliste pour le compte du Secours catholique et fait partie de la communauté des Focolari de Clamart. Mais ce jour-là, sa vie paisible bascule. Il est accusé d'agressions sexuelles et de tentative de viol par personne ayant autorité sur mineurs de moins de 15 ans, pour des faits survenus entre 1981 et 1982. Et il avoue. Dans son PV d'audition, que nous avons consulté, Jean-Michel Merlin reconnaît des gestes et des agressions sexuelles sur quatre jeunes auditionnés au total, dont trois de la même famille. De quoi le présenter au juge d'instruction du tribunal de grande instance de Paris dans la foulée.

---

1. Prénom d'emprunt.
2. Présent depuis cinquante ans en France où il compte 2 500 membres et 40 000 sympathisants, le mouvement des Focolari est implanté dans près de 200 pays. Ce mouvement est reconnu par le Vatican et il s'est ouvert à d'autres religions aujourd'hui. Il est parfois critiqué pour certains aspects sectaires.

Les affaires Barbarin

Vingt ans plus tard, Clément décroche son téléphone pour contacter La Parole libérée. À 50 ans, il a réussi à se reconstruire tant bien que mal, à coups de thérapies et de séances d'acupuncture. D'antidépresseurs parfois. Il pensait son combat achevé en 1998, lorsqu'après une *« longue et douloureuse procédure »*, son agresseur est condamné au civil à lui verser 50 000 francs de dommages et intérêts, après un non-lieu au pénal pour cause de prescription.

Mais en 2014, Clément est stupéfait : Jean-Michel Merlin a continué à exercer dans la communauté, alors que les responsables des Focolari sont au courant de ses attirances depuis plus de dix ans. L'organisation l'a même aidé à payer les indemnités dues à la victime. En dépit de cette condamnation, *« il a continué à faire des mariapolis, des week-ends ouverts aux catholiques de toute obédience, ouverts aux enfants et aux adolescents. Il les fréquentait alors que les responsables étaient au courant »*, découvre alors Clément. Il s'inquiète et décide d'alerter de nouveau les chefs du mouvement. *« Il y a soi-disant des commissions mais rien ne se passe. Depuis 1998, les Focolari savaient tout et ils ne l'ont exclu qu'en 2016*, surenchérit un autre membre des Focolari. *On se bagarre depuis 2014 pour que ça change. On a même écrit au cardinal responsable du mouvement des laïcs au Vatican »*, rappelle-t-il.

Après l'envoi de leurs courriers, une rencontre est organisée le 23 juillet 2015 avec Clément, son agresseur et les responsables des Focolari. Devant ces témoins, l'accusé révèle alors un terrible secret : il y aurait d'autres victimes. Comme nous l'affirme l'avocat des

Église la mécanique du silence

Focolari, en janvier 2017 : « *L'organe de vigilance, émanation de la commission de protection des mineurs créée en 2012 en France, est en charge de ce dossier. Il est exact que cet organe a été contacté par plus de huit victimes, toutes pour des faits antérieurs à 1994.* » Les responsables des Focolari ne semblent pourtant pas mener l'enquête. Clément a la sensation d'être confronté à un mur d'inertie. Une « *double peine* » pour lui. Même si les faits sont prescrits, c'est un devoir moral de l'institution d'offrir cette reconnaissance aux victimes, selon lui. Par la voix de leur avocat, les Focolari précisent avoir interdit tout contact avec des jeunes de moins de 25 ans à Jean-Michel Merlin, à la suite des demandes récentes de Clément.

En novembre 2015, le dossier est transmis à Rome par Mgr Pansard, en charge des mouvements et associations de fidèles au sein de l'épiscopat français. En juin 2016, Jean-Michel Merlin est relevé de ses vœux et renvoyé de la communauté, « *suite aux faits de pédophilie dont la gravité a été reconnue* », nous font savoir ses supérieurs.

Rouen (Seine-Maritime), 2002

Les agresseurs sexuels ne sont pas toujours des hommes. Diane[1], 36 ans aujourd'hui, a été « *la proie* » d'une religieuse, dans une communauté de Rouen. « *Rien n'est dit sur les victimes de femmes et les victimes adultes. Étant dans les deux cas, la pénibilité est extrême* », raconte-t-elle. À 22 ans, Diane travaille en Normandie,

---

1. Prénom d'emprunt.

Les affaires Barbarin

dans la musique, quand elle veut entrer dans les ordres. Elle effectue alors un stage dans une communauté. Son « *accompagnatrice spirituelle* » commence à l'attendre régulièrement lorsqu'elle entre du travail, tard le soir.

Tout dérape ensuite. « *Elle s'est mise à m'embrasser. Elle disait que c'était magnifique, que notre rencontre était l'œuvre de Dieu, que c'était normal. Quand on entre dans les ordres, on a tendance à croire tout ce qui vient des religieuses.* » Un abus d'autorité. « *Tout l'été qui a suivi, cela a été l'enfer, la journée comme la nuit, je subissais ses agressions.* » Jusqu'au jour où son corps se rebelle, un réflexe de survie. « *Je me suis retrouvée aux urgences, je ne pouvais plus bouger.* » Même adulte, Diane est sous emprise et n'arrive pas à dénoncer ces actes. Elle croit voir la fin de son calvaire lorsqu'elle doit entrer dans une deuxième communauté pour sa formation. Mais la sœur continue à venir la voir. « *C'était une persécution sourde. Cela a duré un an encore. J'avais peur d'elle.* »

À cette époque, Diane perd trente kilos et devient l'ombre d'elle-même. Elle commence à en parler à ses supérieures, qui l'accablent et lui recommandent de laisser tranquille cette sœur, aimée de tous, présente depuis plus de vingt ans. Alors qu'elle pensait avoir trouvé sa place dans cette deuxième communauté, Diane décide de tout arrêter. « *Les sœurs l'ont ensuite envoyée au diocèse d'Amiens, à la suite de ma dénonciation sûrement, mais sans avertir l'évêque. J'ai écrit à l'évêque pour le prévenir. Ma supérieure s'est énervée. J'ai essayé d'écrire à Rome par le nonce apostolique, puis à un cardinal. Je n'ai jamais eu de réponse.* »

Église la mécanique du silence

Face à ce silence assourdissant, l'ancienne religieuse a finalement osé porter plainte en juin 2015. Mais le mal est fait. Passée par un hôpital psychiatrique, encore suivie pour un stress post-traumatique, elle est aujourd'hui en invalidité et ne peut plus travailler à temps plein. Sans parler des insomnies. « *Je revis ces agressions sexuelles tout le temps, comme si un fantôme était encore sur moi.* »

Suite à la publication de son histoire dans *Mediapart*, nous mettrons en lien Diane avec une chaîne de télévision nationale. Après une hésitation, elle finira par témoigner à visage caché. Pour que, dans tous les foyers de France, son témoignage soit enfin entendu.

12

Véronique

À son sujet, nous ne pourrons rien dire, ou si peu. Ni son nom, ni celui de sa ville. Tout au plus qu'elle habite quelque part dans le Sud-Ouest, loin du diocèse de Lyon. Ce sont les conditions fixées pour son interview. Surtout, interdiction de nommer son fils. Pas plus que l'homme qui l'a agressé il y a douze ans. Sur son apparence, on mentionnera seulement des cheveux courts, une mince silhouette et des yeux perçants cernés de petites lunettes rondes. L'allure d'une femme tournée vers l'action. Rencontrer Véronique, c'est faire face à une colère froide, une révolte sourde qu'elle exprime d'une voix calme et posée. La colère d'une mère dont le fils a subi l'impensable. Un enfant de chœur, arrivé au mauvais endroit, au mauvais moment. Comment aurait-elle pu se douter que le laïc en charge de la chorale, un ingénieur ayant lui-même grandi dans la paroisse, se livrait à des attouchements sur les enfants de 9 à 11 ans qui lui étaient confiés ? Que les cours « particuliers » de chant qu'il donnait à certains enfants se résumaient parfois à des masturbations ?

Véronique est une lanceuse d'alerte. L'une de ces rares voix dissonantes à l'intérieur de l'Église, grâce à qui les scandales sont extirpés des placards des évêchés pour atterrir à la Une des journaux. Aux yeux des évêques, elle est une « *emmerdeuse* », comme elle le dit elle-même dans un sourire, en nous recevant à table chez elle. Une empêcheuse de cacher en rond. Mais qu'on ne vienne pas l'accuser d'anticléricalisme. « *C'est justement parce que j'aime l'Église que je fais tout ça*, assure-t-elle. *Je crois que l'Église se coule. Un peu comme les pirates d'Astérix qui font un trou dans leur bateau en voyant arriver les Gaulois. Ils n'ont pas compris que, dans notre monde, il y avait une certaine transparence, et que plus ils cachent, plus ils se font du mal à eux-mêmes.* »

Combien d'affaires a-t-elle contribué à rendre publiques ? Difficile à dire. Impossible en revanche d'oublier la première d'entre elles. C'est à l'été 2004 que Véronique et son mari comprennent que quelque chose ne va pas. Au retour d'un séjour à la campagne avec la chorale, ils récupèrent leur fils dans un état de fatigue inhabituel. Puis des rumeurs courent dans les familles, le bruit se fait de plus en plus fort : deux enfants auraient été « *tripotés* » par le chef de chœur.

Inquiets, Véronique et son mari alertent rapidement l'évêque de leur diocèse. Mais la réponse du prélat les déconcerte. « *Il minimisait l'affaire, il nous a répété*

Les affaires Barbarin

plusieurs fois : "Ce n'est pas si grave. Mais portez plainte si vous le jugez utile." » Ce n'est que sous la pression de la famille que l'évêque finit par faire un signalement au procureur. « *Ils ont voulu étouffer l'affaire, se souvient Véronique. Nous en avons été choqués et révoltés.* »

L'affaire prend vite de l'ampleur. Le fils de Véronique révèle avoir été attouché lors du séjour. Au total, l'enquête judiciaire recensera huit enfants victimes du chef de chœur. Combien d'autres n'ont pas osé parler ? En 2007, le chef de chœur est finalement condamné à cinq ans de prison, dont deux avec sursis, pour des agressions commises de 1997 à 2004.

La sentence apaise en partie Véronique, mais le procès a mis en évidence les manquements de l'Église. « *Un coupable a été jugé mais où sont les responsables ? Où sont ceux qui, longtemps, l'ont laissé faire et n'ont pas protégé nos enfants ?* » lance-t-elle à la presse lors de la confirmation du jugement en appel un an plus tard. Car au sein de la paroisse, beaucoup savaient et ont gardé le silence. Au cours de l'enquête, la police découvre que plusieurs enfants avaient dénoncé le chef de chœur à deux prêtres et au chef de la chorale, juste avant la sortie de l'été 2004. Sans qu'aucun d'entre eux n'agisse. Un silence dont le fils de Véronique sera la victime directe.

Pour son enfant, la justice est passée. C'est désormais contre cette culture du secret que Véronique se bat aujourd'hui. « *Je voulais comprendre, scientifiquement, comment ça marchait, pourquoi l'Église était comme ça* », explique-t-elle. Alors depuis plus de dix ans, patiemment, elle recueille des témoignages, rassemble des documents, met en relation des victimes, entretient des liens avec des responsables du clergé. Avec la conviction que l'histoire de son fils n'est pas un cas isolé. « *Dès le début, j'ai soupçonné l'existence d'une mécanique, de choses qui revenaient.* » Au fil de ses recherches, elle découvre une nouvelle facette de l'Église. Un monde d'euphémismes où une agression sexuelle devient un simple « *incident* », et où un « *congé maladie* » cache parfois la mutation d'un prêtre abuseur. Une partition du silence qu'elle a peu à peu appris à déchiffrer, et à dénoncer.

À la manière d'un journaliste, Véronique a ses sources, sur lesquelles elle veille jalousement. Un réseau de gens de bonne volonté et de paroissiens bien informés, qu'elle n'évoque qu'avec une grande prudence. « *Vous avez vos sources, j'ai les miennes* », prévient-elle. Dans ce petit milieu catholique, il ne fait pas bon hausser la voix publiquement. « *Disons qu'il y a des gens qui sont contents de venir me donner des informations. Ils ne veulent pas les rendre publiques eux-mêmes, mais ils comptent sur moi pour que je les répète* », se contente-t-elle de préciser. Une manière de protéger ces « justes » de l'Église qui ne se résignent pas à voir le silence tout écraser. Quant à la fréquence de ces informations, « *c'est très irrégulier,* estime-t-elle. *Il peut se passer des mois sans que rien ne se passe, sans que je n'entende rien. Et puis paf, c'est comme un puzzle, de temps en temps il y a une pièce qui apparaît, on la prend, on la met à sa place, on est content d'avoir avancé.* »

Les affaires Barbarin

Dans son combat pour la vérité, Véronique a d'abord longuement hésité à contacter la presse. De peur « *d'exposer les enfants* », par méfiance d'une partie des catholiques envers les médias aussi. « *On nous avait mis en garde contre les journalistes, en nous disant que c'étaient des fouille-merde*, se souvient-elle. *Mais très vite, nous avons compris que c'était la seule chose qui paniquait vraiment l'Église.* » Au moment du procès dans lequel son fils est partie civile, le couple contacte donc des médias. Les parents refusent également le huis clos, souvent de mise dans les affaires d'abus sur mineurs. « *Les journalistes, par leur présence au procès, ont diminué le pouvoir de pression de l'Église* », se félicite-t-elle encore aujourd'hui.

Depuis, les scandales se sont succédé, en particulier depuis l'éclatement de l'affaire Preynat. Pour autant, Véronique ne croit pas vraiment en un changement de mentalité. « *Seul un prêtre du diocèse est venu s'excuser depuis le procès de 2007* », regrette-t-elle. Les mesures annoncées depuis le printemps 2016 peinent à la convaincre. « *Je pense qu'en ce moment l'Église ouvre le parapluie, qu'elle essaie de faire des choses bien, mais que tout ça, c'est de la façade.* » Et de trancher : « *Je déconseillerais absolument à toutes les victimes d'aller parler dans les cellules d'écoute des diocèses, parce que ça sera toujours pour les enrober, les engluer. Je ne les crois pas sincères.* » Difficile d'accorder à nouveau une confiance si souvent trahie.

Dans le doute, elle continue à documenter les cas dont elle a connaissance, à donner des infos aux quelques journalistes qui pourraient la solliciter. Elle nous entraîne dans son bureau, s'empare d'une pile de dossiers et nous montre une pochette cartonnée. Le cas d'un prêtre qui aurait commis des abus, couvert par son évêque. Un de plus. « *C'est tombé sur moi. Je n'ai pas choisi. J'aurais préféré ne rien savoir, que rien ne se soit passé avec mon fils.* » L'espace de quelques secondes, un voile de lassitude traverse son regard. Puis, dans un sursaut, elle nous confie le dossier, comme on passe un témoin. La boîte de Pandore est ouverte.

PARTIE II

LA MÉCANIQUE DU SILENCE

13

25 évêques, 32 agresseurs, 339 victimes

Un an. Une année de scandales, d'omerta et de victimes brisées au sein des institutions religieuses. Partout en France, dans des dizaines de diocèses. Acculée par les médias et les victimes depuis le déclenchement de l'affaire Preynat à Lyon en novembre 2015, l'Église catholique a dû prendre des mesures inédites en matière de lutte contre la pédophilie. Un an plus tard, à Lourdes, elle annonce la mise en place de commissions d'experts, la création de dizaines de cellules d'écoute dans les diocèses et un grand effort général de transparence. Enfin, elle le jure, elle a pris conscience de l'ampleur du problème et de la douleur des victimes.

L'Église s'est-elle pour autant vraiment attaquée en 2016 au problème de la pédophilie ? La question se pose. Seize ans plus tôt, en novembre 2000, l'assemblée plénière de la Conférence des évêques de France

Église la mécanique du silence

(la CEF), déjà réunie à Lourdes, s'était emparée du dossier sous la pression médiatique. Nous sommes juste quelques semaines après l'affaire de l'abbé René Bissey, condamné à dix-huit ans de prison pour viols sur mineur. Son évêque à Bayeux, Pierre Pican, sera le premier prélat en Europe à être condamné pour non-dénonciation. À Lourdes, le président de la CEF de l'époque, Mgr Louis-Marie Billé, alors archevêque de Lyon, déclare vouloir « *prendre la mesure du problème*[1] ». Il ajoute : « *Si nous pensions que tout allait bien, nous n'en parlerions pas.* » Il est pourtant acquis que le cardinal Billé, primat des Gaules, était à l'époque au fait des abus sexuels commis par le père Preynat. Il n'en informera jamais la justice.

Aujourd'hui, de nombreux évêques continuent à clamer que les années 2000 constituent une révolution dans la gestion des affaires de pédophilie dans l'Église. Les scandales de 2016 ne seraient que de vieux dossiers isolés, répètent-ils à l'envi. Il y aurait prescription. Ça ne se passerait plus comme ça de nos jours. Aux yeux des prélats, les règles sont claires : il faut avertir la justice. Ils renvoient au livret de la CEF, publié en 2002 et réédité en 2010 et 2017, qui oblige les évêques à dénoncer tout fait d'abus sexuels sur mineurs à la justice. Une jurisprudence dans l'Église depuis. « *Lorsque quelqu'un a connaissance d'un crime (rappelons que le viol est un crime) ou de faits précis concernant des privations, mauvais traitements ou atteintes sexuelles sur des mineurs de moins de 15 ans, il doit en informer la justice. Dans*

---

[1]. Marion Festraëts, « Rompre la loi du silence », *L'Express*, 2 novembre 2000.

La mécanique du silence

cette hypothèse, il n'y a pas lieu de faire une distinction en fonction de la qualité de l'agresseur présumé. Qu'il soit prêtre, éducateur laïc ou membre de la famille de la victime, la dénonciation s'impose. Les articles 434-1 et 434-3 du Code pénal punissent de 3 ans de prison et de 45 000 € d'amende la non-dénonciation de tels faits[1] », affirme la brochure des évêques de France.

Les prélats français sont formels. Maintenant, tout est transparent. « *Je crois qu'il y a une volonté de la part des évêques de traiter ces questions le plus droitement, dans la vérité la plus grande. Aujourd'hui, on peut difficilement en douter* », nous assure Mgr Yves Le Saux, évêque du Mans. « *Je pense que les choses ont été assez claires sur le fond depuis 2002, depuis la première publication de la brochure. Quand il y a un cas avéré, globalement, les évêques savent ce qu'il faut faire* », confirme Mgr Antoine Hérouard, ancien Secrétaire général de la CEF de 2007 à 2014.

Notre enquête sur des centaines de données[2], que nous révélons dans ce livre, démontre pourtant le contraire.

* * *

Très peu de données existent sur la pédophilie et les abus sexuels sur majeurs au sein de l'Église de France.

---

1. Conférence des évêques de France, « Lutter contre la pédophilie. Repère pour les éducateurs », Bayard/Cerf/Fleurus-Mame, 2010 (réédité en 2017).

2. L'enquête est également disponible dans son intégralité sur le site *Mediapart*.

Église la mécanique du silence

En janvier 2017, face à la pression des médias, la Conférence des évêques de France a décidé de publier des chiffres actualisés sur la pédophilie. Selon la CEF, 9 clercs sont incarcérés pour des faits d'abus sexuels sur mineurs, 37 ont déjà purgé leurs peines et 26 font l'objet d'une mise en examen. 222 victimes se sont manifestées ces dernières années auprès des 106 diocèses de France. Plus de 60 % de ces témoignages concerneraient des faits survenus avant les années 1970. Et l'Église affirme avoir procédé à 137 signalements de faits pédocriminels à la justice depuis 2010.

Mais l'étude, qui pèche d'abord par son manque d'indépendance, se révèle succincte. Elle ne prend en compte que les abus sexuels sur mineurs de moins de 15 ans. Par ailleurs, les 222 victimes ne sont que des témoignages reçus par l'Église. À titre de comparaison, l'association La Parole libérée a déclaré fin 2016 avoir reçu plus de 400 témoignages de victimes.

En matière de données, nous avons voulu tout remettre à plat. Combien de prêtres mis en cause ? Combien de victimes mineures ou majeures ? Dans quels diocèses et quelles congrégations ? Pendant combien d'années ? Les évêques avaient-ils été alertés ? Les faits avaient-ils été dissimulés à la justice ? Les prêtres ont-ils été déplacés, et pour quels motifs ? Que deviennent-ils ensuite ?

Pendant un an, jusqu'en janvier 2017, nous avons compilé des centaines de documents, archives de presse, lettres manuscrites, annuaires, rapports judiciaires, photos, témoignages. Nous avons appelé des dizaines de magistrats, clercs et témoins, pour recouper

La mécanique du silence

nos informations. Nous sommes allés à la rencontre de prêtres agresseurs et de leurs victimes partout en France, à Lyon, Toulouse, Strasbourg, Montauban, Paris, en Bretagne, dans la campagne auvergnate jusqu'à Rome. Certains dossiers sont connus et médiatisés, d'autres parfaitement oubliés. Nous révélons également dans ce livre, et dans les prochains chapitres, de nouvelles affaires couvertes par l'Église.

Nous avons entré toutes ces données dans des tableurs Excel. Lentement, méthodiquement, case par case. Du travail quotidien de « data journaliste », fastidieux, qui demande des litres de café à portée de clavier.

Dans cette base de données, nous avons recensé des prêtres, des religieux et des laïcs, ayant commis des faits d'abus sexuels sur mineurs ou majeurs, dans l'Hexagone, ou à l'étranger quand il s'agit de clercs français. Pour être le plus pertinents possible, nous avons décidé d'effectuer un travail de données qualitatif plus que quantitatif. Parmi tous ces dossiers, nous n'avons donc ciblé que les affaires où les agresseurs ont été « couverts » par l'Église. Nous avons défini le fait de couvrir comme suit : « Un supérieur ou un religieux est informé de faits d'abus sexuels et n'en saisit pas la justice. »

Nous aurions pu ajouter des dizaines de cas supplémentaires, mal gérés par l'Église et portés à notre connaissance, dont certains sont cités dans ce livre. Des prêtres condamnés pour viols mais laissés à la tête de paroisses (Dominique Spina à Toulouse, Didier B. à Lyon). Des curés écroués pour pédophilie, lâchés auprès d'enfants, puis récidivistes (Denis Vadeboncœur à Évreux). Des prêtres accusés d'agressions sexuelles prescrites pénalement, mais toujours prêtres en paroisse (Jérôme Billioud à Lyon). Ou encore des clercs condamnés pour agressions sexuelles et promus dans leurs fonctions (Bruno Houpert à Lyon).

Mais ce travail de données n'a pas pour ambition de recenser une à une toutes les affaires d'abus sexuels dans l'Église. La pédophilie n'est pas un phénomène propre aux institutions catholiques. Elle concerne tous les pans de la société, en particulier la famille. Notre objectif est de pointer les responsabilités d'une institution et de documenter les rouages d'une mécanique du silence. Le résultat, qui n'est qu'une base minimale d'un an d'investigations, est édifiant.

32 agresseurs, 17 diocèses

Selon notre travail de données, dont les faits s'étalent des années 1960 à nos jours, au moins 32 prêtres, religieux et laïcs accusés d'abus sexuels sur mineurs ou majeurs ont été couverts par l'Église sur le territoire français, ou à l'étranger lorsqu'il s'agissait de nationaux. Les faits ont été couverts par 17 évêchés en France, mais aussi à l'étranger. Dans l'Hexagone, 14 diocèses sur 93 ont couvert des faits d'abus sexuels : Lyon, Paris, Toulouse, Bayonne, Le Mans, Amiens, Montauban, Strasbourg, Perpignan, Orléans, Chambéry, Clermont-Ferrand, Angers et Bayeux-Lisieux. À l'étranger, trois évêchés n'ont pas alerté la justice, après avoir été informés d'abus sexuels commis par des prêtres français : Conakry (Guinée), Churchill-Baie Hudson (Canada) et Lausanne-Genève-Fribourg (Suisse). Les faits se sont produits partout en France, en ville ou à la campagne,

La mécanique du silence

en Europe (Roumanie), jusqu'en Afrique (Guinée, Mauritanie, Centrafrique) et dans le Grand Nord canadien (Nunavut). Deux prêtres étrangers, l'un suisse, Joël Allaz, et l'autre belge, Éric Dejaeger, ont par ailleurs été couverts dans l'Hexagone, ainsi que deux laïcs français, l'un chef de chœur, Bertrand Ollé, l'autre éducateur spécialisé, Philippe Guillemain.

25 évêques, 5 toujours en poste
Sur ces 32 affaires, 24 ont été couvertes par des évêques. Soit les trois quarts. 25 évêques ont été alertés de faits d'abus sexuels, mais n'en ont pas saisi formellement la justice. Les autres dossiers ont été couverts par un supérieur, un prêtre ou un religieux, qui ont été avertis mais n'ont pas agi. Décédés, retraités ou toujours en poste, les prélats n'ont jamais été condamnés pour leurs « négligences ». Ni par la justice des hommes, ni par celle du Vatican. Seul Pierre Picon, aujourd'hui évêque émérite de Bayeux-Lisieux, a été condamné en 2001 à trois mois de prison avec sursis pour « non-dénonciation ».

Sur ces 25 évêques, 5 sont encore en poste en janvier 2017. Il s'agit de Mgr Barbarin, cardinal et archevêque de Lyon, de Mgr Bouilleret, archevêque de Besançon, de Mgr Aillet, évêque de Bayonne, de Mgr Le Saux, évêque du Mans, et de Mgr Fellay, supérieur de la fraternité Saint-Pie-X, en voie de réconciliation avec Rome. Seront-ils jugés un jour pour « négligence » par « le tribunal des évêques » mis en place en 2016 par le pape François ? Nous posons ici sérieusement la question.

Église la mécanique du silence

En haut de la liste, le cardinal Philippe Barbarin. Depuis son arrivée en 2002, l'archevêque de Lyon a été informé de cinq cas de prêtres abuseurs dans son diocèse, sans en informer la justice. Des affaires que nous documentons largement dans ce livre. Le primat des Gaules est resté silencieux, malgré des alertes des familles, des courriers explicites et les aveux de certains prêtres accusés. Sur les cinq prêtres, deux ont été condamnés, deux ont été mis en examen et les conclusions d'une enquête canonique ont été transmises à la justice pour le cinquième, au moment d'écrire ces lignes.

Autre prélat pris en défaut, Mgr Jean-Luc Bouilleret, actuel archevêque de Besançon. Alors à la tête du diocèse d'Amiens au milieu des années 2000, il est alerté par trois prêtres et par la famille d'une victime d'un problème entre leur fils et le père Stéphane Gotoghian. « *Au cours de mon ministère à Amiens, j'ai reçu une famille qui m'a fait part de ceci :* "Il s'est passé quelque chose entre notre fils et tel prêtre" », se défend Jean-Luc Bouilleret auprès de nos confrères de *Cash Investigation*. Une alerte néanmoins suffisamment sérieuse pour que le prélat encourage la famille à porter plainte, ce qu'elle ne fera pas.

À la suite de cette rencontre, Mgr Bouilleret affirme avoir « *pris conseil auprès du procureur général d'Amiens* », avant de se contenter de « *signaler oralement tous les éléments en [sa] possession* » au parquet. Il n'enverra aucun signalement écrit, ni ne lancera d'enquête interne. Faute d'éléments, le parquet n'engagera aucune poursuite. Malgré ces témoignages, le père Gotoghian ne sera jamais suspendu par son supérieur, qui se contentera de lui retirer ses fonctions au contact avec des adolescents.

La mécanique du silence

Le prêtre ne sera condamné qu'en 2014 pour agressions sexuelles sur mineurs.

À Bayonne, un prêtre pédophile a été couvert pendant plus de vingt-cinq ans. Dès son arrivée à la tête de l'évêché en 2009, Mgr Marc Aillet a été informé de faits d'abus sexuels sur mineurs par la famille d'une victime et par le prêtre lui-même, Jean-François Sarramagnan[1]. L'évêque ne signalera les faits à la justice que sept ans plus tard, en 2016.

Dans le diocèse du Mans, Mgr Yves Le Saux n'a pas pris la mesure d'un courrier envoyé par la famille d'une victime en 2010. Sous sa responsabilité, le père Max de Guibert a continué à encadrer des groupes de jeunes dans la Sarthe. « *Je ne connais le dossier qu'à partir de mon arrivée* », se défend Yves le Saux lors d'un entretien à Londres. « *Déjà avant moi, il avait été mis hors ministère* », précise le prélat, assurant que la famille à l'origine de la lettre « *ne voulait pas porter plainte* ». Ce n'est qu'en 2015 que la justice est saisie. Aujourd'hui, le prêtre est mis en examen. Il doit faire face à une dizaine de plaintes pour viols et agressions sexuelles sur mineurs.

Enfin, nos documents attestent de la responsabilité du supérieur de la fraternité Saint-Pie-X. À deux reprises, Mgr Bernard Fellay a été alerté de faits d'abus sexuels sans en avertir la justice. Le premier prêtre couvert, l'abbé Peignot, n'a jamais été dénoncé aux autorités judiciaires, restant pendant des années au contact de jeunes. Le second, le père Christophe Roisnel, a été déplacé dans un couvent après des accusations d'abus

---

1. Voir chapitre 14.

sexuels, sans que la justice soit saisie par la fraternité. Il est mis en examen en 2014 pour viols, tortures et actes de barbarie sur majeurs.

339 victimes, 288 mineurs

Ces dossiers ont concerné pas moins de 339 victimes connues, dont 288 mineures de moins de 15 ans au moment des faits. Elles auront été négligées et oubliées par l'Église. Seulement la moitié d'entre elles, soit 165 victimes, ont pu être entendues par la justice, c'est-à-dire que leurs plaintes ont donné lieu au minimum à une instruction après enquête de police. Les autres étant dans leur grande majorité bloquées par la prescription. Les affaires des pères Preynat à Lyon (72 victimes) et Pierre-Étienne Albert à Rodez (58 victimes) sont les plus dramatiques des dossiers couverts par l'Église en termes d'ampleur.

Sur ces 339 victimes, 16 victimes étaient majeures au moment des faits[1], âgées de 15 ans ou plus. Nous avons fait le choix de ne pas nous arrêter aux affaires de pédophilie et de prendre en compte ces affaires également. Juridiquement, la dénonciation d'abus sexuels sur majeurs n'est obligatoire que dans certaines circonstances[2]. Pourtant, dans plusieurs affaires, nous avons

---

1. Sur ces 343 victimes, nous n'avons pas pu identifier l'âge de 40 victimes.
2. Les articles 434-1 et articles 434-3 du Code pénal stipulent que « le fait, pour quiconque ayant connaissance d'un crime dont il est encore possible de prévenir ou de limiter les effets, ou dont les auteurs sont susceptibles de commettre de nouveaux crimes qui pourraient être empêchés, de ne pas en informer les autorités judiciaires ou administratives est puni de trois ans d'emprisonnement et de 45 000 euros d'amende », et que « le fait, pour quiconque

La mécanique du silence

constaté une négligence certaine de la part de l'Église, notamment quand les victimes majeures, vulnérables, n'étaient pas en mesure de porter plainte elles-mêmes (affaire Tony Anatrella à Paris), ou s'en étaient remises à l'institution catholique pour gérer la situation (affaire Philippe de Morand à Lyon).

16 affaires couvertes après 2000

Contrairement à ce que répète l'Église de France, tous les cas ne sont pas anciens. Si certaines affaires remontent aux années 1960, la moitié des cas couverts par l'Église concernent des faits établis après 2000, date charnière pour l'Église de France avec l'affaire Pican. Soit 16 dossiers récents sur 32 affaires au total. C'est le cas notamment dans les affaires des prêtres Michel Chidaine, condamné en première instance en janvier 2017 à cinq ans de prison pour pédophilie, et Stéphane Gotoghian, condamné en 2014 à trois ans de prison pour des agressions sexuelles sur mineurs entre 2002 et 2012. Trois évêques, Mgr Simon (archevêque émérite de Clermont-Ferrand), Mgr Noyer (évêque émérite d'Amiens) et Mgr Bouilleret (archevêque de Besançon), n'ont pas dénoncé formellement ces deux clercs à la justice après avoir été alertés.

---

ayant eu connaissance de privations, de mauvais traitements ou d'agressions ou atteintes sexuelles infligés à un mineur ou à une personne qui n'est pas en mesure de se protéger en raison de son âge, d'une maladie, d'une infirmité, d'une déficience physique ou psychique ou d'un état de grossesse, de ne pas en informer les autorités judiciaires ou administratives est puni de trois ans d'emprisonnement et de 45 000 euros d'amende ».

Église la mécanique du silence

28 agresseurs déplacés

Sur les 32 dossiers que nous avons recensés, 28 clercs ont été déplacés géographiquement dès que des évêques ou des religieux ont été avisés de faits d'abus sexuels. Sans que la justice en soit jamais informée. Soit près de l'ensemble des affaires couvertes par l'Église. Ces clercs peuvent être mutés à la campagne comme le père Bernard Preynat, éloigné de la banlieue de Lyon vers le Roannais, ou écartés dans un autre diocèse, comme le père Jean Bréheret, passé d'Angers au diocèse de Saint-Flour, dans le Cantal. Ils peuvent être également exfiltrés à l'étranger, tel le frère R., déplacé à Bologne en Italie, ou inversement rapatriés en France, comme le frère Régis Peillon, renvoyé de Côte-d'Ivoire.

* * *

Et puis, il y a tout ce qui ne se chiffre pas. En filigrane de notre travail de données, apparaît une mécanique du silence. Sans règles écrites ni préceptes établis, mais avec une régularité quasi systématique. Le mode opératoire, s'il présente quelques nuances d'un diocèse à l'autre, varie peu. Dès que des premières plaintes de victimes font surface, le prêtre soupçonné d'abus sexuels prend un « congé sabbatique », et part en pénitence le temps de se faire oublier. Il est alors déplacé géographiquement ou muté professionnellement. On l'isole et on l'éloigne dans une nouvelle paroisse, souvent à la campagne, ou on l'écarte dans un autre diocèse voire à l'étranger.

La mécanique du silence

Le prêtre concerné peut également être déplacé professionnellement. Temporairement, il peut être muté à des postes sans contact direct avec les enfants, comme archiviste, formateur ou aumônier auprès des personnes âgées. C'est le cas du père Philippe de Morand, déplacé de Lyon au diocèse de Nanterre, en tant que prêtre étudiant. Ces déplacements professionnels, hors ministères, ne sont pas pour autant les plus courants. Beaucoup de clercs accusés d'abus sexuels sont expédiés provisoirement en retraite dans des monastères et des abbayes. Comme Michel Chidaine, prêtre clermontois retiré à l'abbaye trappiste de Sept-Fons, dans l'Allier, ou encore le père versaillais Christophe Roisnel, en pénitence dans un couvent du Beaujolais.

Mais le temps de pénitence ne dure qu'un temps. Quelques mois ou une année tout au plus. Qu'il soit condamné ou non, le prêtre est souvent réintégré comme curé dans une nouvelle paroisse française, célébrant les premières communions et les baptêmes. Ainsi, dans nos données, plus de la moitié des prêtres sont restés au minimum curés de paroisse après que le diocèse a été informé d'abus sexuels. Parfois, ils sont même promus, comme le père Bernard Preynat à Lyon, nommé doyen par le cardinal Barbarin en 2013. Ou encore le père Pierre Dufour, nommé vicaire à Saint-Jean-de-Maurienne avant d'être condamné à quinze ans de prison pour viols en 2006. Le passé est alors pardonné, oublié ou enfoui dans les archives de l'évêché ou de la Congrégation pour la doctrine de la foi (CDF), le gendarme des mœurs du Vatican. Toujours au mépris de « la justice des hommes ».

Église la mécanique du silence

En un an d'enquête, nous avons également constaté la répétition de mécanismes internationaux d'exfiltration qui dépassent le territoire français. Un clerc du Sacré-Cœur réexpédié d'urgence de la Guinée-Conakry à l'Auvergne, un prêtre lyonnais du Prado exfiltré en Afrique, un religieux oblat envoyé de la Belgique à Lourdes, un prêtre québécois en exil dans l'Eure puis récidiviste, un moine déplacé de la Haute-Loire vers la Roumanie, un frère de Saint-Jean accusé d'agressions sexuelles puis nommé supérieur à Bologne... La liste est longue, et loin d'être exhaustive.

Dans ce livre[1], en collaboration avec l'émission *Cash Investigation*, nous révélons des exfiltrations à des milliers de kilomètres, en Afrique, dans le Grand Nord canadien, jusqu'à Rome. Faute d'être « mis au cloître », certains prêtres ou religieux accusés d'abus sexuels sont envoyés, parfois précipitamment, en mission hors de France. Une solution d'urgence, pour déplacer le problème loin des autorités ecclésiastiques et judiciaires du pays d'origine. Pour les diocèses, la tâche est moins aisée que pour les congrégations religieuses et les ordres missionnaires, plus autonomes. « *L'avantage des congrégations, c'est qu'elles ont accès à un réseau international, à des lieux en Afrique ou en Asie qui leur permettent de recycler un certain nombre de religieux. Pendant longtemps, on les a envoyés dans les pays en voie de développement* », affirme le théologien et journaliste hollandais Hendro Munsterman.

---

1. Voir chapitres suivants.

La mécanique du silence

La France n'est pas la seule à expatrier ses prêtres soupçonnés de pédophilie. À plusieurs reprises, des prêtres étrangers ont été envoyés dans l'Hexagone, sans que les autorités ecclésiastiques du pays d'accueil soient totalement informées de leur passif. C'est le cas du prêtre suisse Joël Allaz, accusé d'agression sexuelle sur vingt-quatre enfants entre 1958 et 1995. Du canton de Fribourg à Grenoble, puis à Lyon, le capucin a été muté systématiquement par sa hiérarchie à chaque affaire naissante. Cette pratique lui a permis de bénéficier d'une impunité pendant un temps, et de faire deux victimes en France. « *Il est légitime de se demander si le fait d'envoyer le frère en France, sans ouvrir une enquête canonique ni chercher à savoir ce qui s'était réellement passé, à un moment donné où des rumeurs commençaient à se faire entendre, constitue une entrave à l'action pénale* », soulevait en 2008 la juge suisse Yvonne Gendre sur *Mediapart*[1]. Il faudra attendre cette année-là et les confessions du père Allaz dans la presse pour que la justice s'empare du dossier. Mais pour cause de prescription, le frère capucin aux vingt-quatre victimes présumées n'a jamais pu être jugé en Suisse. Joël Allaz a été condamné à deux ans de prison avec sursis en 2011 par le tribunal correctionnel de Grenoble pour abus sexuels sur deux mineurs en France.

Le mode opératoire est ancien. La mécanique, huilée depuis des siècles. « *Ça correspond à ce qui se faisait déjà à l'époque médiévale* », relève Arnaud Fossier,

---

1. Fabrice Arfi, « L'Église suisse face à ses silences », *Mediapart*, 5 novembre 2008.

Église la mécanique du silence

maître de conférences en histoire médiévale à l'Université de Bourgogne. « *On leur faisait faire des pénitences. On les envoyait faire des sortes de pèlerinages à destination de Rome. Ils allaient voir le pape ou ses juges, et se confessaient. Le confesseur leur donnait le pardon et était réintégré dans sa charge. On le déplaçait afin d'éviter le scandale d'une réintégration dans la même paroisse. La procédure n'était pas totalement écrite. Mais on a gardé trace de lettres à partir du XIIIe siècle, qui étaient remises à ceux qui faisaient pénitence par leur pèlerinage à Rome, et qui attestaient la fin de la suspension.* »

Huit siècles plus tard, l'Église n'a pas encore affronté tous ses vieux démons.

14

Exfiltrations

Et demain qu'arrivera-t-il encore ? Jusqu'à quand passera-t-il au travers des mailles de la justice ? Et comment être certains qu'il ne recommencera pas ? Nous nous sentons responsables de ce qui est arrivé et de ce qui peut encore arriver. NOTRE SILENCE DEVIENT COMPLICE de ses actes en continuant à nous taire. Nous vous SUPPLIONS d'être pour le moins très vigilant à partir de tous les éléments en votre possession. Et si la justice n'a pas été rendue, nous vous SUPPLIONS de veiller à ce qu'aucun autre enfant n'ait à souffrir.

Lettre adressée à Mgr Aillet, juin 2009.

Église la mécanique du silence

Des mots forts, en lettres capitales. Un ton alarmant, presque implorant. Ce courrier a été adressé à Mgr Marc Aillet, actuel évêque de Bayonne, en juin 2009. L'expéditrice, Françoise[1], est une mère de famille. Elle y raconte l'histoire de son fils, Arthur, abusé sexuellement par un prêtre du diocèse, le père Jean-François Sarramagnan. Le récit, entre pédophilie dans l'Église et drame familial, est tragique. Le prêtre n'est autre que l'oncle d'Arthur, le frère de l'ex-mari de Françoise. Une chape de plomb dans la famille. Et un secret bien enfoui au sein de l'Église depuis deux décennies.

Informés depuis le début des années 1990, les évêques successifs de Bayonne, Mgr Molères puis Mgr Aillet, n'auront jamais saisi la justice pendant vingt-cinq ans. Exfiltration à la campagne, « congé sabbatique », lieu de pénitence, mutation professionnelle : l'affaire Sarramagnan illustre à elle seule, avec force détails, cette mécanique du silence encore prégnante au sein des institutions ecclésiastiques.

Françoise nous appelle un après-midi d'avril 2016, en pleine « affaire Barbarin ». Au téléphone, sa voix est chevrotante, les mots hésitants. « *Je pensais protéger mon fils en ne le révélant pas. C'est un souci que j'aurai jusqu'à mon dernier souffle* », nous confie-t-elle, pleine de dignité. Françoise a mis près de vingt-cinq ans avant d'oser porter l'affaire devant la justice. Son fils, aujourd'hui âgé de 38 ans, et résidant en Belgique, n'a

---

1. Pour garantir l'anonymat de la victime et de sa famille, les prénoms ont été modifiés.

La mécanique du silence

pas voulu déposer plainte. Même s'il soutient sa mère dans sa démarche, « *il n'a pas le courage* » d'aller plus loin, avoue Françoise.

Le 25 septembre 2015, cette mère de famille est enfin sortie du silence, en envoyant une dénonciation au procureur de Clermont-Ferrand, où elle réside. Le 13 octobre, devant les officiers de police, elle a tout dévoilé. L'histoire du père Sarramagnan, qui a abusé de son fils de 12 ans, neveu du prêtre, quand la famille vivait à Bayonne au début des années 1990. Pour la première fois, elle dénonce « *des actes de pédophilie* ». « *Il "avait utilisé" mon fils chaque jour lors d'un séjour d'un mois en Pologne* », écrit Françoise, dans sa lettre au procureur.

En juillet 1991, c'est le père Sarramagnan lui-même qui avoue devant la famille avoir « *rompu son vœu de chasteté* » avec Arthur. Le prêtre, mal en point, vient de commettre une tentative de suicide. Françoise décide d'alerter immédiatement Mgr Molères, évêque au moment des faits, qui lui rend visite et lui assure que le curé sera suivi psychologiquement. « *Si nous n'avons pas entamé de poursuite judiciaire à cette époque-là, c'est parce que nous pensions alors protéger* [notre fils] *en n'étalant pas sur la place publique son vécu, ses souffrances. Aujourd'hui nous savons que nous avons commis une grave erreur* », estimera Françoise dans sa lettre à Mgr Aillet, en 2009.

Car deux ans plus tôt, en 2007, le père Sarramagnan, qui est resté prêtre en paroisse toutes ces années sans être inquiété, est accusé une nouvelle fois d'agression sexuelle. Sur une jeune femme majeure cette fois. Un non-lieu s'ensuit, mais le curé tente à nouveau de mettre fin à ses jours. « *Ce nouveau scandale avec une jeune fille* n'aurait jamais dû se produire. *Nous nous sentons en partie responsables* », écrira Françoise deux ans plus tard à l'évêque de Bayonne.

Le prêtre va alors être exfiltré, pendant près de deux ans, dans un autre diocèse. Précisément à l'abbaye Notre-Dame de Tournay, dans les Hautes-Pyrénées. Un éloignement géographique classique dans les affaires d'abus sexuels dans l'Église. Dès que des premières plaintes de victimes font surface, on écarte le prêtre, qui se fait oublier à la campagne ou à l'étranger. Sans que la justice civile soit saisie. Mais cela ne dure souvent qu'un temps. Quelques mois, quelques années tout au plus. Le prêtre est alors réintégré comme curé dans une nouvelle paroisse française, continuant à célébrer les premières communions et les baptêmes.

C'est donc en accord avec son évêque, Mgr Molères, que Jean-François Sarramagnan décide en 2007 de prendre un bien curieux « congé sabbatique ». Une suspension, non écrite. En un an d'enquête, nous avons découvert que ce motif était récurrent quand apparaissait un problème de mœurs au sein des institutions ecclésiastiques. Ainsi, à deux reprises, en 1994 et en 2003, le père Jean-Marc Desperon, accusé par des victimes d'emprise psychologique puis d'agressions sexuelles, a été lui aussi prié de prendre une année blanche. « *Mgr Bernard Housset, alors évêque de Montauban, lui a demandé d'arrêter son ministère pour une année sabbatique en 2003* », nous a confirmé le diocèse de Montauban en avril 2016.

Dans une autre affaire au sein du diocèse de Lyon, le cardinal Barbarin s'est lui-même rendu, en avril 2016,

La mécanique du silence

dans la paroisse de Sainte-Blandine-du-Fleuve. Son objectif a été d'expliquer aux fidèles « *sa décision de demander au père Bruno de prendre une ou deux années sabbatiques en dehors du diocèse* », a précisé le site de la paroisse. Une manière de couper court à toute polémique. Quelques jours plus tôt, *Le Parisien* révélait que le père Bruno Houpert avait été condamné en 2007 à dix-huit mois de prison pour des agressions sexuelles commises sur quatre jeunes hommes majeurs lorsqu'il était en poste à Rodez, dans l'Aveyron[1].

Congés sabbatiques, arrêts maladies, envois en séminaire ou en monastère constituent autant d'outils à disposition de l'Église pour protéger l'image de l'institution. L'objectif, double, est de maintenir le silence tout en isolant le prêtre mis en cause. Ainsi, en 1982, le père Preynat est visé par des plaintes de parents de jeunes scouts qui en informent le diocèse. Rapidement, le prêtre est mis à l'écart. Pour « congé maladie » se souviennent deux personnes qui l'ont connu à cette époque. L'arrêt est de courte durée, mais il permet d'éteindre les braises de la polémique qui commence alors à crépiter. Dans le même ordre d'idées, plusieurs prêtres sur lesquels nous avons enquêté ont été mutés pour se rapprocher d'un « parent malade ». Comme le père Jean-Marc Desperon à son départ de Lyon en 1995, appelé officiellement au chevet de son père à Montauban. Des maladies souvent réelles, mais qui tombent fort à propos lorsqu'un diocèse souhaite éloigner un prêtre.

---

1. Vincent Mongaillard, « Abus sexuels au sein de l'Église : une nouvelle affaire accablante », *Le Parisien*, 17 mars 2016.

Église la mécanique du silence

Dans les Hautes-Pyrénées, le congé sabbatique du père Sarramagnan, lui, dure presque deux années. De longs mois de retraite spirituelle à l'abbaye de Tournay, assortis d'une thérapie avec un psychanalyste. En mai 2009, Mgr Marc Aillet, qui a été nommé à Bayonne quelques mois plus tôt, reçoit le prêtre, qui l'informe avec « *loyauté* » selon l'évêque, de ses actes de pédophilie. Mais comme son prédécesseur, Mgr Aillet n'en informe pas la justice. Même après le courrier alarmant de Françoise un mois plus tard. Au contraire, il nomme le père Sarramagnan adjoint du directeur diocésain de l'enseignement catholique, et prêtre coopérateur de la paroisse Saint-Pierre de Nive-Adour – Saint-Irube, à Bayonne. Une mutation professionnelle, là aussi très fréquente pour parfaire les rouages du silence.

En effet, en parallèle des congés sabbatiques, l'Église possède toute une gamme de métiers de choix pour les prêtres qu'elle souhaite faire oublier. Les postes d'archivistes au sein du diocèse, d'aumôniers en maison de retraite ou de gestionnaires administratifs sont autant de fonctions privilégiées. Condamné en 2005 à quatre ans de prison ferme pour le viol d'un lycéen de 16 ans à Pau, le père Dominique Spina a ainsi été placé dès sa libération conditionnelle fin 2007 à un poste d'archiviste au sein du diocèse de Toulouse. Avant de récupérer un poste de prêtre en paroisse à la tête de sept clochers, deux ans plus tard, en 2009. Et ce jusqu'à ce que nous révélions l'affaire sur *Mediapart*, en avril 2016[1].

---

1. Daphné Gastaldi, Mathieu Martinière et Mathieu Périsse, « Pédophilie dans l'Église : condamné pour viol, puis à la tête de sept clochers », *Mediapart*, 29 avril 2016.

La mécanique du silence

D'autres religieux sont incités à reprendre leurs études de théologie, comme le père Frédéric Larroux, envoyé deux ans en « *mission d'étude* » après avoir été condamné dans le diocèse de Toulouse pour pédopornographie en 2008. « *Il y a plusieurs façons de faire lorsqu'un prêtre est accusé de pédophilie* », nous confirme Hendro Munsterman, théologien néerlandais, journaliste et enseignant à l'Université catholique de Lyon. « *On invente une raison et on l'envoie faire des études à Paris ou à Rome par exemple.* »

En 2009, après un long travail psychologique, le père Jean-François Sarramagnan commence donc une nouvelle carrière de prêtre à mi-temps et d'adjoint au directeur de l'enseignement diocésain catholique. Il « *était chargé de seconder ce dernier auprès des adultes (chefs d'établissement, enseignants et animateurs pastoraux) de l'enseignement catholique. Il n'avait pas de responsabilité dirigée directement vers les enfants* », nous a affirmé par mail Mgr Aillet en avril 2016, assurant avoir personnellement « *organisé un suivi régulier* ».

Peut-on croire sur parole l'évêque de Bayonne ? Le père Sarramagnan avait-il encore autorité sur des enfants dans ses nouvelles fonctions ? En matière de pédophilie, la réalité s'avère souvent bien différente des discours épiscopaux.

Car, alertés quelques semaines plus tôt par Françoise, nous avons mené notre propre enquête. Et de simples recherches sur internet nous ont appris que le père Sarramagnan a multiplié les contacts avec des mineurs après 2009. Sur le site de la paroisse ou dans la presse régionale, nous avons découvert des photos du prêtre, entouré d'enfants. Dans un article d'août 2010 du journal local *Sud-Ouest*, on voit même le père Sarramagnan en soutane, faire le geste de bénédiction sur un bateau entre deux enfants en gilets de sauvetage. « *Le prêtre et les enfants de chœur n'ont pas tremblé, les sauveteurs étaient à bord*[1] », indique la légende, explicite. L'année suivante, en 2011, le père Sarramagnan part faire les Journées mondiales de la jeunesse (JMJ) de Madrid. En 2012, selon le journal *La Croix*, il célèbre une messe de rentrée dans un lycée[2]. En septembre 2015, il accompagne des élèves de sixième à Lourdes. Et en février 2016, il est encore dans le Béarn, animant une journée diocésaine avec des quatrièmes et des troisièmes.

Après des jours d'enquête, et pour confirmer ces informations, nous avons voulu contacter le père Jean-François Sarramagnan. Pour entendre sa version, recueillir sa parole. Nous l'avons retrouvé à l'abbaye Notre-Dame de Tournay, le lieu de retraite de ses « années sabbatiques », dans les Hautes-Pyrénées. Joint par téléphone le 27 avril 2016, le prêtre ne se dérobe pas. Pendant une trentaine de minutes, il va répondre honnêtement à toutes nos questions. « *Dans l'attente d'une convocation au commissariat* », le prêtre dit ne pas vouloir nier les faits et vouloir « *tout avouer* ». Son évêque, Mgr Aillet, l'a relevé de ses fonctions mi-avril, après avoir appris le signalement de Françoise au procureur. Et l'a accompagné lui-même à l'abbaye de Tournay.

---

1. « Le "Tremble pas" béni », *Sud-Ouest*, 5 août 2010.
2. Gauthier Vaillant, « Pédophilie, les sanctions de l'évêque de Bayonne », *La Croix*, 28 avril 2016.

La mécanique du silence

En effet, même quand la justice se saisit d'une affaire, l'Église tient à s'assurer que son prêtre n'est pas exposé aux médias. Sur ce plan, les abbayes et les couvents jouent un rôle majeur. Du père Preynat, accueilli chez les Petites sœurs de Saint-Joseph à Fontaines-sur-Saône (Rhône), au père Spina passé par la communauté des pères de Bétharram à Pibrac (Haute-Garonne), les congrégations religieuses offrent des cautions de discrétion et de sécurité pour l'Église. « *Il peut arriver que l'évêque apporte des garanties devant la justice et que le prêtre soit placé dans un monastère dans l'attente de son jugement* », atteste un ancien cadre d'un diocèse français, qui préfère garder l'anonymat. Un arrangement avec la justice d'autant plus aisé que les monastères sont justement conçus pour éviter les contacts avec le monde extérieur. « *Le prêtre n'a pas le droit de sortir. Dans les monastères, les endroits où dorment les moines s'appellent les cellules* », rappelle cette source. Une cellule où la parole est jalousement gardée, à l'abri des oreilles indiscrètes.

En acceptant de nous parler, le père Sarramagnan a donc décidé exceptionnellement de briser ce lourd silence ecclésiastique. « *Ce travail que j'ai fait en 2007-2009 a porté ses fruits. Je me suis engagé pleinement. Je me sentais bien ces dernières années dans ma vie de prêtre* », tente de justifier le curé au téléphone. « *Entre les années 1990 et ce que je suis maintenant, je ne suis plus le même. Je ne me sens plus dangereux. Même si je comprends très bien la décision de l'évêque de ne plus me mettre au contact de mineurs. C'est un principe de précaution* », ajoute le père Sarramagnan.

Église la mécanique du silence

Le prêtre en veut-il pour autant à ses évêques successifs, Mgr Molères puis Mgr Aillet, de ne pas avoir agi plus tôt ? De ne pas avoir prévenu la justice au risque de retarder sa guérison ? « *Au début des années 1990, il n'y avait pas d'affaires, il n'y avait pas toute cette médiatisation. Mes supérieurs n'ont pas su adapter leurs comportements. La réalité, c'est qu'ils ne voulaient pas forcément couvrir les actes, mais ils étaient démunis face à ce genre de situation* », regrette le prêtre. « *C'est un poids que nous traînons tous depuis vingt-cinq ans* », ajoute-t-il dans un soupir.

Cet entretien avec le père Sarramagnan, aux accents de sincérité, nous éclaire sur les dernières zones d'ombre du dossier. En ce 27 avril 2016, nous sommes prêts à publier une enquête sur *Mediapart* qui met en cause un nouvel évêque en poste, Mgr Marc Aillet. Nous voulons démontrer que le silence de l'épiscopat français ne se limite pas à la personne de Philippe Barbarin et au diocèse de Lyon. Que le problème de pédophilie dans l'Église est d'abord systémique avant d'être personnifié. Informé dès sa prise de fonction en 2009 par le prêtre lui-même, puis par une longue lettre de Françoise, Mgr Aillet n'aura fait son propre signalement au parquet de Bayonne qu'en avril 2016.

Par respect du contradictoire, nous avons envoyé une liste de questions à Mgr Aillet et au diocèse de Bayonne, le 26 avril, à la veille de notre entretien avec le père Sarramagnan. Nous recevons les réponses à nos questions le lendemain. Dans son mail, Mgr Aillet élude et nie toute responsabilité, malgré son obligation de dénoncer tout fait de pédophilie à la justice depuis les mesures prises par la Conférence des évêques de France (CEF)

La mécanique du silence

en 2002. Pour lui, c'était d'abord à la famille de porter ce signalement. « *En ce qui concerne l'affaire dont les faits remontent à 1991, la victime n'a pas voulu porter plainte. Position que je regrette, mais qui lui appartient. Lorsque ses parents m'ont écrit en juin 2009 puis en décembre 2014, je leur ai rappelé qu'il était toujours possible de déposer plainte ou de faire un signalement* », nous répond l'évêque de Bayonne.

Anticipant la publication de notre enquête, qui doit survenir le lendemain matin, Mgr Aillet publie un communiqué officiel dans la soirée, sur le site du diocèse de Bayonne. Un véritable contre-feu, où l'évêque détaille l'affaire, exprimant une prétendue transparence. L'AFP reprend dans la foulée le discours officiel, annonçant que Mgr Aillet « *a signalé une affaire de pédophilie concernant l'abbé Jean-François Sarramagnan au parquet* ». Pas de doute possible, l'évêque de Bayonne sait communiquer et utiliser les médias. À 59 ans, actif et influent, c'est un prélat moderne, connecté, avec plus de 12 000 abonnés sur Twitter. Sur les réseaux sociaux, il n'hésite pas à tourner des vidéos pour mener des croisades contre l'avortement.

Mais dans la soirée du 27 avril, sans prendre de gants, Mgr Aillet va dévoiler dans son communiqué le nom du père Sarramagnan. Le lendemain, dans notre article sur *Mediapart*[1], nous ne publierons pourtant qu'une initiale : « le père S. ». Par respect de la présomption

---

1. Daphné Gastaldi, Mathieu Martinière et Mathieu Périsse, « Pédophilie dans l'Église : à Bayonne, une nouvelle affaire met en cause Mgr Aillet », *Mediapart*, 28 avril 2016.

d'innocence. L'évènement est marquant : l'évêché, pensant d'abord à se protéger du scandale, lâche son prêtre sur la place publique avant même que la presse ne s'en empare.

Dans la panique, toutes les photos du père Sarramagnan sont mystérieusement effacées des sites de la paroisse de Saint-Pierre de Nive-Adour et de l'enseignement diocésain catholique. Notamment celles où le prêtre est entouré d'enfants. Une maladresse, si ce n'est une gaffe, sans conséquences notables. Quelques heures plus tôt, nous avons pris soin de sauvegarder, par des captures d'écran, plusieurs clichés de Jean-François Sarramagnan. Nous en retrouverons d'autres dans des articles de la presse régionale, que nous publierons le lendemain, sur *Mediapart*. Quelques jours plus tard, le diocèse de Toulouse effacera un organigramme qui place le père Dominique Spina, prêtre condamné pour viol sur un jeune de 16 ans, au centre d'un ensemble de bénévoles pour le catéchisme et les premières communions. Là aussi, nous retrouverons l'image dans la mémoire du Web et dévoilerons l'artifice. Heureusement pour nous, les nouvelles technologies et la culture du secret de l'Église catholique ne font pas toujours bon ménage.

Le 7 juin 2016, le parquet de Bayonne annonce la mise en examen de Jean-François Sarramagnan pour des faits de pédophilie sur un mineur. Le prêtre sera jugé. Pas Mgr Aillet, lui, qui aurait dû dénoncer les faits à la justice mais n'est pas poursuivi. Il n'a reçu aucune sanction de la part de l'Église de France ou du Vatican.

15

Christian

Il n'a toujours pas perdu la foi, malgré trente années de combat, de levées de boucliers, de dénis et de mensonges épiscopaux, et malgré la rencontre avec une centaine de victimes. Il y a eu les milliers de kilomètres parcourus, en France, jusqu'en Afrique. Et puis, les affaires Anatrella, di Falco ou Lefort. Autant de scandales qu'il a contribué à révéler, sans véritable lendemain. L'Église a crié au complot, a menacé de procès. Des religieux et des médias l'ont traité de « *fouille-merde* », de « *salaud* », de « *Satan* ». Et pourtant, Christian Terras, à la tête du journal catholique et satirique *Golias*, a continué de publier. Avec seulement quelques milliers d'abonnés, il a irrité les évêques et les cardinaux romains les plus influents. « *Sur la pédophilie, chaque année, on sortait une affaire ou un dossier. C'est un sujet qu'on a suivi régulièrement. Il*

Église la mécanique du silence

ne s'est pas passé une année sans qu'on n'en parle pas », confie aujourd'hui Christian Terras, soixante-cinq ans. « C'était quelque chose de l'ordre d'une prière. En tant que chrétien, je m'adressais à Dieu en disant je te confie ça. Aide-moi à y voir clair. Donne-moi la force pour pouvoir continuer. »

Christian Terras fonde *Golias* en 1985, à Lyon. Dès le départ, il est « *l'empêcheur de croire en rond* », comme l'entonne son slogan. Un *Canard enchaîné* catholique, grinçant, mordant, réalisé par des catholiques de gauche, voire « *anarchiste chrétien*[1] », comme se qualifie lui-même Christian Terras. « *J'ai créé* Golias *parce que l'investigation, l'information dans le domaine religieux de manière critique, était taboue. On peut faire du commentaire critique mais pas des faits : qui fait quoi, comment et qui est responsable. Ça, c'est absolument inaudible* », explique cet ex-enfant de chœur et fils d'un adjudant de gendarmerie, devenu la bête noire de l'épiscopat français.

Golias n'a peur ni de la polémique, ni des coups. Son ton progressiste, ses analyses et ses enquêtes trouvent rapidement son public. Les intégristes et les congrégations sectaires en prennent sacrément pour leur grade. Le journal révèle les secrets les plus inavouables de l'Église, de la collaboration épiscopale sous Vichy jusqu'au rôle trouble de l'institution pendant le génocide rwandais. Chaque année, un trombinoscope des évêques, qui attribue des mitres en fonction de l'ouverture d'esprit du prélat, fait la renommée de *Golias*. « *Les affaires de pédophilie*

---

1. « Christian Terras, de *Golias* : « Le christianisme ne peux exister que dans l'insoumission », *Article 11*, 5 décembre 2008.

La mécanique du silence

venaient en plus. Ils se demandaient où on allait s'arrêter », se souvient Christian Terras.

Dès 1985, les premières alertes sur la pédophilie dans l'Église sont lancées aux États-Unis. Un rapport, rédigé par le prêtre canoniste Thomas Doyle, fait un constat terrible. Près de 3 000 prêtres américains, soit 5 % des curés du pays, seraient pédophiles. Ses recommandations, jugées alarmistes par l'Église, ne seront pas suivies par les évêques américains. Il faudra attendre 2002 et les révélations de l'équipe de journalistes de Spotlight du *Boston Globe*, pour que l'Église américaine prenne enfin conscience de l'ampleur du problème. Mais pour Christian Terras, qui vient de créer *Golias*, le rapport Doyle de 1985 est un déclic. « *À partir de ce qu'il se passait aux États-Unis, j'ai essayé de voir ce qu'il en était en France. À l'époque, les associations n'existaient pas. C'est ce qui fait l'intérêt de La Parole libérée aujourd'hui. Enfin, en 2016, il y a un dispositif associatif qui s'est organisé, qui s'est appuyé sur les médias et qui a fonctionné. Mais à l'époque, c'était le désert complet* », raconte le journaliste.

Dans les années 1980 et 1990, Christian Terras sillonne la France. Il couvre et révèle des affaires de pédophilie dans l'Église à Dijon, Angers, Toulouse, La Roche-sur-Yon. Partout où il passe, l'omerta est terrible. « *Ma première enquête était à Pélussin, dans la Loire. Un frère mariste avait abusé d'enfants dans un collège privé. La professeure qui avait révélé l'affaire avait été considérée comme une sorcière* », se souvient Christian Terras. Le journaliste en vient même à parler de « *déni de bonne foi* » des autorités religieuses. « *Ils sont dans le déni, et ce qui est troublant, parfois avec de la bonne foi. Ça m'impressionne. Ça montre à quel point le*

Église la mécanique du silence

système est vicié. Même les meilleurs d'entre eux, par rapport à ce type de révélations, étaient bloqués », raconte le directeur de Golias. *« Ce qui m'a frappé, c'est que les parents, de bons catholiques, ont même des difficultés à croire leurs propres enfants. Quitte après à revoir les choses. Parce qu'un prêtre, avec son image sacrée, au-dessus de tout le monde, ne peut pas se rendre coupable de faits comme ça. Ce n'est pas possible. »*

Au fil de ses enquêtes de terrain, le journaliste découvre déjà la mécanique des exfiltrations. Comment les prêtres sont systématiquement éloignés par leur hiérarchie, à la campagne ou à l'étranger, quand apparaissent les premières plaintes de victimes. Un véritable silence institutionnalisé. *« La pratique, c'est de déplacer les prêtres pédophiles après un moment de pénitence de six mois ou d'un an, puis de les laisser retourner dans le milieu pastoral. Au nom de la justice de Dieu, de la miséricorde, ils trouvent un arrangement »*, explique Christian Terras.

L'affaire Lefort en est la cruelle illustration. En 2005, François Lefort, prêtre humanitaire, héros des enfants des rues en Afrique, est condamné à huit ans de prison pour viols sur mineurs. Cette affaire va profondément marquer Christian Terras. *« Là, j'étais sidéré. Je n'ai jamais vu ça. Autant de gamins victimes d'un prêtre. Des jeunes victimes, huit ans, douze ans »*, se souvient le journaliste. *« Dans un contexte africain où alors là, c'est le tabou du tabou. Un prêtre médecin, humanitaire, blanc, qui vient faire du bien, primé pour son combat pour les droits de l'Homme. Une icône, inattaquable, intouchable. »*

La mécanique du silence

En 1995, le père François Lefort est mis en examen. Il est accusé de multiples viols sur des enfants des rues de Dakar. Le prêtre clame son innocence et crie au complot. Il reçoit le soutien de toute une communauté catholique mais aussi d'ONG, comme Médecins du monde. Christian Terras se rend au Sénégal pour vérifier l'histoire. Il y recueille des témoignages de victimes accablants. Et décide de continuer son enquête en Mauritanie, où le père Lefort est resté plusieurs années au contact des enfants des rues. Avant que le prêtre ne quitte le pays, précipitamment. « *Ce qu'il avait fait au Sénégal, est-ce qu'il l'avait fait en Mauritanie ? Il y avait de vagues échos, il fallait y aller, il fallait voir les enfants des rues de Nouakchott. Et là, ça a été l'horreur absolue* », raconte le journaliste. « *Quand un gamin vous dit : Lefort m'a violé, j'avais 8 ans, le sang coulait de mon anus. Et que Lefort ne trouve pas mieux à dire que : prends une boîte de kleenex et descends de la voiture. C'est horrible. Et ça ne s'invente pas.* »

Les témoignages de Christian Terras en Mauritanie, rapportés dans le livre d'enquête du journaliste Mehdi Ba[1], ne seront pas cités au procès. Seuls les faits au Sénégal seront jugés. Mais ils documentent encore un déplacement de prêtre, d'un pays africain à l'autre, alors que des premières rumeurs d'abus sexuels arrivent aux oreilles de Mgr Chevigny, évêque de Nouakchott. Témoin pour la première fois de sa vie dans une cour d'assises, Christian Terras parlera d'un « *prédateur sexuel* ». « *Le silence de l'institution a été complet. Lefort*

---

1. Mehdi Ba, *L'Illusionniste*, Les Arènes, 2003.

Église la mécanique du silence

m'a fait envoyer des messages par des intermédiaires du clergé, me demandant pourquoi je travaillais là-dessus, alors qu'on était très proche au niveau des idées. Comme il était un peu électron libre, aucun évêque ne voulait prendre position. L'institution est restée très distanciée. Elle n'a pas pris position, ni pour lui, ni contre lui. »

Dans les années 2000, deux autres dossiers très médiatiques vont être révélés par *Golias*. Les affaires di Falco et Anatrella. Le premier, Mgr Jean-Michel di Falco, évêque de Gap jusqu'en 2016, a été accusé d'agressions sexuelles sur mineurs par deux victimes en 2002-2003, alors qu'il était évêque auxiliaire de Paris. Des plaintes classées sans suite pour cause de prescription, avant une relance au civil en 2016[1]. Le second, Tony Anatrella, prêtre et psychanalyste éminent, consultant à Rome, a été accusé en 2006 par trois victimes présumées d'abus sexuels pendant ses thérapies. Là aussi, les plaintes seront classées, pour cause de prescription et de manques d'éléments. Avant que nous révélions de nouveaux témoignages en mai et en octobre 2016[2].

Avec ces affaires, Christian Terras touche du doigt ce qu'il appelle la « *raison d'Église* ». « *Je dirais qu'il y a une raison d'Église comme il y a une raison d'État. Elles fonctionnent main dans la main. À un moment donné,*

---

1. Daphné Gastaldi, Mathieu Martinière et Mathieu Périsse, « Pédophilie dans l'Église : l'affaire di Falco relancée », *Mediapart*, 23 septembre 2016. Voir aussi chapitre 25.

2. Daphné Gastaldi, Mathieu Martinière et Mathieu Périsse, « Les dérives sexuelles du psy de l'Église, Monseigneur Anatrella » et « De nouveaux témoignages accablent Mgr Anatrella et ses thérapies sexuelles », *Mediapart*, 6 mai et 10 octobre 2016. Voir aussi chapitre 23.

La mécanique du silence

l'évêque qui aura ses bonnes formules avec la famille, qui sera miséricordieux, compatissant, va être repris par le système. Ce qui va faire qu'on va déplacer le curé sans régler le problème de fond avec la police ou avec la justice », analyse Christian Terras. « *Quand on sort l'affaire Anatrella, aucun évêque n'a réagi. Sauf deux lignes de Mgr Vingt-Trois[1] pour dire qu'Anatrella est l'objet d'une calomnie »*, se souvient le journaliste. « *Anatrella, n'ayant toutefois pas de soutien avec l'épiscopat français, trouve sa réhabilitation à Rome. Il a retrouvé une virginité par ce biais-là. Et comme les évêques sont tous légitimistes, du moment que Rome le recycle, il est fréquentable. Cette raison d'Église, comme la raison d'État, est hyperpuissante.* »

En 2016, éclate « l'affaire Barbarin ». Après les États-Unis au tournant des années 2000, le rapport irlandais en 2009 et plusieurs scandales ces dernières années en Belgique, en Allemagne ou en Autriche, la parole se libère enfin en France. Partout dans le pays, des victimes de religieux témoignent de faits de pédophilie ou d'abus sexuels. Anatrella, di Falco, Spina, la communauté Saint-Jean, les affaires déjà sorties par *Golias* il y a dix ou quinze ans rebondissent, enfin. Une récompense pour Christian Terras. « *Culturellement, lorsqu'on a sorti les affaires, les esprits n'étaient pas nécessairement prêts à les recevoir, à écouter. On a eu raison trop tôt quelque part, et je le dis en toute humilité »*, confie le journaliste. « *Et aujourd'hui, grâce aux paroles de victimes et aux médias, c'est entendable. C'est une vraie satisfaction, d'un combat mené de longue haleine. Enfin, ça passe.* »

---

[1]. Mgr André Vingt-Trois, cardinal et archevêque de Paris depuis 2005.

Église la mécanique du silence

Avec aujourd'hui 8 000 abonnés selon Christian Terras, un hebdomadaire, un bimestriel, un site internet et une maison d'édition, *Golias* tient toujours debout. En 2016, avec l'affaire Barbarin, la revue aurait même connu « *un léger frémissement* » selon son directeur. Ce qui l'a conforté dans sa niche de poil à gratter de l'Église catholique. Après trente ans, le journaliste n'est-il pas pour autant fatigué de raconter ces mêmes histoires sordides d'enfances violées ? « *C'est pénible, c'est lourd humainement, psychologiquement parlant. Mais j'ai toujours pensé que la vérité sortirait un jour, même si ce serait compliqué* », confie le directeur de *Golias*. « *Je ne peux pas refuser d'enquêter. J'aimerais savoir jusqu'où l'institution va aller, dans sa logique de transparence et de vérité. Si jamais il y avait une autre affaire, je la traiterais, pour les mettre à l'épreuve des faits. C'est l'occasion de les prendre au mot.* »

Que l'Église se le dise. Christian Terras n'a toujours pas perdu la foi.

16

Allers retours en Guinée

« *Je suis soulagé d'avoir témoigné et de raconter l'expérience désagréable que j'ai vécue pendant l'enfance au collège Pie XII de Kaolack, Sénégal. J'ai gardé le silence pendant trop longtemps. Il est grand temps de parler et de reporter ces actes afin de prévenir* », tape Francis[1], les traits tirés, devant son écran d'ordinateur, avant d'appuyer sur la touche envoi. Il est 19 h 59 au Sénégal. 20 h 59 à Lyon lorsque nos téléphones vibrent, accusant réception de son message.

Nous sommes au début de notre enquête et les déplacements de certains religieux en mission sur le continent africain nous intriguent. Francis est l'un des premiers à nous contacter, via l'association La Parole libérée. Il a été victime du frère Marcel Courteau, un missionnaire du Sacré-Cœur transféré du Québec au Sénégal, puis

---

1. Pour préserver l'anonymat de la victime, son prénom a été modifié.

Église la mécanique du silence

au Togo et à Madagascar, avant de retourner vivre une retraite paisible au Québec. Sans jamais être dénoncé ni inquiété par la justice.

D'un coin reculé du Sénégal, cet homme va témoigner de sordides séances d'attouchements sexuels, par mail puis par Skype. C'est en se rapprochant de l'association américaine SNAP[1] que Francis a trouvé le courage de parler. Tant bien que mal, il essaye de casser ce non-dit dans la société sénégalaise et de réunir des victimes de ce religieux. « *Ici* [au Sénégal], *les frères et sœurs sont intouchables, c'est sacré. Le tabou est extrêmement fort. C'est le paradis pour eux* », souligne-t-il, d'un ton cynique. Quelques mois après son mail, des journalistes de France 24 retrouveront son prédateur dans une maison de retraite à Sherbrooke, au Québec. Le frère Courteau reconnaît alors les agressions commises au Sénégal. Pire, il évoque d'autres cas au Togo et à Madagascar.

Avec ce témoignage supplémentaire, nous prenons la mesure de l'impunité dont peuvent bénéficier certains prédateurs dans les pays en développement. Pendant des années, l'Église catholique a parfois joué les touropérateurs pour délocaliser des prêtres ou des religieux vers l'Afrique ou l'Amérique latine[2]. Une façon de donner une deuxième chance à ses « brebis égarées », loin

---

1. Le réseau SNAP, des « Survivants abusés par des prêtres » (*Survivors Network of those Abused by Priests*), a été fondé en 1989 aux États-Unis. L'organisation revendique aujourd'hui 20 000 membres dans une soixantaine de villes aux États-Unis et dans le monde.

2. En septembre 2015, le site américain d'informations *Global Post* a révélé plusieurs cas de prêtres exfiltrés dans des paroisses reculées en Amérique latine,

La mécanique du silence

des regards. Face à l'ampleur de la tâche, nous décidons de concentrer nos recherches sur des religieux français déplacés ou rapatriés par les institutions catholiques entre la France et l'Afrique subsaharienne.

Au bout de quelques mois, nous découvrons des transferts entre la France et la Guinée, ancienne colonie française d'Afrique de l'Ouest devenue indépendante en 1958. Dans ce livre, nous retraçons, en partenariat avec *Cash Investigation*, les parcours de deux religieux accusés d'agressions sexuelles, ayant transité par Conakry[1]. Les évêques responsables ont fait preuve de négligences flagrantes dans la gestion de ces dossiers, en oubliant leurs victimes. Et la justice.

Le premier cas est un frère de la congrégation du Sacré-Cœur, qui a acquis une certaine réputation à Conakry : le frère Albert[2]. Cet ancien directeur du prestigieux collège Sainte-Marie de Dixinn de Conakry a été exfiltré alors que la rumeur commençait à gronder. En 2002, ce prêtre est accusé d'agressions sexuelles sur des jeunes défavorisés du club de football qu'il a fondé. Depuis, il coule une retraite reculée dans le diocèse du Puy-en-Velay. Pendant quatorze ans, il n'a pas été inquiété par la justice. Ni en Guinée, ni en France.

---

alors qu'ils étaient accusés d'abus sexuels aux États-Unis ou en Europe, dans une série d'articles intitulés « Fugitive Fathers ».

1. Après des mois de collaborations entre la Guinée et la France, les auteurs révèlent des nouveaux cas de religieux accusés d'agressions sexuelles dans ce livre, sur *Mediapart* et dans l'émission *Cash Investigation*.

2. En accord avec nos partenaires de *Cash Investigation*, nous avons décidé de préserver l'anonymat de ce religieux.

Église la mécanique du silence

Le second cas est un membre des Prêtres du Prado, le père M., envoyé en Guinée en 2004 après avoir été accusé en France d'attouchements par des jeunes femmes. Il a été rapatrié d'urgence par son supérieur de Lyon en juin 2016 alors qu'une enquête canonique venait enfin de s'ouvrir, douze ans après les dénonciations. C'est le cinquième cas couvert par le cardinal Barbarin, averti dès 2004 par une victime et les supérieurs du Prado, mais jamais dénoncé à la justice des hommes.

* * *

Conakry-Lyon
Au club de football de Dixinn à Conakry, tout le monde connaît le frère Albert. Dans le quartier, il suffit de prononcer son nom pour entamer la conversation. « *Il était comme notre père,* lance un joueur de football. *Quand on était malade, c'est lui qui nous payait notre scolarité, nos affaires. Il était social, très social. Il a beaucoup fait pour nous* », répète-t-on à l'envi sur le bord du terrain. Ce gars du nord de la France, à l'accent sympathique, ancien directeur du collège Sainte-Marie de 1992 à 2002, fait encore aujourd'hui figure de héros local. C'est lui qui a créé le FC Séquence de Dixinn, dans les années 1990, dont la renommée ne cesse de croître. Fait rare, entre 2010 et 2012, le club remportera trois fois de suite la Coupe de Guinée. Auréolé de gloire, le frère Albert est devenu un intouchable. Certains prennent encore de ses nouvelles, alors qu'il coule une retraite paisible, à 6 000 kilomètres de là, en France. Sans trop poser de questions sur son départ précipité de Conakry en 2002.

La mécanique du silence

Fin juin, nous recevons un appel. Un religieux accusé de pédophilie, jamais poursuivi par la justice, aurait été exfiltré de Guinée vers la France. Rapidement, nous localisons le religieux dans une maison de retraite, près du Puy-en-Velay. Un centre géré par la fraternité du Sacré-Cœur, une congrégation de droit pontifical née à Lyon. Un fait nous étonne, le religieux est arrivé en 2002, alors qu'il venait à peine de souffler ses 60 ans. Une retraite bien anticipée pour un clerc.

Nous décidons de nous rendre sur place avec Martin Boudot, journaliste de *Cash Investigation*. En pleine semaine, nous arrivons à l'heure de la messe. Nous n'avons aucune photo de lui. Lorsque nous demandons à voir le frère Albert, c'est un grand gaillard qui se présente devant nous. Le pas énergique, une poignée de main à vous décrocher l'épaule, le religieux arbore un tee-shirt rouge, un short et une paire de baskets. Il s'excuse de sa précipitation, il doit partir dans quelques heures pour le camp d'été. À quelques heures près nous le rations.

Très à l'aise, le religieux se plaît à raconter son arrivée en Guinée dans les années 1990 et son heure de gloire en tant que président du club de football de Dixinn. Au bout de quinze minutes de discussion dans la chapelle, nous abordons un sujet plus sombre. Son passé et les accusations d'agressions sexuelles sur des adolescents. Le frère ne semble pas surpris mais baisse la voix. « *Quand ça s'est su, on m'a demandé de rentrer* », reconnaît-il avant de poursuivre : « *Il n'y a pas eu de suite. Mes supérieurs ont été au courant. Ils ont demandé que je rentre et puis voilà. J'ai vu des spécialistes, des psychiatres. J'avais un problème de boisson aussi à cette époque.* »

Église la mécanique du silence

Nous essayons d'en savoir plus. Le frère poursuit son histoire, comme s'il avait besoin de parler : « *J'avais eu des problèmes avec des jeunes footballeurs, pas des élèves. C'était des adolescents entre 16 et 18 ans. Je ne pourrais pas dire combien. Les premières années, je n'avais pas ce problème, c'était à la fin de mon séjour. On ne peut pas vivre avec ça sans arrêt. Déjà, j'en parle avec la psy tous les quinze jours.* » Aujourd'hui encore, il essaye de comprendre ce qui lui est arrivé. « *Le problème de Conakry, c'était que j'étais dans un établissement de grand renom. L'école Sainte-Marie était très recherchée, on avait dix-douze ministres qui y avaient leurs enfants, des cadres. J'étais dans une bulle. Je ne veux pas dire que je ne m'occupais plus des lois mais je me sentais invulnérable, je flottais.* »

La justice guinéenne l'a-t-elle poursuivi ? « *Non, non, pas du tout. Comme je suis rentré assez vite, cela n'a pas tellement duré. Je ne retournerai pas en Guinée. Là-bas, il y a eu des publications. De toute façon, j'ai toujours une épée sur la tête, on ne sait jamais. Les faits ayant existé…* » De tels aveux étaient inattendus pour nous. Mais sûrement pas pour ses supérieurs.

Nous décidons de creuser la piste guinéenne. Rapidement, une militante contre les violences sexuelles du collectif « Touche pas à ma sœur », et ancienne élève de l'institut catholique Sainte-Marie à Dixinn, nous confirme les échos sur les « *comportements déplacés* » du frère Albert. Nous mettons aussi la main sur un intrigant article du journal guinéen *Le Diplomate*[1].

---

1. Sanou Kerfalla Cissé, « Pédophilie à Conakry. Le frère Albert expulsé », *Le Diplomate*, 2002.

La mécanique du silence

Le frère Albert est d'autant plus connu qu'avec son poste de directeur de Sainte Marie, il possède des équipes de football dénommées « séquences minimes » et « séquences cadets ». Il n'y a pas de séquences juniors pour des raisons que l'on devine aisément. Avec ses équipes de football, le frère Albert arrive à recruter facilement ses victimes qui passent sous son lit contre espèces sonnantes et trébuchantes. Parce qu'il est homme d'Église, il a la confiance des parents de ses joueurs qui ne doutent pas le moins du monde de ses activités charnelles hors normes. Le frère Albert est également porté sur la bouteille et on le rencontre dans des maquis comme « Le Wonkifon » à la Carrière, avec des gamins jusqu'à des heures indues de la nuit. Le bar « Waterloo » du stade de Dixinn était un de ses coins favoris. Là, il attendait que ses poulains finissent leur match pour les ramener dans son pick-up vers des destinations… diaboliques.

Extrait de l'article « Pédophilie à Conakry. Le Frère Albert expulsé », *Le Diplomate*, 2002.

Église la mécanique du silence

Le journaliste Martin Boudot décide d'aller sur place. Début novembre, après avoir atterri en république de Guinée, il se rend dans le quartier de Dixinn, à la rencontre des Frères du Sacré-Cœur. C'est l'un des plus pauvres de la capitale. Il n'y a pas de routes et très peu d'infrastructures. Près du front de mer, le phare du quartier est toujours le prestigieux établissement Sainte-Marie. Au club de football, les joueurs portent encore le frère Albert dans leur cœur. Mais en dehors du terrain, certaines langues se délient. « *Il était très connu. Il est parti pour des problèmes de santé* », raconte l'un des frères du Sacré-Cœur, arrivé après le départ du religieux.

Au bout de quelques jours, Martin Boudot parvient à identifier un ancien joueur de l'équipe, victime du frère Albert. Pour préserver son identité, nous le surnommerons Achille. Il se présente vêtu d'une veste en jean, un ordinateur portable à la main. Le reporter le suit dans une allée de petites maisons jaunes, dans un quartier de Conakry. Des femmes en pagne cuisinent sur le devant de la porte. Pendant près de deux heures, la victime se livrera petit à petit, à voix basse. Il faut s'armer de patience pour l'aider à exprimer cette histoire, entrecoupée de longs silences. En murmurant, il explique en avoir peu parlé jusqu'à présent, « *par honte* ».

MARTIN BOUDOT. Tu avais quel âge la première fois ?
ACHILLE. La première fois, j'avais 15 ans. J'allais dans sa chambre. Il commençait et c'était comme entre toi et ta copine. Tout comme ça.
MARTIN. Ça a duré combien de temps ?

La mécanique du silence

ACHILLE. C'est pas facile à dire. De 1996 jusqu'à ce qu'il a quitté ici, en 2002. J'allais dire ça à qui ? Parce que c'était une grande personne. Ma mère ? Non. Mon père ? Non. Mes sœurs ? Non.
MARTIN. C'est la première fois que tu en parles ?
ACHILLE. Oui. C'est pas facile, parce que c'est une promesse. Entre moi et lui.
MARTIN. Il t'a fait promettre de ne rien dire ?
ACHILLE. Oui. À personne. Il me disait chaque fois quand je l'appelais (…) je vais t'envoyer [de l'argent, nda]. Je disais : « *Si tu ne m'envoies pas [l'argent], je vais voir monseigneur et je vais lui expliquer tout ce qui s'est passé entre toi et moi.* »
MARTIN. En échange de ton silence, il t'envoyait de l'argent ?
ACHILLE. Oui, il m'envoyait de l'argent. Tout le temps.
MARTIN. C'est quand la première fois que ça a commencé ? Les abus dont on a parlé ?
ACHILLE. C'était lors d'un voyage à Dubreka [avec l'équipe de football]. Quand on est revenu, le soir, il m'a pris dans sa chambre. C'est là-bas qu'il a profité pour la première fois. Je ne voulais pas.
MARTIN. Il a insisté ?
ACHILLE. Oui, il me disait : « *je vais faire ça pour toi* », « *je vais te faire entrer dans l'école* ». (…) Il m'avait dit qu'il allait m'aider à partir en Europe. (…) Il m'a vexé, il m'a utilisé et il n'a pas tenu ses promesses.
MARTIN. Tu as porté plainte ?
ACHILLE. Où ? Où ? Où ? On ne peut pas me croire.
MARTIN. Est-ce qu'il t'a violé ?

Église la mécanique du silence

ACHILLE. Bien sûr ! (...) Aujourd'hui, je veux un face-à-face, je suis prêt à parler devant lui. J'ai été victime. (...) Il a gâché ma vie.
MARTIN. Est-ce que tu pardonnes aujourd'hui ?
ACHILLE. Je ne pardonne pas, je n'ai jamais pardonné... C'est dur, c'est dur. Je prie Dieu pour que cette sale chose qui s'est passée entre nous, que Dieu me pardonne, parce que c'était la jeunesse, je ne savais pas.

Le séjour du frère Albert à Conakry prend fin en 2002. Cette année-là, une victime se signale à l'archevêché. Une réunion y est alors organisée en présence de la victime, du religieux et du responsable des Frères du Sacré-Cœur, Alphonse Delvordre. « *Il a commencé par nier avoir eu une relation avec ce jeune homme. Puis il a admis avoir couché avec le jeune* », nous raconte-t-il au téléphone. « *J'ai acheté le billet d'avion dès le lendemain, il est parti quelque chose comme deux jours plus tard. Mais pour moi, il n'y avait pas nécessité de signaler à la police* », explique le frère qui évoque une victime majeure au moment de la dénonciation. Peu de temps après, le frère Delvordre rentre en France et avertit le responsable français de la communauté de l'époque, le frère Marcel Chapel.

De retour en France avec ces informations en boîte, nous demandons une interview officielle avec le supérieur des frères du Sacré-Cœur, Joseph Court. Il nous reçoit début novembre, dans les locaux du Sacré-Cœur, dans le quartier de la Croix-Rousse à Lyon. Nous nous installons dans la chapelle, une simple pièce dans

La mécanique du silence

laquelle trônent une statue de la Vierge et des cierges électriques.

Nous invitons d'abord le frère Court à regarder le témoignage d'Achille, sur une tablette numérique. « *C'est la première fois que j'ai un témoignage comme ça* », reconnaît-il, stoïque. Pendant quatorze ans, aucun supérieur de la communauté n'a cherché à connaître le nombre de victimes du frère Albert, ni leurs identités. Des éléments qui pourraient pourtant aider la justice. Nous essayons alors de comprendre pourquoi le religieux a été renvoyé précipitamment en France au moment où le scandale devenait public à Conakry. « *On a voulu le sortir immédiatement des milieux de jeunes. Je crois que ça a été la décision du supérieur de l'époque* », explique frère Court. Pourquoi ne pas l'avoir laissé dans un endroit sécurisé sur place, le temps de prévenir la justice guinéenne ? « *Parce que le frère Albert est tellement connu là-bas que les liens avec les jeunes auraient continué. Il fallait qu'il y ait rupture* », justifie maladroitement le supérieur.

Au printemps 2016, une famille au courant de son passé s'inquiète de la présence du frère Albert dans la maison de retraite. Le 1er juillet, le frère Court écrit au cardinal Barbarin pour qu'il accueille le religieux dans le diocèse de Lyon. « *Fin septembre 2002, le frère provincial de l'époque est informé que ce frère abusait de jeunes à Conakry, Guinée. Aussitôt, il a été rappelé et placé dans notre maison de frères âgés et retraités* », indique-t-il au cardinal dans un courrier que nous avons pu consulter. « *Pourquoi j'envisage de déplacer ce frère ? C'est que notre maison de retraite est devenue EHPAD et s'est ouverte*

Église la mécanique du silence

progressivement à des personnes autres que des prêtres. Or, contrairement à ce qui était avant, la présence de ces nouvelles personnes, laïques surtout, entraîne des visites de familles accompagnées d'enfants, de jeunes mineurs », poursuit le supérieur du Sacré-Cœur. Il poursuit en rappelant le passé du frère Albert et compte l'inciter à « *renouer avec un suivi thérapeutique tant pour sa maladie alcoolique que pour son pendant pédophile* » à l'endroit où il sera accueilli. Peine perdue. En pleine tourmente, ces « petits services » rendus entre diocèses ne passent plus. Le cardinal Barbarin refusera poliment.

Selon le supérieur du Sacré-Cœur, la justice française aurait été avertie à trois reprises. Pour preuve, le frère Court brandit trois lettres datées de 2003, 2011 et 2016. Autant de signalements qui auraient été envoyés aux parquets de Mende et du Puy-en-Velay, assure la congrégation.

Le premier courrier date du 18 septembre 2003, soit plus d'un an après les aveux du frère. Le frère Marcel Chapel, le supérieur provincial de l'époque, écrit au procureur de la République de Mende : « *En juillet 2002, le frère Albert, résidant à l'époque à Conakry (République de Guinée), a été convaincu d'actes de pédophilie par l'une de ses victimes et cela en présence de l'archevêque du lieu et de son supérieur local. Il a aussitôt quitté la ville pour regagner la France où il réside toujours. Il a reconnu devant moi la véracité des accusations portées contre lui en Afrique.* » Le courrier restera sans réponse. Ce n'est que huit ans plus tard que son successeur, le frère Court, adresse une lettre de relance au

La mécanique du silence

procureur de Mende. Toujours pas de nouvelles. Sollicités, les parquets de Mende et du Puy-en-Velay, à qui le dossier aurait pu être adressé, assurent n'avoir aucune trace de ces signalements. Aucun souvenir non plus du côté de l'ancien procureur de Mende, Christian Pasta, aujourd'hui en poste à Nouméa, ni de ses anciens substituts. Pourtant, même classée sans suite, l'affaire aurait dû être enregistrée.

À l'été 2016, apprenant que nous nous intéressons à l'affaire, la communauté adresse un dernier courrier à la justice. Cette fois-ci, les procureurs de la République de Mende et du Puy-en-Velay ont bien été avertis. Nos questions auront au moins permis le déclenchement d'une enquête préliminaire, conduite par le Groupe central des Mineurs victimes, une section de la Direction centrale de la Police judiciaire. Un office spécialisé dans la lutte contre le tourisme sexuel et les abus commis à l'étranger par des ressortissants français.

Alerté seulement en 2016, Mgr Crépy, l'évêque du Puy-en-Velay, à la tête de la cellule permanente de lutte contre la pédophilie des évêques de France, a également demandé des comptes à la communauté. « *Ce frère ne fait plus rien maintenant. Il n'a aucune activité pastorale* », nous assure-t-il. « *J'ai vérifié que les mesures étaient prises. C'est une congrégation religieuse donc c'est la congrégation qui s'en occupe, ce n'est pas l'évêque. Elles ont leur propre autonomie. S'il y avait des faits dans le diocèse du Puy, j'interviendrais. Mais quand ce sont des faits à l'étranger, c'est la congrégation qui traite l'affaire* », précise l'évêque.

Église la mécanique du silence

Jusqu'à présent, la communauté semble avoir privilégié la protection de ce frère à l'écoute des victimes. Ils auront mis plus d'un an avant d'envoyer un courrier au procureur, introuvable à ce jour. Un signalement par ailleurs très peu circonstancié, sans date, sans lieu ni nom de victimes. Le strict minimum adressé à la justice française. Quant à savoir si la justice guinéenne a été avertie, « *je ne sais pas* », nous répond le frère Court, visiblement gêné.

En quatorze ans, jamais un supérieur n'a interrogé le frère Albert sur ses victimes ou leurs familles. « *Effectivement, écouter les victimes et prendre parti pour les victimes, ça ne s'est pas fait dans ce cas-là, par le fait de rapatrier. Vous ouvrez la porte du côté des victimes, je ne sais pas jusqu'où il faut l'ouvrir* », admet le frère Court. « *Pour moi, la question de l'identité des victimes, c'est nouveau.* »

* * *

Lyon – Conakry

Pour arriver à Dubreka, il faut suivre une longue route pendant quelques kilomètres au nord de Conakry. Aux feux rouges, les vendeurs d'eau et de mangues se bousculent aux portes du véhicule. Nous sommes à l'automne 2016. Dès son arrivée dans la commune, Martin Boudot se dirige vers la paroisse Sainte-Thérèse de l'Enfant Jésus, dans le doyenné de Coyah, en espérant y rencontrer le père M., membre des Prêtres du Prado. Sur ordre de son supérieur à Lyon, l'homme a débarqué

La mécanique du silence

en Guinée en 2004, alors qu'il était accusé d'agressions sexuelles sur de jeunes femmes dans le diocèse de Lyon. Un nouveau départ au soleil.

La voiture de Martin s'arrête devant une petite église, à la façade jaune pâle, posée sur un terrain vague. Visiblement, des travaux d'agrandissement ont été stoppés net. En tout cas, le père M. ne pourra pas les finir. Il y a quelques jours à peine, il a été renvoyé en France. À l'intérieur, derrière l'autel, un fatras de dossiers s'entasse à même le sol. Les habits du prêtre sont toujours là, comme s'il était parti précipitamment. Un paroissien s'approche. « *Il nous a dit qu'il allait se refaire une santé et qu'il reviendra comme retraité* », raconte-t-il. « *Je peux même dire que c'est comme s'il ne s'attendait pas vraiment à son départ* », ajoute-t-il.

Retour à Conakry. Dans un quartier huppé de la capitale, un garde surveille l'entrée du bâtiment. Malgré plusieurs demandes, l'archevêque n'a jamais répondu à nos questions. Dans ces cas-là, il ne reste plus qu'une solution : faire le pied de grue devant l'entrée. Après deux heures d'attente, Mgr Vincent Coulibaly accepte finalement de recevoir le journaliste. Imposant par sa taille, l'archevêque de Conakry rit jaune en entendant le nom du père M. « *Je ne connaissais pas ce prêtre. Il y a une association, le Prado… J'ai demandé au Prado de m'envoyer des prêtres et c'est lui qui est venu. Puis récemment, en juin, son supérieur m'a fait un mot pour me dire qu'il y avait des accusations le concernant. Donc il n'est plus sur notre liste d'affectation. Dès qu'on m'a informé, je l'ai fait partir* », explique-t-il.

Église la mécanique du silence

Pour connaître les raisons de ce départ en catastrophe, il faut se rendre à des milliers de kilomètres de la Guinée, sur la colline de Fourvière. Au cœur du diocèse de Lyon, où nous avons recensé au moins trois victimes du père M. Deux d'entre elles ont alerté les supérieurs du Prado et l'archevêché de Lyon dès 2004. Rebecca[1] nous a donné rendez-vous, quelque part en Rhône-Alpes. Adolescente, elle rencontre pour la première fois le père M. à Sainte-Étienne-des-Oullières, dans le Beaujolais. Au fil des lettres qu'ils s'échangent, la jeune femme tombe alors sous son emprise.

L'année de ses vingt ans, le prêtre s'invite chez elle. Nous sommes à la fin de l'été 1995. À sa grande surprise, à l'heure de se coucher, le prêtre se serait retrouvé dans son canapé et aurait commencé à la toucher. Elle serait parvenue à l'arrêter, mais l'épisode la bouleversera toute sa vie. Après s'être terrée dans le silence, elle décide d'en parler une dizaine d'années plus tard, lorsqu'elle rencontre une autre victime présumée. À l'été 2004, Rebecca raconte au responsable général des prêtres du Prado, le père Robert Daviaud. « *M. est venu sur le clic-clac… Il a eu des gestes d'une grande sensualité (caresses, baisers…). Je lui ai dit d'arrêter… Je ne comprenais pas, ce n'était pas les gestes d'un prêtre* », écrit-elle, estimant avoir été manipulée.

Le père Daviaud accuse réception de la lettre, mais rien ne se passe. Quelques mois plus tard, la victime s'alarme qu'aucune mesure ne soit prise. Le 30 mars

---

1. Pour préserver l'identité des victimes, des prénoms d'emprunt ont été choisis.

La mécanique du silence

2005, le père Daviaud annonce à Rebecca que « *le père M. a reconnu le fait dont vous m'avez fait part* » et que des mesures ont été prises à l'automne 2004. Il n'entrera pas plus dans les détails. Toujours dans ce courrier de mars 2005, le responsable du Prado lui conseille de régler ce problème directement avec le prêtre. « *Ce problème concerne deux personnes adultes responsables* », lui fait-il savoir. Pour Rebecca, cette réponse a l'effet d'une bombe.

À la même période, le prêtre s'est installé en Guinée, loin des accusations de Rebecca, avec la bénédiction des prêtres du Prado. La justice n'en sera pas informée. Le 28 mars 2006, de la paroisse Saint-Cyprien de Dixinn à Conakry, le père M. prend sa plume pour demander pardon à Rebecca. D'une écriture presque enfantine, il lui adresse ces mots : « *Aujourd'hui, je fais cette démarche pour te demander pardon pour le mal que je t'ai fait, et si je peux de quelque façon faire réparation comme on dit dans la confession, tu me fais savoir ce que je dois faire.* »

Mais Rebecca ne serait pas la seule victime. Méfiante, Sarah[1] reçoit l'équipe de *Cash Investigation* avec qui nous collaborons, dans un pavillon de banlieue parisienne, pendant que ses enfants sont à l'école. Il a fallu plusieurs rencontres et conversations téléphoniques pour qu'elle accepte de témoigner. Très précise, documents à l'appui, elle retrace les faits. Marquée dans sa chair, elle a éprouvé des difficultés affectives avec les hommes toute sa vie. Elle se décrit comme « *une proie facile* », « *sans défense* ». C'est lors de sa confirmation, dans le

---

1. Idem.

Église la mécanique du silence

Beaujolais, qu'elle rencontre pour la première fois le père M. Elle a 16 ans, nous sommes à la fin des années 1980. Elle affirme avoir alors subi des premiers abus sexuels, comme ce jour-là, lors d'une retraite à Ouroux. « *M. m'a appelée un soir. Nous avons alors prié ensemble puis il m'a prise sur ses genoux et m'a caressé les seins* », écrira Sarah. Des gestes qui auraient été répétés, jusqu'à des caresses sur les parties intimes, qui auraient continué après sa majorité. Des moments terribles qu'elle dit revivre sans cesse : « *Il m'embrasse. Il me touche les seins. Il n'y a pas eu pénétration même si c'étaient des caresses sur le sexe. Je me rappelle avoir eu des marques sur les seins tellement il me serrait fort. Des fois, il s'allongeait sur moi* », nous raconte-t-elle.

À l'époque, elle ne songe pas à porter plainte mais elle avertit les plus hautes autorités de l'Église. Dès 2004, elle alerte le diocèse de Lyon et l'institution des prêtres du Prado. Sarah demande des comptes au père Robert Daviaud. Dans un courrier du 25 janvier 2006, la victime se scandalise de l'envoi du prêtre en Guinée, et fait part de son « *ahurissement devant une Église qui laisse en responsabilité et en mesure d'abuser d'autres personnes, un prêtre* ». Une copie de cette lettre est également envoyée au cardinal Barbarin, les faits ayant été commis dans le diocèse de Lyon.

Le 13 février 2006, le cardinal Philippe Barbarin accuse réception de ce courrier et annonce qu'il va recevoir le père Daviaud. Mais aucune mesure claire ne sera prise, ni par le diocèse ni par l'institut du Prado. Aucun signalement ne sera fait à la justice. Le tribunal ecclésiastique ne sera pas saisi non plus. En 2016, douze ans

La mécanique du silence

plus tard, il reste à Sarah le goût amer de l'immobilisme de l'institution.

Sollicité, le cardinal Barbarin a toujours refusé nos demandes d'interview. Préférant nous renvoyer vers son numéro deux, le vicaire général Yves Baumgarten. Pour lui, tout s'explique par une simple question de hiérarchie. « *Le cardinal a bien conscience de cette affaire-là. Il s'est assuré que les autorités du Prado étaient au courant. Il a estimé que l'affaire était suivie par ces prêtres. Mais c'était au supérieur hiérarchique du prêtre de mener l'enquête et de poursuivre les investigations pour pouvoir prendre la décision qu'il convient* », explique-t-il. « *Ce père relève d'une autorité hiérarchique indépendante de Lyon. On peut gérer la situation quand il est en ministère mais ce prêtre a cessé son ministère dans le diocèse de Lyon en 1995.* » Le vicaire finit tout de même par admettre à demi-mot les manquements de son diocèse. « *Il y a peut-être eu négligence de ne pas suffisamment s'assurer que le dossier ait été suivi par la suite.* »

Pourtant les prêtres du Prado, dont le siège est installé à Lyon, sont très liés au diocèse. Officiellement, l'institut, de droit pontifical, dépend directement du Saint-Siège. Mais dans les faits, ses prêtres occupent des fonctions diocésaines, relevant de la responsabilité de l'évêque.

Début 2016, Sarah tente le courrier de la dernière chance. Dans une lettre du 7 avril 2016, le nouveau supérieur du Prado, le père Delannoy, lui annonce qu'une enquête canonique est ouverte. Dans l'attente

Église la mécanique du silence

d'une décision de Rome, le prêtre est rappelé en France et placé dans un monastère.

Début 2017, en accord avec la Congrégation pour la doctrine de la foi, l'Institut du Prado interdit finalement au père Robert M. d'exercer tout ministère public pour au moins cinq ans et il lui est retiré la faculté d'entendre les confessions. Les conclusions de leur enquête interne sont adressées à la justice. Pourquoi avoir attendu douze ans avant d'agir ? Seul le père Daviaud peut répondre à cette question. L'ancien supérieur de la communauté a été le premier informé en 2004.

Le 1er novembre 2016, l'église du père Daviaud se vide après la messe en ce jour de la Toussaint. Sur le parvis, Martin Boudot salue le prêtre qui accepte de répondre aux questions. Pourquoi avoir envoyé ce prêtre en Guinée en 2004 ? « *Nous avions malheureusement, mais c'était dans d'autres institutions pareil, l'habitude de régler ça en interne. Mon erreur, ça a été de ne pas porter plainte, de n'avoir pas signalé en interne. Et ça, je le reconnais sans problème.* » Négligence supplémentaire, le père M. est resté en responsabilité auprès de jeunes en Guinée, gérant notamment un foyer de jeunes filles défavorisées. « *Ça peut paraître gênant mais, à l'époque je pensais que c'était un départ, un nouveau départ, voilà. Il y a eu un certain nombre de mesures prises : des réparations financières, un accompagnement psychologique, un travail avec un prêtre* », assure Robert Daviaud.

Nous n'en saurons pas beaucoup plus sur les mesures prises par l'institut du Prado. Une surveillance à distance, sans même avoir prévenu l'évêque de Conakry. Le dispositif semble bien léger. Mais Robert Daviaud

La mécanique du silence

se défend d'avoir voulu se débarrasser de ce prêtre. « *L'Afrique n'est pas une poubelle pour les prêtres pécheurs, non. Encore une fois le point de départ, c'était aider les prêtres* », justifie-t-il. Du côté de Conakry, l'argument peine à convaincre. En apprenant la situation du père M., Mgr Coulibaly a demandé au prêtre de rentrer en France sur-le-champ, allant jusqu'à lui payer son billet d'avion pour s'en assurer. Agacé de ne pas avoir été prévenu pendant toutes ces années, l'archevêque de Conakry dit ne pas vouloir en rester là : « *Je vais m'asseoir avec le provincial du Prado pour lui dire que la prochaine fois, il faut être plus vigilant. Même si on manque de prêtres ici, on ne peut pas nous envoyer n'importe qui.* »

17

Huis clos

Il a troqué sa robe de moine grise pour un costume noir. Lorsqu'il franchit les portes du palais de justice de Chalon-sur-Saône ce 28 avril 2016, le frère Jean-François Régis est déjà redevenu Régis Peillon. Un simple laïc, relevé de ses vœux un an plus tôt. La sentence ne tarde pas à tomber. Un an de prison avec sursis pour avoir agressé un mineur en 2009 dans le Cantal et un majeur en 2014 au prieuré de Rimont, en Saône-et-Loire. L'épilogue d'un parcours entamé vingt-cinq ans auparavant, quand le jeune novice rejoint les « Petits gris », le surnom donné aux frères de la Communauté de Saint-Jean.

Au début des années 1990, la congrégation est en pleine ascension. Créée en 1975, elle compte déjà près de trois cent cinquante membres dans une trentaine de pays. Aux frères de Saint-Jean s'ajoutent deux instituts de religieuses, celui des Sœurs apostoliques et des Sœurs contemplatives. Cette « *famille Saint-Jean* », comme on l'appelle, affiche une réussite rare dans une Église confrontée à une grave crise des vocations en cette fin de XXe siècle. Mais le frère Jean-François Régis ne s'y sent pas à l'aise. « *Dès que je suis entré dans la congrégation, ce fut difficile pour moi, j'avais différents problèmes et je voulais partir* », écrit-il en janvier 2015 au père Thomas Joachim, l'actuel prieur général de la communauté. Avant même de prononcer ses vœux perpétuels, le moine fait part à plusieurs reprises de ses difficultés « *relationnelles et affectives* » à ses supérieurs. On le convainc de rester. « *Sans cesse on me répétait que ça allait passer* », écrit-il dans sa lettre que nous avons pu consulter.

Les années suivantes, le malaise du religieux persiste, malgré les psychologues et les « *sessions de guérison* » proposés par sa congrégation. Au début des années 2000, il réside au prieuré de Rimont, le siège de la communauté. Un ancien séminaire entouré de forêt, niché au cœur de la Bourgogne. Là, il fait la connaissance du frère Jean-Polycarpe, un moine en formation. Interrogé par mail, ce dernier évoque le comportement « *étrange* » de ce religieux « *manquant beaucoup de confiance en lui* ». Quelques années plus tard, en 2007, Jean-Polycarpe est nommé supérieur du prieuré d'Abidjan. Le frère Jean-François Régis le rejoint rapidement, pour « *trouver sa place* », précise son supérieur.

En Côte d'Ivoire, il donne quelques cours de catéchisme, s'occupe de groupes d'adolescents. Les autres frères lui font confiance, malgré ses difficultés notoires. Très vite, les premières alertes arrivent sur le bureau de

La mécanique du silence

son supérieur. Interrogé, le religieux, alors responsable de l'hôtellerie, avoue avoir proposé à plusieurs jeunes de vérifier le « *bon développement* » de leurs organes sexuels. Une quinzaine de mineurs sont concernés. Moins d'une semaine plus tard, le moine est rapatrié en France, avec l'accord du prieur général de la congrégation. Malgré les aveux du religieux, la Communauté de Saint-Jean ne fait aucune démarche pour signaler les faits à la justice française.

Nous avons reçu des documents accablants, révélant les stratégies d'éloignement appliquées par les supérieurs de la communauté entre la France et la Côte d'Ivoire. L'affaire du frère Jean-François Régis est emblématique du silence qui entoure les communautés religieuses sur les affaires d'abus sexuels. Elle sera révélée en avril 2016 par le journaliste indépendant Antton Rouget[1] sur *Mediapart*. Lui aussi travaille sur cette fraternité et a pu accéder aux mêmes preuves. Dans un rapport non daté, écrit après mars 2015, le frère Jean-Polycarpe relate les faits d'abus sexuels du frère Jean-François Régis à ses supérieurs de la communauté Saint-Jean :

> En juillet 2008, un autre jeune (mineur cette fois) est venu se plaindre de la même chose à un autre frère du prieuré. J'ai alors parlé de nouveau avec frère Jean-François Régis. Je lui dis que c'était inacceptable et je l'ai interrogé pour en savoir plus sur ce

---

1. Antton Rouget, « Les secrets bien couverts des petits gris de Saint-Jean », *Mediapart*, 27 avril 2016.

Église la mécanique du silence

> qui s'était passé exactement. Il m'a avoué qu'il avait proposé à des jeunes adolescents (entre 15 et 17 ans, je crois), quand ceux-ci abordaient le sujet de la sexualité, de vérifier si leurs organes sexuels s'étaient bien développés.
>
> Rapport non daté, écrit après mars 2015, du frère Jean-Polycarpe.

Cinq jours après ses aveux, le frère Jean-François Régis est rapatrié en catastrophe en France, au prieuré de Rimont, la maison mère en Saône-et-Loire. Sans prévenir les familles. Sans alerter la justice ivoirienne ni la justice française. Pourtant, son supérieur estime qu'il peut être « *dangereux pour de jeunes adolescents* ».

En 2010, le frère Jean-Polycarpe est nommé supérieur du prieuré de Rimont, où il retrouve le moine exfiltré trois ans plus tôt. Le religieux est soumis à une psychothérapie et les contacts avec les jeunes lui sont interdits. Lors de discussions avec son supérieur, Jean-François Régis l'informe que les faits d'Abidjan étaient en fait des attouchements sexuels, et non pas seulement des actes de « *voyeurisme* », comme les qualifiait la congrégation.

> J'ai ainsi appris qu'il avait non seulement regardé mais aussi touché les organes sexuels des adolescents à qui il avait fait ses propositions à Abidjan. Il m'a semblé sincère dans la reconnaissance des faits, sur le fait

La mécanique du silence

> qu'il ne connaissait pas l'identité des victimes et qu'il n'y avait pas eu d'autres faits. Tout en lui interdisant le contact avec les jeunes, j'ai essayé de l'accompagner vers une prise de conscience de sa tendance pédophile / éphébophile. Je l'ai aussi invité à s'orienter progressivement vers une autodénonciation à la justice. Avec le prieur général, nous avons confirmé qu'il ne pouvait plus avoir d'apostolat et nous l'avons encouragé à passer un temps dans un monastère cloîtré, visant qu'il puisse éventuellement finir ses jours dans un cadre sécurisé.
>
> Rapport non daté, écrit après mars 2015, du frère Jean-Polycarpe.

La communauté préférera garder le silence. En 2016, alors que nous publions l'histoire sur *Mediapart*, les frères de Saint-Jean se fendent d'un communiqué en guise de justification : « *En 2008, la communauté avait eu connaissance de faits de voyeurisme commis par le frère à l'égard d'adolescents en Côte d'Ivoire. Les autorités de la communauté avaient alors décidé de l'affecter dans un prieuré de formation sans missions apostoliques (Rimont) et lui avaient demandé de se faire accompagner au plan psychologique, ce qu'il avait fait.* »

La justice ne sera alertée ni en France, ni en Côte d'Ivoire. Malgré son suivi « psychologique », le frère Jean-François Régis ne tardera pas à récidiver. En septembre 2014, il agresse sexuellement un autre moine dans les couloirs de Rimont. Pour la congrégation, le point de non-retour est atteint. Le religieux est renvoyé dans sa famille. On l'invite à demander son départ de la communauté et à se dénoncer auprès de la justice, ce qu'il fera « *dans la discrétion* » en mars 2015, précise son supérieur. Lors de l'enquête, le moine révèle également une autre agression sur un mineur, dans le Cantal, en 2009. Ce sont ces deux faits qui ont été pris en compte par la justice, les agressions en Côte d'Ivoire n'ayant pas fait l'objet d'une enquête, faute de victime identifiée.

À bien des égards, le parcours de Jean-François Régis est symbolique de la négligence de la hiérarchie ecclésiastique et de sa prétention à juger en interne à la place des magistrats. Révélateur aussi de ces congrégations religieuses qui ont incarné le « renouveau » de l'Église dans la seconde moitié du XXe siècle. Derrière les murs épais d'un couvent, la loi du silence s'installe facilement. Parce qu'elles se développent par nature à l'écart de la société, les congrégations sont aussi plus exposées à d'éventuelles dérives. Les abus n'y sont pas plus fréquents, mais ils y sont davantage couverts. L'omerta y est plus forte. Les exemples ne manquent pas : communauté des Béatitudes, Légion du Christ, Oblats de Marie-Immaculée, Sœurs de Bethléem, Clercs de Saint-Viateur, Institut du Christ-Roi Souverain Prêtre... Autant de communautés frappées par des scandales à répétition.

Dans le cas des frères de Saint Jean, les chiffres sont frappants. En moins de dix ans, sept condamnations pour agressions sexuelles ont été prononcées par la

La mécanique du silence

justice à l'encontre de plusieurs « Petits gris ». Des cas minutieusement étudiés par les frères de Saint-Jean en février 2014, lors du conseil du prieur général, sorte de gouvernement de la congrégation. Nous avons pu nous procurer le compte rendu de cette réunion interne. Au fil des pages, se dessine une administration tatillonne, parfaitement au courant des moindres agissements de ses membres. Une organisation davantage préoccupée par l'avenir des religieux concernés et par sa propre réputation, que par les victimes des abus.

La première affaire connue remonte à 1998. Cette année-là, un frère du prieuré de Murat, dans le Cantal, est condamné à vingt-quatre mois de prison avec sursis pour l'agression sexuelle d'un garçon de 15 ans. À l'époque les faits passent inaperçus des médias. Seul le magazine *Golias* relayera l'information quelques années plus tard.

Le 2 juillet 2010, le frère Denis Borel du prieuré de Marchegg, en Autriche, est condamné à six mois de prison avec sursis par un tribunal de Vienne, après les plaintes pour attouchements de deux femmes de 23 et 30 ans. Rentré en France, il est envoyé au prieuré de Notre-Dame de Cana, à Troussures, dans l'Oise. Mais son comportement ne semble pas s'améliorer. « *Je vois le pire de frère Denis émerger de nouveau* », prévient l'un de ses supérieurs lors du conseil de 2014. « *Il n'a pas tiré les leçons de la catastrophe qu'il a vécue et causée à Marchegg. Il devrait être reconnaissant de ne pas être encore viré et réduit à l'état laïc* » pointe-t-il.

Impossible de le remettre en responsabilité, poursuit le religieux, manifestement soucieux de préserver l'image de sa communauté. « *Le mettre dans une maison de formation serait une catastrophe et même lui donner une charge pastorale. Les victimes autrichiennes monteraient au créneau. Elles ont l'impression qu'on l'a déplacé. On peut causer un gros scandale.* » À l'issue de cette réunion, le frère Denis est placé en « *dispense de vie commune* » au prieuré de Troussures. Pour « *finir sa thèse* », précise le supérieur de Saint-Jean, le frère Thomas Joachim, dans une lettre à l'évêque d'Autun datée de septembre 2014. Une procédure canonique est à la même époque engagée contre le religieux, au grand regret de son supérieur, pour qui les agressions commises par le prêtre relevaient d'un burn-out passager et ne méritent pas son exclusion de la communauté. « *Les faits incriminés se sont produits sans violence physique, à l'égard de femmes adultes et en dehors du sacrement de confession* », insiste le frère Thomas, qui y voit des circonstances atténuantes.

Le 15 février 2012, le frère mexicain Luigi de Gonzaga est condamné à dix-huit mois de prison avec sursis par le tribunal correctionnel d'Angoulême. Le religieux mexicain a reconnu avoir agressé sexuellement un adolescent à Cognac en marge de ses activités dans une aumônerie de collège trois ans plus tôt. Quelques mois plus tard, il est à nouveau condamné à vingt-cinq mois de prison ferme en Saône-et-Loire pour l'agression sexuelle d'un lycéen à Cluny. La récidive date de mai 2011, alors que le religieux était déjà sous contrôle judiciaire dans le cadre de la première affaire.

En mai 2015, le frère Jean-Dominique Lefèvre est reconnu coupable d'agressions sexuelles sur cinq

La mécanique du silence

mineurs, commises entre 1991 et 1999 en France et en Roumanie. En novembre 2015, le même ancien religieux, aujourd'hui âgé de 68 ans, est à nouveau condamné à quatorze mois de prison ferme par le tribunal correctionnel du Puy-en-Velay pour avoir agressé sexuellement une fillette de six ans pendant la catéchèse. Les faits se sont déroulés en 1991, au sein de l'abbaye de la Chaise-Dieu, l'un des prieurés de la communauté Saint-Jean. « *Il a écrit récemment une lettre à une oblate[1] pour lui dire que, lors d'un voyage en voiture il y a sept ans, il avait touché sa fille. La maman nous a écrit en disant que c'était insupportable qu'il porte l'habit* », rapporte l'un des membres du conseil de 2014. « *Malgré tout, cela va relativement bien (…) Il faut continuer de prier pour lui* », complète-t-il.

« *Doit-il être renvoyé ?* », s'interroge un autre responsable des frères de Saint-Jean. « *Il faudrait y voir clair au niveau canonique* », lui répond un autre, s'appuyant sur les consignes du Saint-Siège pour les cas précédents. « *À Rome, pour frère Luigi-Gonzaga, on nous avait dit qu'à la deuxième condamnation, il fallait le renvoyer.* » Le débat divise l'assistance. « *Les faits sont graves, mais anciens* », pondère un intervenant, « *étant donné notre responsabilité je demande qu'on prenne son temps pour le renvoyer* ». L'option est finalement retenue par le prieur général. « *La prochaine étape, c'est son procès et la prison sans doute. On n'est pas dans la perspective de le renvoyer tout de suite* », tranche le frère Thomas Joachim. « *Mgr Rivière nous dit d'attendre* », précise-t-il en

---

1. Les oblats sont des laïcs liés à une communauté religieuse.

Église la mécanique du silence

évoquant l'évêque d'Autun, de qui dépend la congrégation.

Vingt minutes. C'est le temps que nous accorde M Benoît Rivière, évêque d'Autun depuis dix ans, quand nous le rencontrons à Lourdes en novembre 2016. Nous profitons d'une accalmie entre deux averses pour nous installer sur un banc, au centre du sanctuaire. Le prélat de 62 ans fait presque face à la grotte sacrée, lieu des apparitions mariales, où convergent les pèlerins. Mal à l'aise, il tente d'abord d'esquiver nos questions. « *La communauté Saint-Jean ne relève pas des cas de pédophilie. Les abus sexuels, c'est différent…* », avant d'admettre des erreurs de gouvernance de la part de la communauté Saint-Jean. « *Il est tout à fait vrai que par le passé (…) un certain nombre d'affaires étaient traitées en interne comme on dit.* » Mais « *ça n'est plus du tout le cas aujourd'hui* », veut croire l'évêque. « *Depuis une quinzaine d'années les actes sont portés à la connaissance de la justice* », assure-t-il.

Nous avons pourtant eu connaissance d'au moins un autre cas couvert par la communauté Saint-Jean. Celui du frère R., un religieux de Saint-Jean envoyé en Italie après des accusations d'abus sexuels. Nous avons recueilli le témoignage d'une femme aujourd'hui trentenaire. Une voix douce et claire, qui cache une personnalité fragile, détruite par l'agression subie il y a près de quinze ans. Coralie* a 18 ans en 2003, quand elle se rend pour la première fois dans une école de vie des frères Saint-Jean dans le centre de la France. Un lieu où les fidèles viennent approfondir leur foi sous la houlette des religieux. La jeune femme y fait la cuisine et ponce

La mécanique du silence

des meubles, au service de Dieu, pense-t-elle. Surtout, elle boit les paroles du frère R., le religieux quadragénaire qui assure les cours de philosophie. Rapidement, Coralie et quelques autres jeunes femmes tombent sous l'emprise de « *papa* », comme il leur demande de l'appeler.

Entre 2003 et 2004, Coralie affirme avoir été victime à plusieurs reprises des gestes du frère. Elle évoque avec pudeur des attouchements, notamment sur les seins, y compris au confessionnal. Le frère justifie ses actes par une prétendue recherche spirituelle, les enrobe d'un discours sur l'amitié. Fascinée, la victime ne se défend pas. Il ira même jusqu'à dormir dans son lit, chez elle. Coralie est incapable d'entrer dans sa chambre depuis cette date.

Quelques années plus tard, la jeune femme parvient à livrer son témoignage au prieur général de Saint-Jean de l'époque, le père Jean-Pierre Marie. Une alerte confirmée par le responsable de la communication de la communauté, qui a répondu par mail à nos questions. « *Le frère R. a eu dans les années 2000 des gestes inadmissibles avec des jeunes femmes majeures* », admet-il. Des faits dont les responsables de la communauté ont été informés « *plusieurs années après les faits* », fait-il savoir, précisant que le religieux a alors fait l'objet d'un « *suivi psychologique* » pendant huit ans, assorti plus tard « *d'une limitation dans le pouvoir de confession pendant deux ans* ».

En réalité, les sanctions contre le frère R. restent légères. Pour preuve, il devient par la suite supérieur du prieuré de Bologne, en Italie, où la congrégation

Église la mécanique du silence

s'installe en 2009. Désormais installé loin de ses victimes, le religieux poursuit ses activités, écrivant même des textes sur la manière de « durer dans le couple », comme en 2013 dans le magazine de la communauté. Écœurée, une victime envoie une lettre à la congrégation, puis décide d'écrire au Vatican à l'été 2014.

À Rome, son témoignage atterrit sur le bureau de Mgr José Rodriguez Carballo. L'archevêque espagnol est secrétaire de la Congrégation romaine pour les instituts de vie consacrée, un dicastère, sorte de ministère du Vatican, en charge des relations entre Rome et les congrégations du monde entier. Un poste clef auquel l'a nommé le pape François dès 2013. Nous nous sommes procuré la réponse que lui écrit en 2014 le frère Thomas, supérieur général de Saint-Jean. « *Cette triste affaire remontant à 2003-2004 (...) c'est mon prédécesseur qui l'avait traitée* », affirme-t-il au prélat espagnol. Le responsable confirme également avoir eu connaissance de la gravité des actes commis par le religieux, qui a été « *sanctionné* » et « *a compris le mal qu'il a fait* », écrit-il tout en précisant rester « *vigilant* » sur ce cas.

L'information est manifestement largement connue au sein de l'Église, y compris en dehors de la congrégation. « *Le cardinal Caffarra est également au courant de la situation* », fait savoir dans le même courrier le supérieur de Saint-Jean, évoquant l'archevêque de Bologne Carlo Caffarra. L'idée de porter les faits à la connaissance de la justice n'est jamais abordée. Le frère R. est maintenu en poste à la tête du prieuré italien, étant « *un bon supérieur de communauté* », défend son supérieur. « *Mais si vous*

La mécanique du silence

voulez que je revienne sur cela, je le ferai bien évidemment », glisse le frère Thomas à Mgr Carballo.

« *Ces mesures seraient certainement plus restrictives aujourd'hui* » envers le religieux, admet du bout des lèvres le porte-parole des frères de Saint-Jean. Après dix ans d'inaction, la congrégation a soudainement décidé en 2016 de « *réexaminer sa situation* ». Ses responsables « *ont jugé les mesures prises jusqu'alors insuffisantes* », fait-elle savoir. La volte-face survient juste après qu'une victime a voulu porter plainte en 2015. L'alerte a donné des sueurs froides à la congrégation, qui veut désormais donner des gages de son sérieux. Le religieux « *n'exerce plus aucune activité apostolique, ni sacerdotale. Il lui a été notamment demandé de ne pas confesser, ni d'accompagner spirituellement des personnes* », égrènent les responsables.

Une procédure canonique est en cours, après un signalement bien tardif du prieur général à Rome. Mais aujourd'hui, l'évêque veut croire que la page est tournée. Depuis quelques années, une cellule d'écoute a été mise en place au sein de la congrégation. Les religieux peuvent désormais s'adresser à un psychologue extérieur et bénéficient de formations « *à la vie effective et à la sexualité* ». « *C'est un processus lent* », justifie Mgr Rivière avant de préciser sa pensée : « *Quand une communauté démarre avec des manques chez certains formateurs et aussi des limites avérées chez le fondateur, il est évident qu'il faut du temps pour trouver une liberté qui permette une croissance.* » En filigrane émerge la figure du père Marie-Dominique Philippe, le mythique fondateur de la communauté des frères de Saint-Jean.

Église la mécanique du silence

Fondateur de la congrégation en 1975, ce prêtre dominicain a longtemps suscité l'admiration de la Curie romaine comme du gratin catholique français. Un personnage hors-norme, capable d'attirer les vocations et de bâtir une organisation d'envergure internationale en une vingtaine d'années. Le père Marie-Dominique est à l'origine de la doctrine de « l'amour-amitié », au cœur du fonctionnement des frères de Saint-Jean. Le concept, fondé sur l'ambivalence du sentiment amoureux pouvant se nouer entre frères, entretient le flou entre relation spirituelle et relation charnelle. Le prêtre jouera habilement de cette ambiguïté pour mieux justifier ses propres déviances. Après son décès en 2006, la congrégation entamera un long et douloureux inventaire de ses actes passés. Jusqu'à ce texte diffusé en interne en 2013 par son successeur, le frère Thomas. Le nouveau prieur recense plusieurs « *témoignages convergents* » attestant que « *le père Philippe a parfois posé des gestes contraires à la chasteté à l'égard de femmes adultes qu'il accompagnait* ». L'annonce fait l'effet d'une bombe au sein d'une communauté où le fondateur fait encore figure de maître à penser.

Un fondateur charismatique rongé par le mal : le schéma n'est pas inédit au sein de l'Église. Beaucoup de catholiques gardent en tête l'exemple de Marcial Maciel, un prêtre mexicain fondateur des Légionnaires du Christ en 1941. Pendant plus de cinquante ans, il se livrera à des agressions sexuelles, notamment sur des mineurs et des séminaristes, mènera une double vie, avec femme et enfants, et sombrera dans la toxicomanie sans que personne ne remette en cause son comportement.

La mécanique du silence

Il faudra attendre l'arrivée de Benoît XVI pour qu'une enquête canonique soit initiée par le Vatican à son sujet, et que le prêtre soit écarté en 2006.

Plus proche de nous, en France, le discours mystique de Gérard Croissant continue de résonner dans la communauté des Béatitudes, qu'il a fondée en 1973. Pendant plus de vingt ans, ce petit homme au bouc blanc, qui se faisait appeler frère Éphraïm, a occupé une place centrale dans cette organisation mêlant religieux et laïcs. Malgré plusieurs accusations de manipulation mentale et de dérives sectaires, Rome n'est jamais intervenue dans les affaires de la communauté pourtant reconnue de droit pontifical en 2002. Après une série de scandales, Gérard Croissant est finalement reconduit à l'état laïc par le Vatican en 2007. En 2011, les Béatitudes reconnaîtront dans un communiqué que leur fondateur avait bien commis plusieurs abus sexuels, notamment sur des religieuses de la communauté. La même année, l'un de ses disciples, Pierre-Étienne Albert, est condamné à cinq ans de prison ferme pour avoir agressé trente-huit enfants entre 1983 et 2001.

Comment expliquer l'impunité dont jouissent ces congrégations, malgré les réputations sulfureuses qu'elles traînent dans leur sillage ? Leur succès et le charisme de leurs leaders ont indéniablement contribué à l'aveuglement du reste de l'Église. Marcial Maciel avait ses entrées à Rome où il s'était rendu indispensable en y installant un séminaire et une agence d'information internationale. En 1997, l'enquête d'un journaliste américain, Jason Berry, avait même mis en évidence un système de corruption à grande échelle, la Légion du Christ

Église la mécanique du silence

obtenant les faveurs de responsables de la Curie contre espèces sonnantes et trébuchantes. En France, le nombre de vocations suscitées par les frères de Saint-Jean et le dynamisme des Béatitudes ont longtemps suffi pour acheter le silence des évêques et des cardinaux. Auréolées de leur succès, les congrégations ont su s'attirer les bonnes grâces de la Curie, de certains intellectuels et même de personnalités politiques. François Bayrou avait ainsi pour habitude de venir prier à Nay, dans l'une des communautés des Béatitudes.

La gouvernance complexe de l'Église explique aussi cette impunité. Les communautés religieuses sont d'autant plus touchées par des dérives qu'elles ne rendent presque aucun compte à personne. Cette absence de contrôle est particulièrement visible chez les frères de Saint-Jean. Aux yeux du droit canonique, les « Petits gris » forment une congrégation de droit diocésain, placée sous la responsabilité d'un évêque, contrairement aux congrégations de droit pontifical, sous l'autorité directe du Saint-Siège, comme les Béatitudes ou les Légionnaires du Christ. Plusieurs documents internes de la congrégation montrent d'ailleurs que Mgr Rivière est systématiquement tenu informé des cas importants traités par la congrégation. Une relation hiérarchique minimisée par l'évêque : « *C'est dans un travail commun que se traitent les problèmes* », pondère-t-il, « *Ce n'est pas le diocèse qui prend la responsabilité des actes d'une communauté.* »

C'est un des points communs de ces congrégations. Elles fonctionnent en vase clos. Des « Églises dans l'Église » que personne ne surveille vraiment. Qu'elles

La mécanique du silence

relèvent de Rome ou d'un diocèse, elles prennent en réalité la plupart de leurs décisions seules. Une culture du silence que le Vatican commence seulement à mesurer. *Mediapart*[1] a livré les détails de la visite de Mgr José Rodriguez Carballo chez les frères de Saint-Jean à l'été 2016. En 2015, face aux scandales qui frappent les frères et les sœurs de Saint-Jean, la congrégation décide de nommer un commissaire pontifical, chargé d'enquêter et de remettre de l'ordre dans la communauté. Mgr François Blondel, évêque émérite de Viviers, est choisi pour cette mission. Un an après, le commissaire envoie son rapport au Saint-Siège. C'est la synthèse de ce travail que Mgr Carballo est venu remettre à la congrégation en ce mois de juillet 2016.

En six pages, le texte balaie quarante ans de dérive au sein de la « famille Saint-Jean ». S'appuyant sur « *plusieurs témoignages* », il pointe les « *déviances* » du fondateur, le père Marie-Dominique, ainsi que celles de sœur Alix, ancienne supérieure générale des sœurs contemplatives, relevée de ses fonctions en 2009. Le Saint-Siège remet en cause l'enseignement de « *l'amour d'amitié* » au centre de la congrégation, accusé d'avoir justifié « *des conduites douteuses dans le domaine de la chasteté* ».

Surtout, le rapport insiste sur « *le scandale dans la conduite d'un nombre conséquent de frères* ». Et d'énumérer pêle-mêle des « *actes de pédophilies pour quelques-uns, conduites gravement contraires à la chasteté pour d'autres plus nombreux, actes homosexuels, imprudences graves et*

---

1. Antton Rouget, « Pédophilie : le Vatican dénonce la loi du silence dans la communauté Saint-Jean », *Mediapart*, 10 juillet 2016.

Église la mécanique du silence

abus le plus souvent de jeunes femmes vis-à-vis desquelles ils étaient en situation de responsabilité ». Le tout dans un contexte d'omerta généralisée reconnu par le Vatican. « *Lorsque des fautes étaient connues, elles étaient traitées avec une indulgence suspecte et les conséquences graves que ces conduites avaient eues sur celles et ceux qui en avaient été victimes n'étaient absolument pas prises en compte* », écrit Mgr Carballo.

Que faire de ces congrégations, gangrenées par des décennies de dérives ? Le Saint-Siège va parfois jusqu'à leur dissolution, comme pour les sœurs de Saint-Jean et Saint-Dominique, une branche dissidente de la communauté de Saint-Jean, dissoute en 2012. Mais la plupart poursuivent leurs activités, avec les mêmes responsables. Le pape François a pourtant réaffirmé en juin 2016 que la « *négligence* », en particulier dans les cas « *d'abus sexuels commis sur des mineurs et des adultes vulnérables* », était un motif de révocation. Dans son *motu proprio*, l'équivalent d'un texte de loi, il précise que cette révocation s'applique non seulement aux évêques, mais aussi à « *celui qui a la responsabilité d'une Église en particulier, ou d'une autre communauté de fidèles* ». À l'heure où nous terminons ce livre, aucun responsable des frères de Saint-Jean n'a jamais fait l'objet de sanctions.

18

L'évadé du Grand Nord

S'il n'y avait pas cette statue de la Vierge dans le hall d'entrée, ça ressemblerait à n'importe quelle maison de retraite de France. Un grand immeuble sans âme en périphérie de Strasbourg. On se dirige vers l'accueil. « *Nous venons voir M. Rivoire, il est bien ici ?* » Une employée va l'avertir de la présence de « *Mathieu Périsse et Martin Boudot* ». Quelques minutes plus tard, Joannes Rivoire apparaît au bout du couloir. Sa veste kaki sans manches à poches lui donne un air de pêcheur. D'autant qu'une casquette de baseball et un mince collier de barbe blanche lui cachent une partie du visage. Nous avons du mal à le reconnaître. Il a quarante ans de plus que sur nos photos. Il reste debout, immobile, dans le hall. À peine un haussement de sourcil quand il entend le mot « *journalistes* ». Il parle d'une voix assez faible, un peu essoufflée. Ses réponses sont lapidaires.

Église la mécanique du silence

MARTIN BOUDOT. On peut vous parler une minute ? C'est au sujet de votre passé dans le Grand Nord canadien…
JOANNES RIVOIRE. Ben, c'est l'heure du déjeuner… Qu'est-ce que vous voulez savoir exactement. ?
MARTIN BOUDOT. On a des gens sur place qui nous ont parlé de faits avec les enfants…
JOANNES RIVOIRE. [Il fait un signe, comme s'il fermait une fermeture éclair sur sa bouche].
MARTIN BOUDOT. Ça veut dire quoi ?
JOANNES RIVOIRE. J'ai rien à dire…
MARTIN BOUDOT. Le nom de Marius Tungilik vous dit quelque chose ?
JOANNES RIVOIRE. Je crois oui… Je me souviens plus dans quel village c'était mais…
MARTIN BOUDOT. C'était ce jeune homme [on montre sa photo], ça vous dit quelque chose ?
JOANNES RIVOIRE. Oh… [il a un petit rire] Pour moi ils se ressemblent tous hein !
MARTIN BOUDOT. Il s'est suicidé à 55 ans.
JOANNES RIVOIRE. Ah, je savais pas.
MARTIN BOUDOT. Et dans plusieurs lettres il parle d'agressions sexuelles que vous lui avez fait subir.
JOANNES RIVOIRE. Non, non…
MARTIN BOUDOT. Vous n'avez jamais agressé sexuellement des enfants ?
JOANNES RIVOIRE. Certainement pas non.
MATHIEU PÉRISSE. Et comment vous expliquez que vous ayez eu un mandat d'arrêt au Canada, à votre nom ?
JOANNES RIVOIRE. Vous savez ils font beaucoup de recherches au Canada…

La mécanique du silence

MARTIN BOUDOT. [On lui montre le mandat] Regardez, c'est votre nom, pour des agressions sur trois enfants, dont Marius…
JOANNES RIVOIRE. Ça m'intéresse pas.
MARTIN BOUDOT. Est-ce que vous avez déjà agressé sexuellement des enfants ?
JOANNES RIVOIRE. Je ne vous réponds pas.
MARTIN BOUDOT. Pourquoi ?
JOANNES RIVOIRE. Parce que vous n'êtes pas mon confesseur. Allez, au revoir.

Le prêtre s'éloigne doucement dans le couloir, fait mine de se diriger vers le réfectoire, puis entre dans sa chambre. La porte claque et nous entendons le cliquetis des verrous qu'il ferme à double tour sur son passé. Nous laissons nos cartes de visite sur le paillasson sans trop y croire. Nous n'aurons plus aucun contact avec Joannes Rivoire.

Le parcours de ce prêtre, nous l'apprendrons autrement. Patiemment, en recollant les morceaux un à un, pour connaître la vie de ces enfants *« qui se ressemblent tous »*, comme il dit. Ces jeunes auraient été abusés il y a plus de quarante ans par un missionnaire venu de l'autre côté de l'Atlantique. C'est l'une des multiples affaires dans le Grand Nord. Avant même Boston ou l'Irlande, le Canada a été le premier pays touché par les scandales de pédophilie dans l'Église catholique. *« Tout a commencé au Canada, on l'oublie souvent, dans les établissements tenus par les Oblats »*, nous dira plus tard Karlijn Demasure, ancienne professeure associée à l'université catholique d'Ottawa et directrice du centre pour la protection des enfants à Rome.

La trajectoire de Joannes Rivoire est étroitement mêlée à celles des Oblats de Marie-Immaculée et à l'histoire de ces « Territoires du Nord-Ouest », comme on les appelle encore à l'époque. De grands espaces peuplés essentiellement d'Inuits, ainsi que de Métis et de Premières Nations, les trois peuples autochtones du Canada. Une terre de missions pour les premiers colons qui s'y aventurent. Une terre d'évangélisation pour les premiers prêtres catholiques. Dès le XIXe siècle, les Oblats s'installent dans la région. Fondée en France, en Provence, la congrégation oriente rapidement ses efforts vers l'Amérique du Nord, avant d'étendre ses activités dans le monde entier. Pour les missionnaires, les Inuits et les Amérindiens sont perçus comme des peuples à convertir.

Au XXe siècle, la foi des Oblats se met au service des autorités canadiennes. Le département des Affaires indiennes favorise la création du système des « pensionnats autochtones », ou « écoles résidentielles ». Un ensemble d'établissements scolaires géré par le gouvernement fédéral et confié à des communautés religieuses. En cent ans, près de 150 000 enfants sont arrachés à leurs familles et à leurs communautés, envoyés de force dans ces pensionnats, parfois par convois entiers, avec un objectif clair : assimiler et christianiser ces cultures considérées comme non occidentales. Un *« génocide culturel »*, comme le décrira en 2015 la juge en chef de la Cour suprême du Canada, s'appuyant sur le rapport

La mécanique du silence

de la Commission de vérité et réconciliation publié la même année.

Après six ans de recherches, le texte décrit en détail ce système destiné à « *tuer l'Indien dans l'enfant* », et les conditions de vies de ces déracinés. « *L'enseignement est donné dans une langue et dans un milieu étrangers, ils vivent dans des établissements insuffisamment financés et en manque d'effectifs, en proie à une discipline sévère, aux maladies et aux abus.* » Au terme d'un recensement de milliers de témoignages, le rapport conclut : « *Un État qui détruit ou s'approprie ce qui permet à un groupe d'exister, ses institutions, son territoire, sa langue et sa culture, sa vie spirituelle ou sa religion et ses familles, commet un génocide culturel*[1]. » Un « *chapitre sombre* » de l'histoire du Canada, d'après le Premier ministre canadien Justin Trudeau qui a solennellement présenté ses excuses fin 2015.

Le dernier pensionnat a fermé ses portes en 1996. Mais quand le père Rivoire arrive au Canada au début des années 1960, le système est encore solidement implanté. Les Oblats gèrent alors les trois quarts des écoles résidentielles, ainsi que la plupart des paroisses du Nunavut, une région du Grand Nord canadien. Né en 1931 à Rontalon, dans le Rhône, Joannes Rivoire est ordonné prêtre à 27 ans. Dès 1960, le jeune missionnaire s'envole pour le petit village de Chesterfield Inlet, où sont installées la résidence Turquetil Hall et l'école Joseph Bernier. Les établissements accueillent des enfants de toute la région, en provenance des villages dispersés sur des centaines de

---

1. Introduction au rapport final de la Commission de vérité et réconciliation du Canada, McGill-Queen's University Press, Montréal, 2015.

Église la mécanique du silence

kilomètres le long de la baie d'Hudson. Pendant trente ans, Joannes Rivoire multipliera les missions dans ces différentes localités, au gré de ses affectations. D'abord à Igloolik entre 1960 et 1965, puis à Repulse Bay de 1964 à 1974, avant de terminer sa carrière à Arviat entre 1974 et 1993.

Aujourd'hui, plusieurs témoignages font état d'abus sexuels commis par le prêtre dans le Grand Nord. Comme celui de Marius Tungilik. Entre 1968 et 1970, le chemin du jeune inuit croise celui du missionnaire, alors curé de la paroisse locale. Adolescent, Marius Tungilik travaille à la coopérative de Repulse Bay, dirigée par le prêtre omniprésent. Il affirmera avoir été abusé à plusieurs reprises par Joannes Rivoire pendant cette période. Deux autres victimes se sont également signalées pour des faits commis à la même époque. Deux frères, Aron et John[1], ayant subi les gestes du religieux à Rankin Inlet, plus au sud.

Pendant près de vingt ans, les victimes garderont le silence. Après tout, ils ne sont que des « Eskimos », comme on le dit alors vulgairement. Qui les croirait ? Et puis, d'autres cauchemars les hantent. Car la plupart sont des anciens élèves du pensionnat de Turquetil Hall. Avant même leur rencontre avec Joannes Rivoire, ces Inuits ont vécu d'autres sévices, d'autres abus. En 1991, lors d'une audience de la Commission royale sur les peuples autochtones à Rankin Inlet, Marius Tungilik brise la chape de plomb et évoque pour la première

---

1. Pour respecter la demande d'anonymat des victimes, certains prénoms ont été modifiés.

La mécanique du silence

fois les agressions sexuelles qu'il a vécues à la résidence de Chesterfield Inlet. Il est l'un des premiers anciens élèves à parler publiquement de ces actes. Dans ses mémoires, il écrira : « *Je n'étais pas du tout certain de vouloir en parler ouvertement parce que ça ne se faisait pas. (…) J'avais l'impression que j'allais mourir si j'en parlais publiquement*[1]. »

Marius est bientôt rejoint par deux autres anciens camarades de l'école, Piita Irniq et Jack Anawak. À eux trois, ils organisent à l'été 1993 une réunion rassemblant près de 150 anciens élèves du pensionnat. Dans l'assistance, Mgr Reynald Rouleau, Oblat de Marie-Immaculée et évêque du diocèse Churchill-Baie d'Hudson, estime publiquement qu'il est *« indéniable »* que des violences sexuelles ont bien eu lieu au sein de l'établissement. Dans la foulée, une enquête de la gendarmerie royale (RCMP) est initiée au sujet de 78 allégations de crimes sexuels.

* * *

La première fois que nous entendons parler du père Rivoire, il n'est encore qu'un nom dans un texto, reçu début mai 2016.

> Bonjour, votre collègue m'a donné votre numéro. Les Missionnaires Oblats cachent un prêtre accusé de pédophilie,

---

1. Rapport final de la Commission de vérité et réconciliation du Canada, volume 1, McGill-Queen's University Press, Montréal, 2015.

Église la mécanique du silence

> Joannes Rivoire, depuis 20 ans… Je connais tous les détails.
>
> SMS de Lieve Halsberghe,
reçu le 9 mai 2016

Le message est signé Lieve Halsberghe. Le prêtre serait en France. Intrigués, nous prenons rendez-vous dans un café parisien. Nous trouvons une grande brune à l'accent belge et à l'énergie nourrie par la colère. Celle des années passées à faire la lumière sur les secrets de l'Église. Près de quinze ans de combats, compilés dans le disque dur de son ordinateur qu'elle parcourt devant nous. Des centaines de cas y sont archivées avec minutie. Des agressions commises en Belgique pour l'essentiel, mais aussi en France ou au Canada.

C'est au tournant des années 2000 que Lieve a commencé à s'engager pour la défense des victimes d'abus sexuels dans l'Église, dans le sillage de sa tante, une juge très engagée sur ces questions. Avec quelques autres, elle forme un réseau actif de militants. Après les scandales de Boston, les langues se délient un peu partout dans le monde. On l'informe alors du cas d'un prêtre, caché en Belgique et recherché par la justice canadienne.

Éric Dejaeger est un autre membre de la congrégation des Oblats. Comme Joannes Rivoire, le missionnaire belge a lui aussi exercé pendant une trentaine d'années dans le Grand Nord canadien, fréquentant la même communauté dans les années 1970. Son parcours est également ponctué de nombreuses agressions sur des enfants. En 1990, certains commencent à parler. Dénoncé, le prêtre est inculpé de viol sur huit enfants

La mécanique du silence

par la justice canadienne et condamné une première fois à cinq ans de prison. Libéré après quelques mois de détention, Éric Dejaeger fait alors face aux plaintes de neuf nouvelles victimes. Le prêtre décide de s'enfuir en 1995 pour échapper aux poursuites. Malgré plusieurs convocations et des courriers adressés aux Oblats par la justice du Nunavut, il reste introuvable. En 2001, Interpol lance un avis de recherche international à son encontre.

Dans son documentaire *Coupables indulgences*, réalisé en 2010, le journaliste Paul Moreira montre comment Éric Dejaeger a bénéficié de la complicité de sa hiérarchie. « *Il y a un mandat d'arrêt contre toi, si tu reviens ils vont t'arrêter à la frontière* », le prévient un supérieur dans une lettre adressée en 1995. « *Ils m'ont demandé où tu étais, j'ai répondu "en Belgique", mais que je ne savais pas où* », poursuit le responsable des Oblats. En réalité, le père Dejaeger est en France, au sanctuaire de Lourdes. Il y séjournera cinq ans, avant de rentrer en Belgique. Manque de chance, il s'installera précisément dans la ville où habite Lieve Halsberghe.

Scandalisée, Lieve mène l'enquête pendant des mois et retrouve la trace du prêtre en cavale dans une résidence des Oblats. La jeune femme va même jusqu'à photographier discrètement son domicile pour recueillir des preuves. Malgré tout, il faudra attendre encore plusieurs mois pour qu'Éric Dejaeger soit expulsé vers le Canada, pour « séjour illégal », le prêtre ayant pris la nationalité canadienne dans les années 1970. En février 2015, il sera finalement reconnu coupable de trente-deux agressions sexuelles sur des enfants inuits, commises entre 1978 et 1982 à Igloolik, et condamné à dix-neuf ans de prison par le tribunal d'Iqaluit.

Mais l'histoire ne s'arrête pas là pour Lieve. En enquêtant sur Éric Dejaeger, la militante belge a exhumé l'histoire d'un autre Oblat, celle de Joannes Rivoire. Rapidement, elle entre en contact avec Marius Tungilik. L'homme a fait du chemin depuis cette fameuse réunion publique organisée à l'été 1993.

En 1998, Marius et les deux frères Aron et John ont porté plainte contre Joannes Rivoire, auprès de la police canadienne, pour agressions sexuelles. Le mandat d'arrêt daté du 29 décembre 1998, que nous nous sommes procuré, fait également état de deux charges de viols commis sur une jeune mineure dont l'identité n'est pas précisée. L'en-tête du document précise que le frère Rivoire se trouve dans la commune de Goult, en France. Car, sentant probablement le vent tourner après les révélations publiques de Marius Tungilik et de ses soutiens, Joannes Rivoire a en effet quitté le Canada dès 1993. « *Il y avait mes vieux parents, il fallait que je m'en occupe. Je suis rentré et j'ai décidé de rester* », nous assure le prêtre quand nous le rencontrons à Strasbourg. Au moment précis où les affaires refont surface. Un heureux hasard ? « *Ça, je ne sais pas* », feint-il.

Le prêtre a-t-il bénéficié de la complicité de sa hiérarchie pour échapper à d'éventuelles poursuites ? Dès l'été 1992, une journaliste, Karen Bergman, affirme avoir recueilli les témoignages de deux jeunes femmes mentionnant de possibles abus commis par Joannes Rivoire à Repulse Bay quelques mois plus tôt. La Canadienne, que nous avons contactée, assure avoir alors

La mécanique du silence

écrit un courrier à l'évêque du diocèse de Churchill-Baie d'Hudson –, Mgr Reynald Rouleau, pour l'informer de ces accusations. « *J'étais naïve, je pensais qu'il allait agir correctement* », regrette-t-elle. L'évêque ne répond pas à ce courrier, dont elle n'a pas gardé de copie. « *Mais peu de temps après, un prêtre est arrivé à Arviat pour écouter ceux qui avaient des histoires au sujet de Rivoire* », assure-t-elle. Mais à l'arrivée de l'enquêteur, Joannes Rivoire a déjà quitté les lieux. « *C'était prévu qu'il prenne des vacances, donc ça n'a pas attiré l'attention, mais il n'est jamais revenu* », conclut Karen Bergman.

Joint par téléphone, Mgr Reynald Rouleau affirme n'avoir aucun souvenir de cette lettre. « *Si je l'avais reçue, je l'aurais traitée sérieusement* », dit-il, tout en précisant que le départ du prêtre « *s'est plutôt décidé au niveau des Oblats* ». L'évêque, qui a quitté sa fonction en 2013 après vingt-cinq ans en poste, fait pourtant lui-même partie de la congrégation des Oblats de Marie-Immaculée. Difficile donc de plaider l'ignorance. « *Il est rentré pour s'occuper de son père malade* », répète-t-il. « *Personne ne m'avait parlé d'abus à l'époque. C'est seulement plusieurs années après que la police m'a demandé où il vivait. Ils savaient qu'il était en France. S'ils avaient voulu agir, ils l'auraient fait* », estime-t-il.

La justice sait où se trouve Joannes Rivoire. Mais rien ne se passe. Marius reste sans nouvelles de sa plainte. En 1999 est créé l'État du Nunavut, issu d'une scission des anciens Territoires du Nord-Ouest. Cette nouvelle entité est l'aboutissement de décennies de revendications inuites, que Marius a toujours soutenues. Mais la

Église la mécanique du silence

réforme territoriale gêne la procédure judiciaire naissante. Certaines compétences sont délocalisées de Yellowknife, l'ancienne capitale, vers la ville d'Iqaluit. Le dossier de Marius semble avoir disparu.

Pour relancer la machine judiciaire, on conseille à Marius de porter plainte à nouveau devant la police d'Iqaluit. Mais l'homme traverse alors des phases de dépression. Confronté à ses vieux démons, Marius sombre régulièrement dans l'alcoolisme, lutte, remonte la pente, tombe à nouveau. « *J'ai failli mettre fin à mes jours en août, en faisant une overdose d'antalgiques et de somnifères* », confie-t-il à une Lieve désemparée lors d'une conversation sur Facebook. « *Je sentais tellement de pression pour porter plainte, j'étais tellement effrayé* », explique Marius. Dans une lettre écrite en octobre 2011, il dit ne pas vouloir « *laisser tomber les autres* », tout en rappelant son angoisse à l'idée d'initier une procédure judiciaire. Il n'ira jamais porter plainte. Marius se donne la mort à 55 ans, en décembre 2012. L'année suivante, Lieve retrouvera la copie du mandat d'arrêt de 1998. La demande d'arrestation était toujours valable. « *Si Marius avait su, est-ce que cela aurait pu l'aider ? On ne saura jamais* », regrette-t-elle aujourd'hui.

Malgré plusieurs milliers de kilomètres de distance et une ligne téléphonique grésillante, la peine des victimes conserve toute sa force. Comme celle de John, l'un des trois plaignants de 1998. « *Ce que Rivoire m'a fait quand j'étais enfant n'était pas supposé arriver* », dit-il. « *Pendant longtemps, quand j'étais enfant, j'ai pensé que j'avais été le seul à avoir été abusé sexuellement par Rivoire.* » John affirme avoir bénéficié d'une indemnisation dans

La mécanique du silence

le cadre de cette affaire. Depuis 2007, une convention (« *settlement* ») permet en effet le versement de compensations financières pour les anciens élèves des écoles résidentielles, comme celle de Chesterfield Inlet. La procédure prévoit également l'indemnisation des victimes de sévices sexuels, si les faits sont avérés. Un arrangement « à l'amiable » entre la victime, l'État et l'Église, qui évite de passer par un procès long et coûteux. Plus de 30 000 anciens élèves en ont bénéficié, pour un budget de près de deux milliards de dollars.

La compensation financière « *concernait le père Rivoire, pour deux ou trois cas* », affirme Reynald Rouleau. L'affaire est réglée entre l'avocat du diocèse, Rhéal Teffaine, et celui des victimes, Me Steven Cooper, « *il y a deux ou trois ans* », précise l'évêque. « *Parce qu'il était difficile de nier totalement les faits. Donc aller en cour [de justice] aurait coûté dix fois plus cher* », admet Mgr Rouleau. Nous ne connaîtrons pas le montant de l'indemnisation, qui peut fréquemment atteindre 100 000 $ dans des cas similaires. « *C'est comme acheter la paix en un sens* », lance-t-il, lucide. Car, en acceptant l'argent, les victimes s'engagent également à ne plus évoquer l'affaire publiquement.

Mais l'argent ne remplace pas la justice. « *Je pense que ce serait une bonne chose s'il était jugé* », estime John. Rien n'est moins certain. Arrivé en France en 1993, Joannes Rivoire s'installe rapidement à Goult, dans le Vaucluse. Plus précisément au sanctuaire Notre-Dame de Lumière, tenu par les Oblats. Mgr Rouleau lui rendra visite à plusieurs reprises. « *Il avait des ministères dans*

Église la mécanique du silence

plusieurs paroisses. C'est lui qui m'a conduit en voiture pour me faire visiter la région », se souvient-il. Pendant vingt ans, il mène une vie tranquille dans ce joli coin de campagne, au pied du massif du Lubéron, avant de poser ses valises dans une maison de retraite de Strasbourg. « *Il est parti à l'automne 2015* », nous précise l'actuel recteur du sanctuaire au téléphone.

Plus déterminée que jamais après le décès de Marius, Lieve a pourtant tout fait pour médiatiser l'affaire. En 2013, le mandat d'arrêt de 1998 étant toujours actif, elle décide de le rendre public. Les médias s'emparent de l'affaire. L'histoire du missionnaire en cavale trouve même un écho en Europe. L'information est publiée par l'*AFP* et reprise notamment par *Le Monde*, avant de retomber dans l'oubli.

Toujours en 2013, Lieve va plus loin. Elle écrit un mail à une vingtaine d'évêchés de France. Elle y détaille le parcours de Joannes Rivoire et inclut des liens vers les articles de presse publiés à la même période. « *L'Église catholique française peut-elle continuer d'abriter ces personnes ?* », interroge-t-elle. Personne ne lui répondra.

Comment expliquer le silence de l'Église de France sur ce dossier ? En juin 2016, quand nous rencontrons Mgr Grallet, l'évêque de Strasbourg nous assure ne pas avoir été informé de la situation de ce prêtre installé sur son diocèse, qui « *relève uniquement de sa congrégation* ». Une communauté tout aussi avare de réponses. « *Cette personne, âgée maintenant de 85 ans, est rentrée en France en 1993, comme bon nombre d'oblats âgés revenant de l'étranger* », justifie par mail Vincent Gruber, nommé provincial des Oblats pour la France en 2014. Il l'assure, les Oblats n'ont été informés des « *allégations* » sur le passé du prêtre que par les articles de presse de 2013. « *Mon prédécesseur découvrait alors les accusations. Il prit immédiatement des mesures conservatoires et conduisit une enquête canonique jusqu'au niveau international de la Congrégation et auprès de la Doctrine de la foi au Vatican* », fait-il savoir. « *Conformément à la réponse de la CDF, il s'est assuré qu'il n'avait aucun ministère public et surtout aucune activité pouvant le mettre en contact avec des mineurs et l'a assigné à résidence dans une communauté.* »

La congrégation est manifestement bien au courant de la situation juridique du prêtre. « *Il n'y a pas eu de demande d'extradition connue à ce jour et les deux États n'ont pas d'accord d'extradition. Ce qui rend la situation insoluble* », conclut Vincent Gruber. En réalité, la France et le Canada sont liés par une convention d'extradition de 1988, mais le texte stipule que « *l'État requis n'est pas tenu d'extrader ses propres nationaux* ». En principe, la France n'extrade de toute façon jamais ses ressortissants. C'est probablement la raison pour laquelle le Canada n'a jamais adressé de demande au Bureau de l'entraide pénale internationale, comme nous le confirme le ministère français de la Justice. D'autant que, à la différence d'Éric Dejaeger, Joannes Rivoire n'a fait l'objet « *d'aucune diffusion par Interpol de la part des autorités canadiennes* », précise le ministère au printemps 2016.

Dans ces conditions, l'espoir de voir un jour Joannes Rivoire comparaître devant un tribunal du Nunavut

Église la mécanique du silence

semble bien maigre. À 86 ans, le religieux ne devrait plus être inquiété. Mais Lieve Halsberghe continue malgré tout de se battre et de raconter son histoire aux quelques journalistes qui veulent bien l'écouter. Régulièrement, un article paraît dans la presse anglo-saxonne. Pour ne pas oublier. Pour maintenir vivant l'espoir d'une justice. « *C'est une promesse que j'ai faite à Marius.* »

19

Walter

« On doit focaliser sur l'institution, pas sur les prêtres seulement. Ses pratiques et sa politique. Montrez-moi que l'Église manipule le système pour éviter que ses prêtres n'affrontent la justice. Montrez-moi qu'ils remettent ces mêmes prêtres dans les paroisses, encore et encore. Montrez-moi que c'est systémique et que c'est venu du haut de la hiérarchie. »

Marty Baron, rédacteur en chef du Boston Globe, interprété par Liev Schreiber dans le film Spotlight.

Le taxi blanc nous dépose devant l'entrée miroitante du *Boston Globe*, le grand quotidien du Massachusetts, à 300 kilomètres au nord de New York. Derrière la

Église la mécanique du silence

façade vitrée et les briques rouges de l'immeuble, la petite équipe de journalistes de Spotlight a mené une des enquêtes les plus retentissantes aux États-Unis, après celle du *Washington Post* sur le Watergate, révélant les scandales de pédophilie dans l'Église américaine en 2002. À l'époque, les rédacteurs en chef avaient eu l'idée novatrice de créer une cellule d'investigation nommée Spotlight (« projecteur » en français) composée d'une poignée de journalistes : Matt Carroll, Sacha Pfeiffer, Michael Rezendes notamment et leur rédacteur en chef, Walter Robinson.

À eux seuls, après des mois d'enquête, ils ont permis de révéler les déplacements de prêtres accusés d'abus sexuels, les transactions financières entre l'Église et les victimes pour acheter leur silence. Finalement, près de 250 prêtres et religieux seront accusés d'abus sexuels dans l'archidiocèse de Boston. Dans la ligne de mire pour avoir couvert ces faits, le cardinal Bernard F. Law sera poussé à la démission un an plus tard. Par effet domino, plusieurs diocèses des États-Unis connaîtront la même crise. Un an plus tard, leur livre *Betrayal*[1] (*Trahison*) est alors récompensé par le prestigieux prix Pulitzer. Et en 2016, le film *Spotlight* de Tom McCarthy consacré à leur travail a reçu l'Oscar du meilleur film. Autant dire qu'ils font désormais figure de référence pour les jeunes journalistes. « *Ça fera 15 dollars* », nous rappelle à l'ordre le chauffeur.

---

1. Kevin Cullen, Matt Carroll, Michael Paulson, Michael Rezendes, Sacha Pfeiffer, Stephen Kurkjian, Thomas Farragher, Walter V. Robinson, *Betrayal. The Crisis in the Catholis Church*, Back Bay Books, 2003.

La mécanique du silence

Le temps de se signaler à l'accueil du journal et Walter Robinson s'élance déjà dans le lobby, la main tendue. De taille imposante, les cheveux blancs et une voix grave qui porte, il est un de ces journalistes qui ont roulé leur bosse. Depuis la sortie du film *Spotlight*, il enchaîne les conférences et les interviews.

À grandes enjambées, nous traversons l'immense *open space* de la rédaction. Les box blancs, un pour chaque journaliste, s'alignent dans cette immense salle de rédaction. Un air de déjà-vu pour les spectateurs du film. Aujourd'hui, les membres de Spotlight sont désormais intégrés avec les autres journalistes de la rédaction et non plus confinés à l'étage du dessous. Dans un coin, Sacha Pfeiffer, incarnée par Rachel McAdams dans le film, tape rapidement sur son ordinateur, l'air pressé. Un bureau croule sous les piles de journaux jaunis, donnant une atmosphère désuète, qui n'est pas sans rappeler *Les Hommes du président*[1], un autre grand classique du cinéma sur l'enquête du Watergate.

Dans son bureau dominant la salle, le nouveau rédacteur en chef de l'équipe Spotlight se montre avenant. Scott Allen est curieux de la situation en France après la révélation des dernières affaires de pédophilie dans l'Église catholique. « *Tu ne veux pas m'envoyer enquêter à Paris maintenant ?* », lance à la cantonade Walter Robinson, en sortant du bureau, les yeux pleins de malice. À l'étage du dessous, Walter a conservé son ancien bureau. Nous y resterons deux heures pour évoquer nos

---

1. Alan J. Pakula, *Les Hommes du président*, 1976.

enquêtes respectives à treize ans d'intervalles, des deux côtés de l'Atlantique.

DAPHNÉ GASTALDI. Depuis Boston, comment analysez-vous les scandales qui frappent l'Église catholique française ?

WALTER ROBINSON. J'ai lu certains articles, mais de toute évidence, et à des degrés variables, l'Église catholique doit enfin rendre des comptes dans de nombreux pays. Cela fait déjà quelques années, mais il y a aussi un regain d'intérêt maintenant, en partie à cause du film *Spotlight*, et nous pensons que dans la plupart des pays, l'Église a effectivement très peu communiqué sur l'étendue de ces abus.

DAPHNÉ GASTALDI. En France, le cardinal Barbarin a fait face à des accusations de dissimulation d'actes pédophiles[1]. Il a été entendu longuement par la police dans le cadre d'une enquête judiciaire. Après vos révélations en 2002, à quel moment le cardinal Law, archevêque de Boston, a-t-il décidé de démissionner ? Quel en a été le facteur clé ?

WALTER ROBINSON. À Boston, tous les documents, tous les dossiers personnels de chaque prêtre accusé ont été rendus accessibles aux médias. Cela a commencé en janvier 2002. Le cardinal Law a démissionné en décembre, soit onze mois plus tard. Les révélations ont continué d'arriver et, dans les documents, il y avait des preuves indéniables que le cardinal et ses subordonnés savaient ce qui se passait et néanmoins déplaçaient ces prêtres d'une paroisse à une autre. C'étaient des documents

---

1. Plaintes classées sans suite le 1er août 2016.

La mécanique du silence

extrêmement compromettants. Je me souviens d'un prêtre, le père Geoghan, qui a probablement fait 500 victimes. Quand il a finalement été forcé de quitter la prêtrise, le cardinal Law lui a écrit une lettre disant : « *Cher Jack, nous sommes tous si reconnaissants pour ces formidables décennies que tu as consacrées au service du Seigneur.* » Comment peut-on dire ça à quelqu'un qui a gâché la vie de 500 enfants ? Au bout du compte, tous les catholiques influents avaient appelé le cardinal à démissionner. Dans le mois précédant cette démission, beaucoup de ses propres prêtres ont aussi appelé à son départ. Et il y a eu une lettre, signée de 55 prêtres, ce qui était une chose très courageuse, disant que le cardinal avait fait tant de mal à la réputation de l'archidiocèse qu'il devait partir. Le cardinal a finalement démissionné quelques semaines plus tard.

DAPHNÉ GASTALDI. Dans l'archidiocèse de Boston, cela arrivait-il fréquemment d'envoyer un prêtre pédophile dans un autre diocèse, sans rien dire de son passé ?

WALTER ROBINSON. La plupart du temps, quand des prêtres étaient déplacés, les évêques qui les accueillaient étaient au courant, mais les curés des églises où ces prêtres arrivaient ne savaient pas. Je dois avouer cependant que si j'avais été curé dans le New Jersey et que tout à coup débarquait dans ma paroisse un prêtre du Massachusetts, je me serais sans doute douté de quelque chose. J'ai du mal à croire que les curés ne se doutaient pas de ce qui se passait.

DAPHNÉ GASTALDI. Dans le film *Spotlight*, on constate que vous avez trouvé différents prétextes utilisés par l'archidiocèse de Boston pour tenir à l'écart les prêtres

accusés d'agressions sexuelles : congé maladie, non assigné, *leasing*, etc. Comment avez-vous découvert cela ?
WALTER ROBINSON. Premièrement, tous les membres de notre cellule d'investigation avaient été élevés dans la foi catholique, nous en connaissions donc un rayon sur le fonctionnement de l'Église. Quand nous avons commencé à enquêter, nous avions connaissance de douze à treize prêtres. Pour ceux-ci, nous avons regardé dans les registres de l'Église, parce que nous savions que ces prêtres étaient déplacés très souvent. En moyenne, un prêtre passait sept à huit ans dans une paroisse avant d'être envoyé ailleurs. Mais ces prêtres-là étaient envoyés dans une nouvelle paroisse tous les deux ou trois ans. Ce qui était suspect, étant donné que nous savions que l'Église souffrait d'un manque chronique de prêtres. Ce que nous avons également découvert, sur ces douze ou treize prêtres, c'est qu'ils étaient fréquemment mis au placard. Au lieu d'être remis au travail, ils étaient inscrits comme étant en congé maladie, parfois pour un ou deux ans, ou « *en attente d'affectation* », ou encore « *assignés à l'administration du clergé* ». Nous avons décidé d'utiliser ces registres pour trouver combien de prêtres entraient dans ces catégories. Nous avons ainsi construit une base de données de 87 prêtres. Quand l'enquête a été publiée, en 2002, nous avons commencé à recevoir des appels de centaines de victimes.
DAPHNÉ GASTALDI. Quand ces prêtres étaient « non assignés » ou en « congé maladie », où séjournaient-ils ?
WALTER ROBINSON. Certains étaient logés chez des particuliers, d'autres séjournaient dans leur famille… Mais beaucoup étaient hébergés dans une grande demeure de

La mécanique du silence

vingt-cinq pièces, dans la banlieue de Boston, offerte à l'Église par l'une de ses riches ouailles. Dans les années 1970, elle avait été utilisée comme un centre de désintoxication pour les prêtres ayant un problème d'alcool. Dans les années 1980, c'était devenu un centre de réhabilitation pour les prêtres pédophiles... Nous avons réussi à identifier ce lieu et nous nous sommes rendus dans la ville où est située cette demeure. Or cette ville établit un recensement annuel. Nous avons découvert dans les registres municipaux que, sur une période de sept ans, la plupart des prêtres qui y ont séjourné ont eu l'amabilité d'y enregistrer officiellement leur lieu de résidence. Nous avons découvert que le directeur et le directeur adjoint de ce centre étaient tous deux prêtres et avaient été eux-mêmes poussés à la démission car accusés de pédophilie.

DAPHNÉ GASTALDI. En ce qui concerne les cas d'abus sexuel dans l'Église américaine, avez-vous remarqué des schémas similaires dans d'autres pays comme l'Irlande, l'Allemagne ou la Belgique par exemple ?

WALTER ROBINSON. En fait, je ne connais pas un seul archidiocèse soumis à ce genre d'enquête, où les archevêques et cardinaux n'aient pas procédé de la même manière. Pendant de longues années, lorsque les prêtres commettaient des actes pédophiles, ils les transféraient vers d'autres paroisses. Parfois ils les mettaient au placard, les retirant de la circulation pour quelque temps. Ils avaient aussi ce que nous avons appelé un programme de « *leasing* ». L'archidiocèse de Boston envoyait un prêtre coupable, devenu en quelque sorte trop compliqué à gérer, en prêt à un autre diocèse. Je pense à un cas en particulier : un diocèse dans l'Ohio a envoyé deux prêtres à Boston, alors qu'ils avaient abusé d'enfants dans l'Ohio. Bien sûr, ils ont continué à abuser de nombreux autres enfants une fois arrivés à Boston. Il y a eu des cas où des diocèses américains ont accepté des prêtres pédophiles venant de pays comme la Thaïlande, l'Irlande ou autres. Il y a eu aussi des moments où l'archidiocèse de Boston envoyait des prêtres en Amérique latine. Je me souviens aussi du cas d'un prêtre, reconnu coupable de viol d'un jeune garçon en 1984, et qui avait été laissé en liberté conditionnelle par un juge mais avec interdiction de quitter le Massachusetts. Le cardinal Law l'a envoyé dans le New Jersey et il a écumé quatre paroisses en sept ans, sans qu'aucun des curés de ces paroisses ne soit informé de ce qu'il avait fait à Boston.

DAPHNÉ GASTALDI. En France, nous avons pu remarquer que plusieurs prêtres ou religieux pédophiles avaient été envoyés à l'étranger. Durant votre enquête, vous avez découvert des schémas similaires ?

WALTER ROBINSON. Oui, il y a eu des prêtres envoyés à l'étranger. Pendant des années, l'archidiocèse de Boston avait une organisation appelée la Société de saint Jean l'Évangéliste, composée de prêtres bostoniens missionnaires en Amérique latine. Durant ces années, un certain nombre de ces prêtres furent des prêtres pédophiles qui n'étaient plus les bienvenus à Boston. Alors le cardinal Law et ses prédécesseurs les expédiaient en Amérique latine, où ils pouvaient continuer à abuser d'encore plus d'enfants.

La mécanique du silence

DAPHNÉ GASTALDI. Comment voyez-vous la situation dans les pays en développement où ont été envoyés certains prêtres pédophiles ?
WALTER ROBINSON. Je pense que cette situation perdure dans de nombreux pays en développement. Les prêtres pédophiles continuent d'être déplacés vers une autre paroisse. Dans beaucoup de pays, il est difficile de différencier l'État et l'Église. L'Amérique latine en est un exemple parfait et il n'y a donc pas vraiment eu de décompte. Maintenant, un grand nombre de victimes se sont fait connaître à Buenos Aires, mais en Argentine, comme dans de nombreux pays d'Amérique latine, l'Église est toute-puissante et l'État met des bâtons dans les roues de ceux qui veulent faire éclater la vérité. Les victimes ne peuvent être entendues devant la justice, elles ne peuvent demander une enquête au procureur. À Boston, près de 11 % des prêtres ont commis des agressions sexuelles sur des enfants, ce qui fait plus d'un prêtre sur dix, sur une période de cinquante ans. C'est un chiffre énorme et nous pensons que ce pourcentage est le même partout. Il n'y avait rien dans l'eau de Boston qui rendait les prêtres plus susceptibles d'agresser sexuellement des enfants ! Les évêques américains ont déjà admis que 4 % des prêtres étaient concernés, mais les chiffres nous indiquent que c'était bien plus que ça. C'est probablement la même chose en France, pourquoi serait-ce différent ?

L'entretien terminé, Walter Robinson offre son livre spontanément et se lance dans une dédicace pour We Report, notre collectif de journalistes indépendants. Plus

Église la mécanique du silence

qu'un clin d'œil, un remontant pour finir cette enquête, parfois lourde à porter. Il en a bien conscience. Sur le chemin du retour, laissant planer le suspense, Walter nous montre une petite pièce accolée aux bureaux historiques de Spotlight. Un store est abaissé sur la paroi vitrée. Derrière, dans la pénombre, on devine des piles de cartons entassés. Des milliers de documents qui ont fait tomber l'archevêque de Boston.

20

Affaires étrangères

C'est un peu l'histoire du nuage de Tchernobyl. Quand l'État nous expliquait que les radiations s'étaient arrêtées à la frontière et n'avaient pas franchi les Alpes. Longtemps, l'Église catholique française a minimisé les faits sur les affaires de pédophilie. Les évêques disaient que non, ce n'était pas comparable aux scandales de nos voisins. Que les prédateurs et les victimes étaient moins nombreux en France. Encore récemment, en novembre 2016, Mgr Antoine Hérouard, recteur du prestigieux séminaire français de Rome et ancien secrétaire général de la Conférence des évêques de France (2007-2014), nous certifiait que « *nous n'avons pas eu les scandales énormes qu'ont connus les Églises américaine, allemande, irlandaise* ». Il ajoutait que « *le fonctionnement de l'Église en France, peut-être au vu de la séparation de l'Église et de l'État, fait que les institutions catholiques sont*

Église la mécanique du silence

plus sous le regard de tout le monde. Il n'y a pas ce sentiment d'une puissance qu'ont pu avoir certaines institutions ».

Ce livre tend à démontrer le contraire. Que des centaines de victimes n'ont pas été entendues par l'Église catholique de France. Que des dizaines de prêtres ont été couverts par leurs évêques, partout dans le pays, sans que la justice en soit informée. Le silence de l'Église sur la pédophilie n'est pas lié à quelques individus déviants. Il doit être pensé comme le réflexe d'une institution qui se protège pour assurer sa survie. Dans chaque pays où les affaires ont éclaté, une même mécanique du secret s'est répétée au sein de l'Église, entre exfiltrations et dissimulations. Aux États-Unis, au Canada, en Irlande, en Autriche, en Allemagne, en Belgique, en Suisse, aux Pays-Bas ou encore en Australie. Aujourd'hui, en France. Ce n'est pas tant le nombre de prêtres pédophiles ou l'ampleur des faits qui créent les scandales, mais le silence de l'institution qui les entoure.

Au Canada, les abus sexuels perpétrés pendant des décennies par des religieux sur les autochtones ont tourné à l'affaire d'État. Entre la fin du XIXe siècle et les années 1990, où des milliers d'autochtones saisissent la justice, on estime à 150 000 le nombre d'enfants arrachés à leurs familles et placés de force dans des établissements religieux catholiques. Des écoles pour assimiler et évangéliser les populations locales. À l'intérieur de ces pensionnats, les enfants subissent de multiples abus, physiques, psychologiques et sexuels. C'est le cas de Marius, victime du père Joannes Rivoire, un prêtre missionnaire français oblat, que nous évoquons dans ce livre[1].

---

1. Voir chapitre 18.

La mécanique du silence

Face aux premières révélations dans la presse dès la fin des années 1980, la Conférence des évêques du Canada a rapidement mis en place des mesures de prévention contre les abus sexuels. En cela, et malgré elle, l'Église canadienne fait presque figure de pionnière dans le monde. En 1992, elle publie un rapport, *De la souffrance à l'espérance*, qui en appelle « *au respect des instances civiles et de leur juridiction propre en la matière* ». Au Canada, le prêtre est ainsi relevé de ses fonctions dès qu'une enquête est ouverte. En 2008, l'Église versera 79 millions de dollars canadiens d'indemnités aux anciens élèves des pensionnats autochtones. Un an plus tard, le pape Benoit XVI présente pour la première fois ses excuses au nom de l'institution, pour « *l'angoisse causée par la conduite déplorable de certains membres de l'Église* » au Canada.

En Europe, l'Autriche est la première touchée par le scandale. En 1995, le cardinal de Vienne, Hans Hermann Groër, est lui-même accusé d'abus sexuels par deux anciens élèves. Le prélat, par ailleurs à la tête de l'Église autrichienne, ne reconnaît pas les abus, mais démissionne la même année. Officiellement pour son âge, il a 75 ans. À l'époque, ni le Vatican, ni l'Église autrichienne ne lanceront d'enquête. Pourtant, trois ans plus tard, en 1998, le nouvel archevêque de Vienne, Mgr Schönborn, demande pardon et reconnaît la véracité des accusations. Le Vatican retire alors toute fonction ecclésiastique à Mgr Groër. Mais le prélat autrichien mourra en 2003, sans jamais avoir été jugé pour ses actes. Conséquence directe de cette omerta, une association civile de catholiques en colère, « Nous sommes

Église la mécanique du silence

l'Église », voit le jour en Autriche en 1995, prônant une véritable réforme de l'institution.

Mais c'est en Irlande que l'Europe prend conscience de l'ampleur du phénomène. Les abus y sont massifs, institutionnalisés. En mai et novembre 2009, après plus de dix ans d'enquête, deux documents, les rapports Ryan et Murphy, dévoilent que des centaines d'enfants ont été victimes de sévices, en particulier sexuels, dans les institutions catholiques irlandaises depuis les années 1930. Le rapport Murphy identifie 46 prêtres coupables d'agressions sexuelles sur au moins 440 victimes, entre 1975 et 2004. Une dizaine d'évêques sont accusés d'avoir couvert les abus. Pour l'Irlande, un pays de forte culture catholique, le choc est brutal.

À la suite de la publication de ces rapports, l'État s'engage à indemniser 12 500 victimes pour un montant de plus d'1,3 milliard d'euros. Il demande à l'Église irlandaise d'apporter la moitié de cette somme en guise de réparations. En 2010, le pape Benoît XVI convoque les vingt-quatre évêques irlandais. Tout l'épiscopat d'un pays, convoqué pour la première fois. Il admet publiquement, dans une lettre aux catholiques irlandais, les « *graves erreurs* » des évêques et les « *injustices* » pour les victimes. Quatre évêques irlandais ayant couvert des faits finiront par démissionner.

La médiatisation des affaires et la nouvelle politique de tolérance zéro de Benoît XVI vont provoquer une vague de révélations en Europe. À commencer par le pays natal du cardinal Ratzinger, l'Allemagne. En janvier 2010, le père Klaus Mertes, supérieur d'un collège jésuite, jette un pavé dans la mare. Le prêtre, l'un des

La mécanique du silence

rares lanceurs d'alerte au sein de l'Église, déclare que de nombreuses agressions sexuelles ont eu lieu dans son école dans les années 1970 et 1980. Très vite, les langues se délient dans tout le pays. En seulement deux mois, cent soixante-dix victimes de religieux se signalent dans les deux tiers des diocèses allemands. Benoît XVI est accusé lui-même d'avoir hébergé un prêtre pédophile en 1980 lorsqu'il était archevêque de Munich.

Suite au scandale, l'Église d'Allemagne va annoncer de multiples mesures de protection pour les victimes. Un évêque référent est nommé. Une ligne téléphonique est ouverte et va recevoir près de 3 500 appels en moins d'un an. Une brochure et un site Internet sont créés. Des règles de prévention des abus sont édictées dans les établissements catholiques. Mais le scandale provoque une véritable onde de choc pour l'Église catholique allemande. Selon l'édition religieuse du journal *Die Zeit*, 180 000 personnes ont demandé à être rayées des registres de l'Église catholique en 2010, soit 50 000 de plus que l'année précédente.

D'autres révélations suivent et secouent l'Europe. En Belgique, la démission en avril 2010 de l'évêque de Bruges, Roger Vangheluwe, accusé d'abus sexuels sur un jeune garçon, puis exfiltré en France, va provoquer des réactions en chaîne dans tout le pays. Des centaines de témoignages de victimes de prêtres pédophiles affluent. Une commission spéciale, dirigée par un pédopsychiatre reconnu, Peter Adriaenssens, est mandatée par l'Église pour écouter les victimes. Une dizaine de personnes, médecins, canonistes, spécialistes des abus, composent la commission. Karlijn Demasure, alors professeure associée à l'université catholique d'Ottawa, en fait partie. « *On avait demandé que les victimes se manifestent. En six semaines, nous avons eu près de 500 dossiers. Ça, même quand vous avez beaucoup travaillé sur ces sujets, c'était quasiment impossible à digérer* », se souvient celle qui est aujourd'hui directrice du Centre pour la protection des mineurs du Vatican. « *On était presque pourchassés par la presse, qui avait peur qu'on couvre, qui voulait tout savoir, tout de suite. Elle n'avait pas confiance dans l'Église et la manière dont elle gérait les affaires. Ce manque de confiance s'expliquait aussi par le fait que presque toutes les personnes de la commission étaient liées d'une façon ou d'une autre à l'Église* », reconnaît Karlijn Demasure.

Des perquisitions sont alors orchestrées dans différents évêchés. La commission Adriaenssens décide de suspendre ses travaux. Elle est remplacée par un centre d'arbitrage, mis en place par le Parlement belge, qui entendra 628 victimes en l'espace de deux ans. Du côté de l'Église, un comité de surveillance, composé de personnes extérieures à l'institution, est créé pour juger du devenir des prêtres abuseurs. Des brochures sont également publiées et des journées de prévention sont organisées dans les diocèses. En 2015, l'Église belge estime que près de quatre millions d'euros d'indemnités ont été versés aux victimes. Un chiffre encore insuffisant pour la lanceuse d'alertes Lieve Halsberghe. « *Cela fait moins de 4 000 euros en moyenne par personne. C'est scandaleux car on parle quand même de vies détruites. Ce chiffre est incomparable aux montants qui ont été payés par l'Église aux États-Unis ou dans d'autres pays* », relativise la militante belge.

La mécanique du silence

Même quand les faits sont très anciens, les plaies n'ont jamais vraiment cicatrisé. Aux Pays-Bas, la « *bombe pédophile* » a explosé en février 2010, quand deux journalistes révèlent une affaire d'abus sexuels dans un internat salésien de Don Bosco. Les faits remontent pourtant aux années 1950. Une commission indépendante est alors créée, avec à sa tête le maire de La Haye, Wim Deetman. Après un appel aux victimes, la commission recueille 1 795 plaintes d'abus sexuels sur mineurs, commis entre 1945 et 1981. Elles concerneraient 800 religieux pédophiles. Selon la commission, entre 10 000 et 20 000 enfants auraient été victimes de clercs pendant ces années aux Pays-Bas[1]. « *La commission indépendante a créé de la confiance pour les victimes* », explique Hendro Munsterman, théologien et journaliste néerlandais. « *L'Église a beaucoup investi dans le suivi des victimes. Certains évêques sont allés au-delà de la prescription. Cela a coûté 30 millions d'euros à l'Église* », ajoute le chercheur hollandais.

Une levée de la prescription qui a été encore appliquée récemment par l'Église suisse. Suite à différentes affaires de pédophilie au sein de la Confédération dans les années 2000, les autorités ecclésiastiques helvètes ont annoncé en 2016 la mise en place d'un fonds spécial de 500 000 francs pour les victimes prescrites d'abus sexuels. La Cecar, la Commission d'écoute, de conciliation, d'arbitrage et de réparation, un centre calqué sur le modèle belge, en lien étroit avec les institutions

---

1. Hendro Munsterman, « La bombe pédophile », *Témoignage chrétien*, 12 janvier 2012.

politiques et les victimes, a également été mise en place. « *Nous avons fait appel à des parlementaires pour nous aider à chercher une solution qui puisse être adaptée à la Suisse romande. Le premier point pour que l'Église fasse une véritable et indispensable réparation institutionnelle, c'est justement un travail de mémoire. De comprendre ce qu'il s'est passé pour prévenir* », explique Jacques Nuoffer, président d'un groupe de soutien aux victimes en Suisse, qui a œuvré pour la création de la Cecar. « *Pour moi, l'indemnisation, qui sera toujours modeste par rapport à ce qu'il se passe aux États-Unis ou au Canada, symbolise simplement la reconnaissance de l'Église, sa responsabilité morale.* »

Depuis les années 2000, sous l'impulsion de Benoît XVI, l'Église catholique a enfin réagi. Un tournant, entre prévention et répression. En Irlande, des évêques ont dû démissionner. Aux États-Unis, une « tolérance zéro » a été appliquée. Au Canada, en Belgique et aux Pays-Bas, des commissions indépendantes ont été mises en place. Et presque partout où les scandales ont éclaté, des fonds d'indemnisation aux victimes ont été créés. « *Dans l'idéal, les trois mesures essentielles à prendre seraient l'ouverture des archives, la commission nationale indépendante et l'indemnisation des victimes* », explique un prêtre français spécialisé en droit canonique, qui suit de près les réparations des abus sexuels.

En France, les cellules d'écoute occupent une place centrale dans le nouveau dispositif installé en 2016. Sur quatre-vingt-treize diocèses métropolitains, une quarantaine de cellules auraient été mises en place, selon la Conférence des évêques de France. Même si certaines

La mécanique du silence

étaient encore poussives plusieurs mois après leur création. En la matière, c'est le diocèse de Montpellier qui fait figure de bon élève. En mai, une convention pour une cellule d'écoute est signée avec un centre de ressources sur les abus sexuels rattaché au CHU de Montpellier. Une campagne de communication offensive, à base d'affiches, est même menée dans les paroisses et les écoles catholiques de la ville. « *Le CRIAVS*[1] *écoute et apprécie la situation qui est faite. Dans les cas qui semblent relever de la justice, soit il demande à l'intéressé d'aller trouver la justice, soit il fait un signalement au procureur. Ses membres travaillent en toute indépendance, je ne suis pas là pour les surveiller* », explique Mgr Carré, archevêque de Montpellier et vice-président de la CEF.

Mais la route vers la transparence est encore longue. Si en Occident, un tournant s'opère, les pays latins sont à la traîne. L'Espagne, le Portugal et l'Italie, terre des papes, n'ont toujours pas fait leurs examens de conscience. « *Il existe une géopolitique latine de l'Église. En France, en Italie et en Espagne, il n'y a pas eu de véritables enquêtes* », confirme Christian Terras, le directeur du journal *Golias*.

En Belgique, ces différences culturelles ont même divisé le pays. Ainsi, entre 2012 et 2015, près de 80 % des faits signalés d'abus sexuels commis par des religieux ont émané de la région flamande. Contre 20 % pour la Belgique francophone, alors qu'elle représente plus de 40 % de la population belge. « *Dans une culture latine, il*

---

1. Centre ressource pour les intervenants auprès des auteurs de violences sexuelles.

Église la mécanique du silence

est certainement plus difficile pour un homme de dénoncer des abus sexuels subis », explique le théologien flamand Hendro Munsterman. *« Le respect de la hiérarchie est plus fort dans les pays du Sud que dans les pays du Nord, où les organisations sont plus horizontales. »*

Que dire alors des pays en développement ? Dans certains pays d'Afrique, d'Amérique latine ou d'Asie, le sujet est tabou. L'Église y demeure puissante, le prêtre sacralisé et les mesures de prévention quasi inexistantes. À commencer par l'Argentine, patrie du pape François. Le souverain pontife, si prompt à dénoncer les abus sexuels sur mineurs depuis le Vatican, se montre bien plus discret sur son passé argentin. Et sur le cas de son ami, le père Julio Cesar Grassi. Le prêtre argentin, un héros de l'humanitaire et des quartiers pauvres de Buenos Aires, a été condamné à quinze ans de prison pour abus sexuels sur mineurs en 2009. François, alors cardinal Bergoglio et archevêque de Buenos Aires, va laisser le prêtre en poste, jusqu'au procès en appel en 2013, qui confirmera la sentence. Il va même financer un rapport privé pour disculper le père Grassi, et n'aura aucun mot pour les victimes du prêtre. Selon le quotidien américain *The Washington Post*[1], même dans d'autres cas où les prélats finiront en prison, le cardinal Bergoglio n'offrira pas d'indemnités financières ni d'excuses pour les victimes d'abus sexuels. Loué pour sa modernité, le pape osera-t-il ouvrir toutes les archives ?

---

1. Nick Miroff, « Pope Francis was often quiet on Argentine sex abuse cases as archbishop », *The Washington Post*, 18 mars 2013 (en anglais).

PARTIE III

JUSTICE DE DIEU, JUSTICE DES HOMMES

21

Aux portes du Vatican

Ce sont de lourdes portes, qui protègent les secrets les plus inavouables du Vatican. En cette matinée de novembre 2016, nous nous sentons petits face à l'impressionnant Palais du Saint-Office. C'est entre ces murs, à quelques mètres des colonnes de la place Saint-Pierre de Rome, que s'exerce la loi implacable de l'Église depuis le XVIe siècle : la justice divine. Autrefois siège de l'Inquisition, prison et tribunal, le palais abrite depuis 1965 son héritière directe. La puissante Congrégation pour la doctrine de la foi (CDF), compétente sur les délits et les crimes les plus graves commis dans l'Église catholique, en particulier les abus sexuels sur mineurs. La Congrégation archive, recense et juge toutes les affaires de prêtres pédophiles du monde entier.

Église la mécanique du silence

Depuis des semaines, nous sollicitons un entretien avec Mgr Ludwig Müller, préfet de la Congrégation pour la doctrine de la foi. Sans retour, malgré de nombreuses tentatives. Nous avons même demandé à un membre de We Report, notre collectif de journalistes, de tenter sa chance en italien. Sans succès. Après s'être cassé les dents pour obtenir un contact, Federico Franchini a fini par recevoir un mail négatif de la CDF. Le préfet n'est pas disponible aux dates indiquées, lui a-t-on rétorqué. Par contre, nous serions les bienvenus à Rome pour recevoir le livre *Benedetto & Francesco*. Un portrait croisé des deux derniers papes, écrit par Mgr Müller en personne.

Nous avons décidé de les prendre au mot, et d'utiliser ce prétexte pour tenter notre chance au Palais du Saint-Office. Après la traversée d'une cour historique, nous patientons dans une salle d'attente. La secrétaire part en trottinant solliciter une audience avec Mgr Müller. En cas de refus, nous espérons pouvoir au moins visiter les bureaux de la Congrégation pour la doctrine de la foi. Car la CDF conserve une aura mystérieuse, même depuis l'élection du pape François, réputé si moderne. Selon nos informations, certaines instances officielles du Vatican n'arriveraient pas à obtenir des statistiques de la CDF. Nos espoirs auront été de courte durée. La secrétaire revient, tout sourire, avec pour seule réponse un exemplaire de *Benedetto & Francesco* en italien. Ce cadeau sera la seule réponse à nos demandes d'interviews.

Justice de Dieu, justice des hommes

Après ce premier échec, nous poursuivons notre tournée romaine. Pendant une semaine, nous rencontrons de nombreux prêtres, directeur de séminaire, recteur d'église, canoniste et psychanalyste, ainsi que des membres éminents du Vatican.

Au plus près de notre sujet, nous avons loué un appartement sur le *Clivo delle Mura Vaticane*. Un chemin sinueux aux portes du pouvoir, à quelques mètres des murs sacrés qui cernent le plus petit État du monde. Depuis la terrasse, nous pouvons observer les hélicoptères voler au-dessus de la basilique Saint-Pierre. Une manche à air orange et blanche indique l'emplacement de l'héliport du Vatican. Quelques jours plus tard, nous obtenons enfin un rendez-vous de l'autre côté des remparts.

Notre interview est fixée à 11 heures. Une chargée de communication vient nous chercher. Après nos multiples revers, passer les gardes suisses, leurs hallebardes et leurs costumes traditionnels bariolés, paraît relever du miracle. On nous emmène à la résidence Sainte-Marthe, qui sert de logement pour les cardinaux en période de conclave. Nous avons ce matin-là droit à un entretien d'une trentaine de minutes avec un prêtre, « Monseigneur », haut dignitaire du Vatican. Il a accepté de nous rencontrer, à la condition de ne pas le citer.

Le prélat est un expert de longue date du problème des abus sexuels dans l'Église. Il connaît parfaitement les coulisses de la justice divine. Nous nous étonnons devant lui de l'opacité de la CDF et de son absence de transparence en matière de données. « *Le Saint-Père n'a pas encore décidé comment faire pour rendre les informations disponibles »*, explique-t-il. « *C'est difficile. Il faudrait faire des statistiques par pays »*, ajoute-t-il, peu convaincu par la pertinence de ces données. Mais le prélat insiste, « *les mesures que nous avons prises fonctionnent »*. Quelques heures plus tard, Mgr Hérouard, directeur du séminaire français de Rome, nous avouera lors d'un entretien que le silence règne à la CDF sur ces questions. « *C'est sûr qu'ils ont une certaine culture du secret. Dans les procédures judiciaires, quelles qu'elles soient. Dans la brochure de 2010, j'ai voulu mettre quelques chiffres et j'ai eu beaucoup de mal à les réunir »*, rappelle celui qui a été secrétaire général de la Conférence des évêques de France de 2007 à 2014.

Au Vatican, la CDF juge les prêtres pédophiles, alors que la Commission pontificale pour la protection des mineurs s'occupe de la prévention des abus sexuels. Mise en place par le pape François en 2014, cette commission est composée de dix-sept membres, prêtres, psychanalystes, religieuses, juristes et même victimes. Son président est le cardinal Sean O'Malley, archevêque de Boston depuis 2003. Au sein de l'arsenal préventif du Vatican, elle complète une autre structure, le Centre pour la protection des mineurs (CPP). Né en 2012, il dépend de l'université pontificale grégorienne. Situé dans le centre de Rome, le CPP est dirigé par une laïque, Karlijn Demasure, qui nous a longuement reçus.

Théologienne flamande, elle a fait partie de la commission Adriaenssens, chargée en 2010 de faire la lumière sur les affaires de pédophilie dans l'Église catholique belge. Un scandale de grande ampleur. Six

Justice de Dieu, justice des hommes

semaines de travail et près de 500 dossiers de victimes examinés. « *Cette commission servait surtout à écouter les victimes pour que les congrégations et diocèses prennent leurs responsabilités, même dans les cas prescrits* », nous explique Karlijn Demasure. « *Avec le CCP, nous travaillons surtout sur la prévention, moins sur l'accompagnement des victimes* », précise la directrice du centre.

Le CCP se révèle comme un outil de recherche universitaire et d'éducation sur la pédophilie, qui propose formations et cours pour les Églises du monde entier, en cinq langues dont le français. « *Actuellement, il y a plus de 400 étudiants qui suivent ces programmes. Ce sont autant de formateurs (prêtres, éducateurs) qui seront sensibilisés à ces sujets. Mais nous n'avons aucun organisme français. Ça pose des questions* », déplore Karlijn Demasure.

Depuis son élection, le pape François multiplie les structures et les déclarations fortes en matière de lutte contre la pédophilie. En février 2016, dans un avion qui le ramène du Mexique à Rome, et en pleine « affaire Barbarin », il estime qu'« *un évêque qui change de paroisse un prêtre alors qu'il sait qu'il est pédophile est un inconscient, et la meilleure chose qu'il puisse faire est de présenter sa démission* ». En juin, il émet un nouveau *motu proprio*[1] et annonce la création d'un tribunal pour juger les évêques. Les prélats pourraient désormais être révoqués en cas de négligence concernant des abus sexuels commis dans leurs diocèses. Des mesures bienvenues, mais que les associations de victimes jugent insuffisantes tant qu'elles resteront internes à l'Église. « *Durant ces décen-*

---

1. Lettre apostolique émise par le pape, faisant office de loi.

Église la mécanique du silence

nies de crise, les commissions, les procédures, les protocoles et les promesses ont abondé. *Mais ils ont été dépourvus de signification* », a rappelé en 2015 le SNAP, l'association américaine de victimes de prêtres.

En février 2016, un premier obstacle se dresse sur le chemin de cette politique très médiatique et symbolique du pape François. Peter Saunders, l'une des deux seules victimes de la commission pontificale pour la protection des mineurs, est mis à l'écart, « *en congé* » du groupe d'experts du Vatican. Le fondateur britannique de l'association de victimes Napac avait commencé à élever la voix dans les médias sur la mansuétude de Rome envers deux évêques : l'argentier du Vatican et cardinal de Sydney, Mgr George Pell, lui-même sous enquête pour pédophilie en Australie, et le Chilien Mgr Juan de la Cruz Barros, accusé d'avoir couvert des abus sexuels dans son pays. Dans les colonnes du *Los Angeles Times*, Peter Saunders lâche : « *On m'a dit que Rome ne s'était pas faite en un jour, mais le problème, c'est qu'il ne faut que quelques secondes pour violer un enfant*[1]. »

Nous avons contacté Peter Saunders. Deux ans après sa nomination dans la commission voulue par le pape François, l'homme est amer. « *Quand j'ai été invité à rejoindre la commission, j'ai pensé que l'Église était sérieuse au sujet de la protection des enfants, et que ça allait changer rapidement. J'avais tort* », nous écrit-il par mail. « *Une commission avec des personnes du monde entier qui se rencontrent juste deux fois par an, c'est ne pas prendre le sujet*

---

1. Tom Kington, « Vatican panel kicks off meeting on sexual abuse by watching Spotlight », *The Los Angeles Times*, 4 février 2016 (en anglais).

Justice de Dieu, justice des hommes

au sérieux », ajoute-t-il. Pour cette ancienne victime, *« la protection des hauts dignitaires religieux apparaît être la priorité »* de l'Église.

Derrière les apparences, la politique du pape François en matière de lutte contre la pédophilie est bien plus ambiguë. En mai 2015, en déplacement au Chili, le souverain pontife apporte un soutien frontal à Mgr Barros. *« Pensez avec vos têtes et ne vous laissez pas mener par des vents gauchistes qui ont orchestré toute cette chose »*, lâche François devant un groupe de Chiliens. Un an plus tard, en mai 2016, le Saint-Père déclare dans une interview au journal *La Croix* qu'une démission du cardinal Barbarin serait *« un contresens*[1] *»*. Ce qui provoquera l'amertume de l'association lyonnaise La Parole libérée, qui attend toujours d'être reçue par le pape au Vatican.

En réalité, si le progressiste François communique habilement sur un sujet tabou au sein de l'Église, il ne fait que s'inscrire dans les pas de son prédécesseur, le conservateur Benoît XVI. Devenu pape en 2005, le cardinal Ratzinger fait de la lutte contre la pédophilie l'une des priorités de son pontificat. Rapidement, dans le sillage des évêques américains, il met en place une politique de tolérance zéro. En avril 2008, à bord d'un avion pour Washington, il se dit *« honteux »*, ajoutant qu'*« un pédophile ne pouvait pas être prêtre »*. La même année, à l'occasion des Journées mondiales de la

---

1. Guillaume Goubert et Sébastien Maillard, « Le pape François à *La Croix* : "En France, l'Église possède une capacité créatrice" », *La Croix*, 16 mai 2016.

Église la mécanique du silence

jeunesse (JMJ) de Sydney, il célèbre une messe privée avec des victimes d'hommes d'Église. Des mots suivis d'effets. En 2014, le Saint-Siège révèle que 400 prêtres ont été défroqués pendant le pontificat de Benoît XVI.

Au Vatican, le véritable tournant intervient en 2001. Faisant suite à un *motu proprio* de Jean-Paul II, et alors qu'il n'est encore « que » préfet de la Congrégation pour la doctrine de la foi, le cardinal Ratzinger écrit une lettre, *De delictis gravioribus*. Elle désigne les abus sexuels sur mineurs comme l'un des délits les plus graves dans l'Église et oblige les évêques à renvoyer les dossiers à Rome. La CDF a désormais mandat pour centraliser toutes les affaires de pédophilie. Une volonté du cardinal Ratzinger, futur Benoît XVI. « *Il voulait récupérer pour lui, pour son dicastère, la gestion de ces affaires-là. Il a eu gain de cause et c'est finalement la CDF qui gère les cas d'abus sexuels commis sur des mineurs* », nous explique Stéphane Joulain, prêtre français installé à Rome et spécialiste du traitement des abus sexuels. « *Avant, c'était la Congrégation pour le clergé, et elle protégeait les prêtres. Le cardinal Ratzinger se rendait compte qu'il y avait une injustice qui était faite vis-à-vis des victimes. On ne servait pas la justice. C'est vraiment lui qui a été déterminant pour le faire comprendre à Jean-Paul II* », avance Stéphane Joulain.

Pourtant, il aura fallu passer par des décennies de silence pour que Rome commence à bouger sur le dossier de la pédophilie dans l'Église. Même pour Benoît XVI, préfet de la Congrégation de la doctrine pour la foi de 1985 à 2001. En effet, selon le *New York Times*, le cardinal Ratzinger n'aurait pas relevé de ses fonctions un prêtre

Justice de Dieu, justice des hommes

américain ayant commis des abus sexuels sur au moins deux cents enfants malentendants, alors qu'il était à la tête de la CDF[1]. Alerté en 1996, le futur pape n'aurait pas réagi. « *Benoît XVI a eu une longue prise de conscience* », explique Christian Terras, directeur du journal *Golias*. « *Quand il a été patron de la CDF, il a été le verrouilleur pour que ça n'implose pas, appuyé par Jean Paul II qui disait que c'était un complot contre l'Église des communistes* », se souvient le journaliste.

Le cas de Marcial Maciel, fondateur mexicain de la congrégation des Légionnaires du Christ, est emblématique de l'aveuglement de Jean-Paul II et du long silence du cardinal Ratzinger sur les affaires d'abus sexuels. Très proche du pape polonais, le père Maciel aura été pendant des décennies un pédophile notoire, toxicomane à ses heures perdues. Selon le journal *La Vie*, dès la fin des années 1940, Rome est mis au courant des dérives du fondateur des Légionnaires du Christ[2]. Un demi-siècle d'omerta. En 1997, huit séminaristes victimes du prêtre décident d'alerter la presse américaine, puis de porter le dossier l'année suivante devant la CDF. Mais le cardinal Ratzinger patientera plus de six ans avant d'agir. Il n'ouvrira une enquête qu'en décembre 2004, attendra la mort de Jean-Paul II puis sa propre élection à la papauté, pour faire condamner Marcial Maciel en mai 2006, lui retirant alors tout ministère public.

---

1. Nicholas Kulish et Katrin Benhold, « Memo to Pope Described Transfer of Pedophile Priest », *The New York Times*, 25 mars 2010 (en anglais).

2. Jean Mercier, « L'incroyable saga de Marcial Maciel, le padre qui bernait les papes », *La Vie*, 13 mai 2010.

Église la mécanique du silence

Dans les années 2000, le Vatican va se montrer encore complaisant ou miséricordieux envers ses prêtres accusés de pédophilie. En septembre 2001, un cardinal romain, Mgr Castrillon Hoyos, préfet de la Congrégation pour le clergé, en vient même à féliciter Mgr Pican, évêque d'Évreux, de ne pas avoir dénoncé un prêtre pédophile à la justice, l'abbé René Bissey. À la même époque, Mgr Pican est condamné à trois mois de prison avec sursis pour non-dénonciation. Il s'agit de la première condamnation d'évêque en France depuis la Révolution. Dans sa lettre, révélée par le journal *Golias*, le cardinal romain se réjouissait « *d'avoir un confrère dans l'épiscopat qui, aux yeux de l'histoire et de tous les autres évêques du monde, aura préféré la prison plutôt que de dénoncer son fils-prêtre*[1] ».

Encore récemment, le Vatican a pu servir de terrain d'atterrissage. Comme pour le cardinal Law, ancien archevêque de Boston. Démissionnaire en 2002, suite aux révélations du *Boston Globe* qui dévoilait les dizaines de prêtres qu'il avait couverts dans son diocèse, il a été nommé archiprêtre de 2004 à 2011, dans l'une des quatre basiliques majeures du Vatican. Le « méchant » du film *Spotlight* coule aujourd'hui une retraite paisible à Rome. « *Quand vous êtes dans le Vatican, la police ne rentre pas, vous êtes protégé. Le cardinal Law était dans la basilique, il était protégé. C'est un autre territoire* », déplore un prêtre français installé à Rome.

---

1. Christian Terras, « Quand le Vatican félicitait Mgr Pican de n'avoir pas dénoncé son prêtre pédophile », *Golias*, 16 avril 2010.

Justice de Dieu, justice des hommes

Comment expliquer cette chape de plomb dans l'Église ? Pour le chercheur Arnaud Fossier, maître de conférences en histoire médiévale à l'Université de Bourgogne, elle trouverait son origine dans une terrible peur du scandale, inhérente à la culture catholique. « *Il y a une spécificité de l'Église qui est liée à son histoire propre. Il y a quand même une histoire souterraine. Une culture de la peur du scandale, de la correction fraternelle, qui fait que l'Église est une institution spécifique. Elle a une histoire longue par rapport au secret* », nous rappelle l'universitaire.

Une peur du scandale qui se confirme dans la Bible, dès les Évangiles. « *Malheur à l'homme par qui le scandale arrive !* », écrit Matthieu, au chapitre XVIII, verset 7. Pour l'historien Arnaud Fossier, cette crainte serait liée à la perte de la foi. D'autant plus qu'une crise de vocation touche les séminaires français. En 2015, on ne compterait plus que 15 000 prêtres et diacres contre 29 000 en 1995. « *On le comprend avec l'actualité : avec les scandales de pédophilie, l'Église a peur que la foi diminue. C'est pour ça qu'elle veut que les affaires restent en interne, afin d'éviter le scandale. Au Moyen Âge, à travers la peur du scandale, on avait peur du schisme et de la désertion de la foi* », explique le médiéviste. Une peur de l'opprobre, source de dissimulations, qui ne fera qu'aggraver la situation lors des affaires aux États-Unis, en Irlande, en France ou encore en Belgique. « *Beaucoup n'ont pas parlé pour ne pas causer de scandale. Mais la réalité nous a montré que ça a causé un double scandale : celui de ne pas avoir protégé les enfants et celui d'avoir couvert* », estime la Belge Karlijn Demasure.

Église la mécanique du silence

Dans le Nouveau Testament, plutôt que d'imposer une sanction aux prêtres criminels, on oppose le principe de « correction fraternelle ». Il s'agit de régler les problèmes en interne, entre soi ou entre quelques-uns. « *Si ton frère vient à pécher, va le trouver et corrige-le, seul à seul. (...) Mais s'il ne t'écoute pas, prends encore avec toi un ou deux autres, pour que toute l'affaire soit décidée sur la parole de deux ou trois témoins. S'il refuse de les écouter, dis-le à la communauté* », peut-on lire dans Matthieu, chapitre XVIII, versets 15-18. Pour l'universitaire Arnaud Fossier, ce concept de correction fraternelle évolue dès le XIIe siècle, avec l'apparition du droit canon. « *Les canonistes vont faire du scandale une catégorie juridique. Et l'on va créer une autre procédure : la dénonciation fraternelle. C'est une dénonciation en interne, car il y a la limite du scandale. La dénonciation au XIIe siècle va ainsi faire le lien entre la procédure secrète de la correction fraternelle et le procès public* », estime le médiéviste.

Avec la peur du scandale, un deuxième élément explique cette culture ecclésiastique du secret sur les affaires de pédophilie : l'importance du pardon. Le recteur de l'église Saint-Louis-des-Français de Rome, Mgr François Bousquet, le reconnaît. L'Église peut se montrer très protectrice avec ses prêtres. « *Nous sommes habitués, nous prêtres, à prêcher la réconciliation et le pardon. Ça ne veut pas dire contre la justice. Mais quand on voit un évêque hésiter, il y a un peu de ça aussi. C'est-à-dire qu'il ne gère pas le groupe social humain qui est le sien, à savoir un diocèse et un presbyterium*[1], *comme le*

---

1. Ensemble des prêtres d'un diocèse.

Justice de Dieu, justice des hommes

ferait un colonel », explique ce docteur en philosophie, spécialiste de Kierkegaard.

Le père Stéphane Joulain est psychanalyste et spécialiste du traitement des abus sexuels dans l'Église. Également docteur en psychothérapie à l'université d'Ottawa, le Français vient d'achever une thèse sur le sujet. L'homme, chaleureux, nous reçoit un matin à Rome, au siège des Missionnaires d'Afrique, ces fameux « Pères Blancs » dont il est membre. Il nous confie sans ambages : « *Il y a beaucoup de résistance de l'appareil du Vatican. Il y a un combat actuellement à Rome entre ceux qui veulent que la parole des victimes soit écoutée et ceux qui veulent que rien ne change. Il y a ce combat-là, et il est sauvage.* »

Au sein de sa congrégation, Stéphane Joulain est chargé de mettre en place des politiques de protection pour les mineurs dans le monde entier. Il conseille également d'autres communautés touchées par ces problématiques, comme les Oblats. Pour lui, l'Église a véritablement avancé sur les questions de pédophilie, « *dans la bonne direction* », depuis 2010. Dans les diocèses mais aussi dans les congrégations, des politiques de lutte contre les abus sexuels sont progressivement mises en place.

Pour ce spécialiste des abus sexuels, la miséricorde catholique ne peut pas s'accorder avec la protection des victimes. Sur ce point, il demeure intraitable. On ne peut pas transiger. « *Chez les catholiques, on veut pardonner. Mais c'est du bricolage. On ne peut pas se permettre en victimologie de faire du bricolage* », avance Stéphane Joulain. « *Quand il s'agit d'un abus sexuel, que dit Jésus ? Que celui qui fait du mal à un petit, on lui mette une meule autour du cou et qu'on aille le jeter dans la mer »*, rappelle le clerc, qui ne voit, au fond, qu'une seule réparation possible. « *Il faut être très clair. Jésus est très clair dans l'Évangile. Le crime sexuel, c'est une condamnation aux enfers. Le pardon ne peut pas se faire sans justice.* »

22

La loi de l'Église

Pour Michel[1], la justice canonique ressemble d'abord à un coffre-fort, une armoire verrouillée, aperçue dans un bureau de l'archevêché de Lyon. Victime du père de Morand en 2008, le jeune homme se rend ce jour-là à l'officialité, le tribunal du diocèse. Il souhaite obtenir une copie de son dépôt de plainte canonique. Du coffre-fort ouvert sous ses yeux, l'official, équivalent religieux d'un président de tribunal, ne sortira qu'un maigre dossier. « *Quelques notes et une audition* », se souvient-il.

C'est cette même armoire qui a retenu l'attention des policiers le 2 juin 2016, lors d'une perquisition à l'officialité de Lyon. Les enquêteurs de l'affaire Preynat espèrent y trouver d'autres cas d'abus sexuels ou des témoignages dissimulés par le diocèse. Ils n'y découvrent

---

1. Pour préserver l'anonymat des victimes, certains prénoms ont été modifiés.

Église la mécanique du silence

que quelques dossiers, portant pour la plupart sur des affaires de nullité de mariage.

Souvent méconnue du grand public, la justice canonique joue pourtant un rôle majeur dans la gestion des affaires d'abus sexuels commis par des clercs. Parce que les paroissiens font confiance à leurs évêques, les tribunaux des diocèses sont souvent saisis avant même qu'une procédure pénale ne soit engagée. Pour les victimes, ils sont même parfois le seul espoir d'obtenir réparation, quand la justice laïque bute sur la prescription.

Surprenant anachronisme pour le profane, cette justice catholique cohabite toujours avec le droit laïc, sans s'y substituer. Le droit de l'Église, universel, peut se comparer à un règlement interne que des juges, nommés par les évêques, font appliquer devant les tribunaux de chaque diocèse. Historiquement, le droit canonique s'est constitué sur la base du droit romain avant de s'unifier progressivement pour aboutir à la création en 1917 du premier Code de droit canonique. « *Au cours des siècles, Église et État vont se trouver en concurrence au niveau de l'autorité* », détaille Élisabeth Algier, magistrate honoraire et doctorante en droit canonique. « *L'exercice de la justice, régulateur social et lieu d'affirmation du pouvoir, va être un enjeu important de suprématie* », rappelle cette ancienne juge. Depuis 1905 et la loi de séparation des Églises et de l'État, le débat semble tranché, et les rôles bien définis. En théorie. À la justice pénale, le jugement d'une infraction et la punition du coupable, à la justice de Dieu le « *salut des âmes* », défini par le canon 1752 comme « *la loi suprême de l'Église* ».

Justice de Dieu, justice des hommes

Aujourd'hui, la plupart des jugements canoniques portent sur des questions de nullité de mariage. Mais, en traitant des cas d'abus sexuels, les diocèses se saisissent parfois d'affaires qui devraient relever de la justice laïque. Un court-circuitage regrettable. En enquêtant et en auditionnant les plaignants et les accusés, les officialités prennent le risque d'altérer des preuves avant que la justice civile ne s'en saisisse. « *Il y a une ambiguïté de la justice canonique*, pointe Corinne Leveleux-Teixeira, professeur d'histoire du droit à l'université d'Orléans. *Elle a en réalité deux champs de compétences. Elle répond à un projet religieux, de salut des âmes, de réforme des mœurs, de conformité aux valeurs chrétiennes, mais elle traite aussi de la discipline interne, notamment celle des prêtres.* »

Pour mieux comprendre le fonctionnement de cette « justice de Dieu », nous nous sommes plongés dans un procès canonique emblématique, celui du père Thierry de Roucy. Longtemps, cet ancien supérieur général de la Congrégation des serviteurs de Jésus et Marie d'Ourscamp, dans l'Oise, a fait l'unanimité. Fondateur en 1990 de l'œuvre Points-Cœur, une ONG humanitaire intervenant dans les bidonvilles d'une vingtaine de pays, le prêtre passait même pour un saint homme. En avril 2015, il a pourtant été reconnu coupable d'abus sexuels sur majeur, et condamné. La sentence n'a pas été prononcée par un juge pénal mais par l'officialité du diocèse de Montpellier, saisie en appel.

Après onze ans de procédure, le tribunal canonique a estimé que la victime, un ancien religieux et adjoint du prêtre, avait été contrainte d'accepter des actes sexuels, sous l'emprise morale du leader charismatique. « *Il me*

Église la mécanique du silence

disait : "Si tu veux rester mon adjoint, il faut qu'on prenne notre douche ensemble", il se servait de son autorité pour me faire accepter les attouchements », se souvient Nicolas[1], aujourd'hui âgé de 45 ans.

À l'issue du procès, la Congrégation des serviteurs de Jésus et Marie, dirigée de 1988 à 2001 par Thierry de Roucy, doit s'acquitter de 15 000 euros de réparation. De son côté, le prêtre est condamné à verser 80 000 euros de dommages, un montant exceptionnellement élevé pour un jugement ecclésiastique et supérieur aux dommages et intérêts habituellement fixés au pénal pour des faits similaires. Au moment d'écrire ces lignes, la somme n'avait toujours pas été réglée par Thierry de Roucy, signe de l'impuissance de l'Église à faire appliquer ses propres jugements.

Au fil des mille pages du dossier Thierry de Roucy, que nous avons pu consulter, émerge toute la mécanique complexe de la procédure canonique. L'affaire commence à l'été 2004. Cette année-là, Nicolas rencontre Mgr Jean-Paul James, alors évêque de Beauvais, actuel évêque de Nantes, et lui décrit les abus qu'il a subis dans les années 1994-1995. Ces révélations entraînent l'ouverture d'une « enquête préalable » canonique.

```
Chaque fois que l'Ordinaire [l'évêque
- ndlr] a connaissance, au moins vrai-
semblable, d'un délit, il fera, par
lui-même ou par une personne idoine,
une enquête prudente portant sur les
```

---

1. Prénom d'emprunt.

Justice de Dieu, justice des hommes

```
faits, les circonstances, et l'impu-
tabilité du délit, à moins que cette
enquête ne paraisse totalement super-
flue.
```
Article 1717-1 du Code
de droit canonique.

Pour l'essentiel, l'enquête se limite à une collecte de témoignages et à une expertise psychologique. D'éventuelles perquisitions ou gardes à vue seraient bien sûr illégales. Thierry de Roucy est bien mis à l'écart, à l'abbaye du Bec-Hellouin (Eure), dès le début de l'enquête, mais cette « détention provisoire », version canonique, n'a été possible que dans la mesure où le prêtre acceptait l'autorité de son évêque. L'Église dépend donc de la bonne volonté des accusés, d'autant que l'évêque doit également *« veiller à ce que cette enquête ne compromette la réputation de quiconque »*, précise le code. Le souci de la discrétion est d'ailleurs constant tout au long de la procédure.

Au moment où Nicolas se confie à l'évêque de Beauvais, le délit n'est pas encore prescrit en droit pénal et le jeune homme peut encore porter plainte. Mais *« après quatorze ans de vie religieuse, on fait confiance à l'Église »*, explique la victime. *« Je serais allé au civil si l'Église n'avait rien fait. »* Parallèlement, Mgr James informe la Congrégation pour la doctrine de la foi (CDF), le gendarme des mœurs du Vatican. Fin 2005, une fois l'enquête préliminaire achevée, la CDF décide de confier l'enquête à l'officialité de Lyon, où se rend Nicolas. *« J'ai été auditionné par un prêtre, à côté de la cathédrale Saint-Jean »*, se souvient-il.

Église la mécanique du silence

En février 2006, s'ouvre alors une phase d'instruction. On y retrouve, sous d'autres titres, les principaux personnages d'une procédure laïque. Dans le rôle du juge d'instruction, le président du tribunal canonique nomme un « *auditeur* », chargé de recueillir les preuves. Un « *promoteur de justice* » fera office de procureur, tenu de « *pourvoir au bien public* », tandis que le terme de procureur désigne ici l'avocat. Il doit être « *majeur et de bonne réputation ; en outre, l'avocat doit être catholique, à moins que l'Évêque diocésain ne permette une exception, docteur ou encore vraiment expert en droit canonique, et approuvé par l'Évêque* ». Autre particularité, le défenseur doit « *participer à la recherche de la vérité* », précise le Code de droit canonique. À l'inverse des procédures civiles.

Spécificité du droit canonique, l'intégralité de la procédure est écrite. Les actes d'instruction sont ainsi transmis par courrier aux avocats et aux juges. Au sein de l'Église, les affaires se règlent avec tact, de manière feutrée. Les confrontations physiques entre l'accusé et le plaignant sont possibles mais rarement organisées. « *Nous voulons éviter de provoquer des affrontements, de la violence*, justifie un ancien official. *Nous devons juger avec la tête froide.* »

Les moyens d'enquête de l'Église sont en revanche limités. Dans l'affaire Thierry de Roucy, dix-huit personnes sont auditionnées mais, faute de pouvoir coercitif, l'Église doit se contenter d'écouter les témoins, à charge ou à décharge, jurant sur la Bible, à la page des Évangiles, avant de faire leur déposition. Les expertises psychiatriques sont également fréquentes. Pendant cinq heures, Nicolas a été expertisé par un prêtre psychologue

Justice de Dieu, justice des hommes

afin d'attester de sa crédibilité, tandis que le père Thierry de Roucy refusera dans un premier temps de répondre à sa convocation, avant de fournir deux contre-expertises positives, établies par des experts de son choix.

La procédure canonique avance lentement. Alors que la plainte a été formulée en 2004, il faut attendre 2011 pour qu'un premier procès se tienne. « *L'Église a l'éternité devant elle*, plaisante un fin connaisseur du droit canon. *Elle ne va pas brusquer les choses, ça ne collerait pas avec son souci de discrétion.* » Autre explication à cette lenteur : les juges, procureurs et avocats occupent souvent d'autres fonctions en plus de leurs tâches judiciaires. Il n'est pas rare qu'ils soient également prêtres en paroisse ou affectés à des postes administratifs au sein de leur diocèse. Certains peuvent être des laïcs, qui cumulent donc ce travail avec d'autres activités.

Le procès brille lui aussi par sa sobriété, loin des joutes oratoires de son équivalent laïque. Pas question de faire des effets de manche, les plaidoiries se font uniquement par écrit. Les juges emportent l'intégralité du dossier chez eux, puis se réunissent en ayant écrit au préalable leur jugement. Chacun le lit aux autres juges, à tour de rôle. La décision se prend à la majorité des cinq juges. À la différence d'une procédure laïque, les juges doivent acquérir la certitude « morale » pour rendre leur décision, même en l'absence de preuves matérielles.

À la majorité des voix, le 21 juillet 2011, Thierry de Roucy est reconnu coupable d'abus sexuel, d'abus de pouvoir et de délit d'absolution du complice, l'une des fautes les plus graves pour un prêtre, qui consiste à donner l'absolution à un « complice » (ici, une victime) avec qui il a commis un « péché contre la chasteté ». Il n'est pas excommunié mais le prêtre est condamné en première instance à verser 70 000 euros à la victime et à ne plus confesser les membres de l'ONG Points-Cœur pendant trois ans. Le jugement est tellement discret que, moins de deux ans plus tard, en 2013, Thierry de Roucy est promu officier de la légion d'honneur sans que personne ne s'en offusque publiquement. Son ministère ne lui est pas retiré et il continue à exercer des responsabilités.

Entre-temps, comme le prévoit le Code de droit canonique, le plaignant a fait appel pour demander une hausse des réparations. Le procès est alors dépaysé vers une autre officialité, celle de Montpellier, qui tranche en 2015 et fixe le montant des dommages à 80 000 euros, soit environ 10 000 euros par année de souffrance. La Congrégation des serviteurs de Jésus et de Marie doit également verser une somme de 15 000 euros à la victime, « *au titre d'accompagnement de sa sortie de la congrégation* », soit l'équivalent d'un an de SMIC pour la victime, qui s'est retrouvée sans diplôme et sans emploi en sortant de la communauté. La condamnation et cette méthode de calcul des réparations inédites pourraient faire jurisprudence à l'avenir.

Après douze ans de procédures interminables, il faudra encore l'intervention d'un avocat laïque pour que la congrégation se plie à la sentence et, à l'été 2016, règle son indemnité. En revanche, le père de Roucy n'a toujours pas indemnisé sa victime, malgré plusieurs recours, au moment d'écrire ces lignes. Relativement épargné par les jugements, le prêtre a été finalement suspendu

Justice de Dieu, justice des hommes

a divinis en février 2016 pour cause de désobéissance à son évêque de tutelle, à Toulon. Le Saint-Siège lui interdit plusieurs actes : « *sacrements, homélies, enseignements, direction spirituelle* [...] ». Le père de Roucy ne peut désormais célébrer la messe qu'en privé. Il lui est interdit d'avoir tout contact avec des membres de Points-Cœur et de voyager sans l'autorisation de son évêque. Ce qui ne sera pas respecté.

Contactée, la chancellerie de Toulon en charge de ce prêtre admet ses limites. « *On parle de peines médicinales, pour guérir. Surtout dans un système de droit comme celui de la France, l'Église ne dispose pas de pouvoir coercitif sur ses sujets : il faut que leur volonté les conduise à se corriger ou bien à mettre en œuvre ce qui leur est demandé* », explique Alexis Campo, le chancelier diocésain de Toulon, l'équivalent du garde des Sceaux de l'évêque. Ultime arme de l'Église, si le prêtre coupable refuse la sentence après appel, son évêque peut envisager de le faire renvoyer de l'état clérical. Une procédure de reconduction à l'état laïque a été ainsi lancée par le Saint-Siège et par l'évêque de Fréjus et Toulon, Mgr Rey, envers le prêtre réfractaire. Dans le langage populaire, Thierry de Roucy devrait ainsi être « défroqué ».

Au-delà des dommages et intérêts, l'Église peut prononcer une multitude de peines, comme nous l'explique un expert du droit canonique qui nous reçoit chez lui, quelque part en France. Il est un des rares à avoir accepté de nous rencontrer, mais préfère rester anonyme. Sous une faible lumière, l'homme est courbé sur son ordinateur et parcourt les textes dans la base de données Ictus 3, un logiciel compilant les textes religieux de référence. Formé au droit canonique, ce religieux détaille toute la panoplie des peines envisageables. Interdiction de célébrer les sacrements, interdiction de confesser, de se rendre dans son ancienne paroisse, d'avoir des contacts avec les jeunes, obligation de suivre une psychothérapie, retrait du ministère, séjour dans un monastère « *plus ou moins ouvert* », voire interdiction de sorties ou de visites. « *Cela revient à mettre quelqu'un en taule. C'est une privation de liberté, mais uniquement si la personne concernée est consentante. Nous n'avons aucun moyen de le contraindre s'il ne veut pas* », nuance cet expert.

Le Saint-Siège et ses congrégations jouent un rôle majeur dans le traitement des affaires d'abus sexuels. Sous Benoît XVI, des mesures fortes ont été prises pour renforcer les moyens de la justice canonique. « *Avec Ratzinger, on a vu arriver de nouvelles normes : les délits sexuels, surtout concernant les jeunes. Le passage de la prescription de dix à vingt ans* », se remémore un spécialiste du droit canonique. Depuis 2001, toutes les agressions sexuelles sur mineur commises par un clerc doivent impérativement remonter à Rome, à la Congrégation pour la doctrine de la foi.

Mélange de cour d'appel et de ministère public, la CDF indique à l'évêque ou au supérieur les orientations à prendre. Par de simples échanges de courriers, la CDF décide de la tenue d'un procès, de l'éventuelle mise à l'écart du prêtre concerné, peut demander à l'évêque un complément d'enquête ou mandater une officialité voisine sur le dossier, au travers d'une sorte de commission rogatoire. Si la justice canonique se veut universelle, le

Justice de Dieu, justice des hommes

Saint-Siège demeure son centre névralgique. Comme en droit pénal français, la prescription canonique en matière de délits sexuels sur mineur est aujourd'hui de vingt ans à partir de la majorité de la victime. Seul le pape est en mesure de lever cette prescription, dans certaines conditions. C'est encore vers Rome que l'on se tourne quand une peine n'est pas appliquée. Les décrets signés par le pape sont sans appel, ses décisions incontestables.

Sur le papier, la CDF est intraitable. Mais les récentes affaires révélées en France soulignent la sous-utilisation du droit ecclésiastique. Au cours de nos enquêtes, plusieurs victimes se sont plaintes que l'officialité de leur diocèse n'ait initié aucune procédure après leurs révélations, n'ait pas fait appliquer les sentences ou, pire, n'ait pas informé des faits la justice pénale, lorsqu'une poursuite était possible. Comme dans l'affaire du père de Morand à Lyon.

Désarmée, faute de pouvoirs contraignants, la justice canonique serait donc aussi peu encline à coopérer avec son homologue laïc. Un des points de friction entre l'Église et la justice françaises repose sur la notion de « secret professionnel ». Sur certaines affaires, l'Église et la justice ont pu se trouver en concurrence, l'Église estimant qu'une enquête interne n'a pas vocation à être communiquée à la justice. Mais les magistrats ordonnent régulièrement des perquisitions dans les officialités de l'Église, comme à Lyon, au printemps dernier. Des perquisitions qui passent mal. « *La culture du secret explique qu'il est souvent impossible pour l'Église de porter des faits devant la justice civile. Même quand les affaires de pédophilie ne sont pas dévoilées en confession, le secret persiste »*, analyse Corinne Leveleux-Teixeira, professeur d'histoire du droit à l'université d'Orléans.

« *En théorie, les deux justices, canonique et civile, sont sans correspondance. Mais il est vrai que des tribunaux civils peuvent s'arroger le droit de perquisitionner une officialité, par exemple*, pointe un spécialiste du droit canonique. *Or, les dépositions faites dans le cadre du droit canonique ne sont pas du tout faites dans les mêmes conditions qu'une déposition dans un commissariat, par exemple. On ne peut donc pas leur donner la même valeur. Ce que dit un témoin devant sa foi n'est pas la même chose que ce qu'il dirait devant un tribunal civil.* »

Pour d'autres enfin, c'est l'entre-soi qui favorise ce silence et le non-respect du droit canonique. Depuis qu'a éclaté l'affaire Preynat, à Lyon, en 2016, l'Église a réaffirmé la nécessité de signaler tous les abus sexuels, sans exception, à la justice des hommes. Certains juges et avocats d'officialité espèrent ainsi une application plus rigoureuse du droit canonique. « *L'ambiance générale oblige à reprendre les choses plus sérieusement. Le concept de la miséricorde, qui s'applique beaucoup pour les prêtres, était malsain* », estime un des experts sollicités. À plusieurs reprises en 2016, la CEF a réaffirmé la nécessité de laisser la priorité à la justice civile, les tribunaux canoniques ne devant intervenir que dans un deuxième temps. Aujourd'hui, la volonté de sauver à tout prix la « brebis égarée » et l'image l'Église n'est plus tolérée. Il en va de la crédibilité de la « justice de Dieu ». Et de son avenir.

23

Le psychanalyste

« Tony Anatrella ». Son nom apparaît toujours sur le papier soyeux de l'annuaire pontifical 2016. La « bible » des contacts du Saint-Siège, que nous consultons dans la librairie religieuse la plus proche de la basilique Saint-Pierre de Rome. À plus de 75 ans, le prêtre et consulteur au Vatican navigue entre Paris et Rome. Celui qui se présente comme psychanalyste, spécialiste en psychiatrie sociale, est cité régulièrement dans les médias pour ses théories sur l'adolescence et ses propos très conservateurs, voire franchement rétrogrades, sur l'homosexualité. À Rome, on peut encore le croiser au séminaire français. Même si son image s'est un peu effritée, *Monsignore* Anatrella maintient son rang.

Courant 2016, nous avons pourtant recueilli huit témoignages faisant état de dérives lors de thérapies avec Tony Anatrella. Certains estiment avoir été victimes

Église la mécanique du silence

d'abus sexuels, d'autres d'emprise psychologique lourde de la part du prêtre. Dix ans après les premières plaintes, aucune procédure pénale ou canonique n'avait mis un terme aux agissements présumés du prélat.

* * *

Passer devant le cabinet de la place de la Nation est devenu une angoisse pour Fabien[1]. Au point de quitter Paris pour oublier. « *À la fin de la thérapie, j'étais bloqué. Je n'arrivais plus à faire de vélo. J'avais l'impression que mon corps se consumait et je prenais régulièrement des douches froides.* »

Nous rencontrons pour la première fois ce quarantenaire en avril 2016. Pendant quatorze ans, jusqu'en 2011, Fabien a été le patient de Mgr Tony Anatrella, et affirme avoir subi une étrange thérapie s'acheminant progressivement vers des agressions sexuelles. C'est grâce à la création de l'association La Parole libérée que Fabien a osé sortir du silence.

En juin 1997, il se rend, sur les recommandations d'un prêtre parisien, au cabinet du fameux psychanalyste, place de la Nation à Paris. La thérapie durera quatorze ans. Il en ressortira éprouvé, brisé par des gestes impossibles à oublier. Au début des années 2000, selon son récit, un premier dérapage survient. Un baiser, raconte Fabien, qui n'aurait pas su comment l'interpréter. Puis, progressivement, la thérapie se serait orientée vers des touchers, des massages, jusqu'à des

---

1. Pour préserver l'anonymat des victimes, certains prénoms ont été modifiés.

Justice de Dieu, justice des hommes

masturbations mutuelles entre le patient, sous emprise, et le « psychanalyste ». La « thérapie » est alors centrée autour d'un supposé manque d'affection paternelle. Fabien se souvient : « *Selon ses dires, étant en carence de père, il fallait que je renforce ma masculinité, et donc la perception de mon sexe masculin. Il m'a invité à en parler, à imaginer des situations sexuelles... et des échanges sexuels avec un autre homme. Puis un jour, il m'a demandé si je souhaitais passer à l'acte ou si je préférais rester dans la parole.* » Entre 2010 et 2011, il y aurait eu six ou sept séances spéciales avec actes sexuels. De plus en plus perturbé, Fabien aurait demandé à Tony Anatrella de ne plus le toucher. En mars 2011, il découvre que des anciens patients ont porté plainte contre le prêtre-psychanalyste quelques années plus tôt. C'est l'électrochoc. Il stoppe les séances aussitôt. La chute est brutale, Fabien ne supporte plus de rester à Paris. Il déménage en province, pensant tourner la page. Mais aujourd'hui encore, l'histoire le hante, au point de l'empêcher de construire une relation affective normale.

Cette situation est comme un *bis repetita* de celle de 2006-2007, quand trois jeunes adultes avaient déjà signalé avoir subi des abus sexuels au cours des thérapies du prêtre parisien. Mais à l'époque, une seule victime avait porté plainte, et l'enquête préliminaire, conduite par le Parquet de Paris, avait été classée en septembre 2007, pour cause de prescription dans les deux premiers cas et « *manque d'éléments constitutifs d'une infraction* » pour la troisième victime.

Nous décidons de rencontrer l'une de ces victimes, aujourd'hui aide-soignant dans une ville de province.

Église la mécanique du silence

Pour Daniel Lamarca, la procédure judiciaire s'est arrêtée brutalement à cause de la prescription. Avec lui, les séances au cabinet place de la Nation ont duré quatre ans, au tournant des années 1990. « *Au départ, je ne réalise pas tout de suite* », raconte-t-il. « *Je suis dans une non-acceptation de mon homosexualité car ce n'était pas toléré au séminaire. L'attitude de Tony Anatrella, c'est de dire que je ne suis pas vraiment homosexuel. Que ses pratiques vont me libérer. C'était mon sauveur. Il allait me délivrer de l'homosexualité.* » Des séances « de corporel », explicites, se seraient mises rapidement en place. Des massages nus, dans un premier temps. Puis, ce sont des touchers mutuels, des scènes de masturbation et des fellations. Des sentiments de dégoût et de gêne s'invitent chez Daniel. « *On alternait les séances corporelles et les séances où l'on discutait. C'était le même prix* », se souvient-il. « *Dans mon idée, la psychothérapie devait libérer la parole. Et moi, j'étais enfermé dans mon secret.* »

En février 2001, après avoir quitté le séminaire, Daniel Lamarca se décide à alerter le cardinal Jean-Marie Lustiger, alors archevêque de Paris et aujourd'hui décédé.

> J'ai eu l'occasion de vivre une relation particulièrement dommageable avec un prêtre du diocèse de Paris. Les faits relèvent de sa part de l'abus de confiance, de l'escroquerie et de l'abus sexuel.
>
> Courrier de Daniel Lamarca
> au cardinal de Paris,
> Jean-Marie Lustiger, février 2001.

Justice de Dieu, justice des hommes

Il est alors reçu au diocèse de Paris. Mais le cardinal Lustiger n'alertera pas la justice, ni n'enclenchera de procédure canonique. Puis, en 2007, en pleine enquête préliminaire, Daniel Lamarca envoie un courrier recommandé à huit évêques, dont Mgr Vingt-Trois, archevêque de Paris, Mgr Ricard, archevêque de Bordeaux et Mgr Papin, primat de Lorraine. Lui répondant le 25 septembre 2007, le juge ecclésiastique de l'archevêché de Paris estimait alors que suite au classement de la plainte en justice, « *il n'y* [avait] *pas lieu d'ouvrir une procédure canonique* ».

Dix ans plus tard, en mai 2016, nous publions notre première enquête[1] sur Tony Anatrella avec le témoignage de Fabien. Dans les mois qui suivent, nous recueillons de nouveaux témoignages. Quatre personnes apportent de nouveaux éléments sur les thérapies de Tony Anatrella. L'un d'entre eux évoque les relations sexuelles qu'il aurait eues durant deux ans avec le prêtre dans le cadre de sa thérapie. Deux autres décrivent aussi des « séances spéciales » proposées par le religieux, sur la base d'une prétendue « *méthode américaine* ». Des séances qu'il aurait passées entièrement nu, et durant lesquelles le prêtre se serait livré à des « massages ». L'un de ces deux témoins a eu la force morale de refuser ces attouchements, tandis que le second les aurait vécus à deux reprises. Enfin, la quatrième victime que nous avons jointe se plaint quant à elle de sévices psycho-

---

1. Daphné Gastaldi, Mathieu Martinière et Mathieu Périsse, « Les dérives sexuelles du psy de l'Église, Monseigneur Anatrella », *Mediapart*, 6 mai 2016.

logiques violents. Une emprise morale qui transparaît dans la plupart des témoignages. Le religieux aurait proposé ses étranges méthodes durant plus de quarante ans, des années 1970 jusqu'en 2011 au moins, selon les témoignages recueillis, tout en devenant la référence de l'Église catholique en matière de psychanalyse et de sexualité.

Jérôme[1] rencontre pour la première fois Tony Anatrella au début des années 1970. Il est collégien au lycée Arago, dans le XIIe arrondissement de Paris, où le prêtre officie comme aumônier. Pendant les vacances, ses parents l'envoient en colonie de vacances à Sénéchas, dans les Cévennes. Ces camps sont animés par Tony Anatrella, qui invite à des sessions de relaxation-décontraction et à des ateliers psychologiques très particuliers. Selon cet ancien élève d'Arago, une évaluation psychologique, avec des questions orientées sur la sexualité, est même proposée par Tony Anatrella à des jeunes âgés entre 15 et 18 ans. Un jour de 1973, le prêtre psychiatre prend à part l'adolescent. « *Il me demande quels sont mes fantasmes masturbatoires* », raconte aujourd'hui Jérôme, plus de quarante ans après les faits. Gêné, le jeune homme élude. Ils se rencontreront finalement dans le cabinet de Tony Anatrella, situé rue de la Mare à Paris, l'année suivante. Le jeune homme a 15 ans et demi. « *Je suis allongé, je suis nu, il y a une décontraction pendant vingt minutes, puis après une manipulation. Mais c'est assez clinique. Pas le truc passionné, enflammé, c'est un acte médical* », insiste-t-il. Le jeune homme participe

---

1. Prénom d'emprunt.

Justice de Dieu, justice des hommes

à deux séances de ce type, mais il fait un blocage, son corps ne réagit pas. Il décide d'arrêter la « thérapie ».

Jérôme quitte le lycée Arago en 1973. Les années passent et Tony Anatrella commence à s'établir une solide réputation médiatique. Il publie dans *Le Monde* et écrit des ouvrages sur l'adolescence. En 1984, « *il me contacte car je suis resté très longtemps à la fac, et chez mes parents. Il prépare son livre* Interminables Adolescences *et il a besoin de témoignages de mecs comme moi* », explique Jérôme. Il décide d'avouer au prêtre, par la même occasion, qu'il ne va pas très bien, qu'il a des angoisses et des « *pulsions homosexuelles* ». S'ensuivent six ans de psychothérapie avec Tony Anatrella. Quatre années classiques puis, un jour, Jérôme décide de revenir sur ce « blocage », quand il avait 15 ans, rue de la Mare. C'est le retour des « séances spéciales ». « *On faisait presque l'amour, ça n'allait pas jusqu'à la pénétration, mais enfin bon, presque tout le reste y était… Ceci pendant deux ans* », raconte-t-il précisément, et dans les détails.

Mais contrairement à d'autres patients, victimes présumées, Jérôme en tire du bien-être. Aussi troublant que cela puisse paraître, il tient à témoigner en faveur des thérapies très spéciales de Tony Anatrella. « *On peut dire qu'après cette thérapie, toutes les tensions que je pouvais avoir ont disparu*, insiste Jérôme. *J'en ai tiré satisfaction et surtout le constat d'une expérience extraordinaire, et d'un bienfait énorme.* » Les révélations dans la presse, et les témoignages des victimes de Tony Anatrella, ont tout de même laissé quelques traces amères chez lui. « *À la lumière de ce qu'on sait aujourd'hui, certains épisodes sont assez troubles, et on peut penser qu'il m'a menti*

Église la mécanique du silence

sur un certain nombre de points », avoue Jérôme. « *Ce qu'il disait, c'est qu'aux États-Unis ça se pratiquait, même si le thérapeute n'allait pas jusqu'à la jouissance comme Anatrella* », ajoute-t-il. « *Il prend des risques, la preuve, il y a des mecs qui se sentent mal.* »

Raphaël[1], lui, a quitté Paris depuis plusieurs années et vit aujourd'hui à la campagne, dans le centre de la France. « *Je n'avais pas de problèmes au début mais j'avais de sérieux problèmes à la fin de la thérapie. C'est un démolisseur. La psychiatre d'après m'a ramassé à la petite cuillère.* » Ce sexagénaire aux yeux clairs a été durant sept ans, de 1976 à 1982, le patient de Tony Anatrella. Un prêtre qu'il rencontre, quelques années plus tôt, au lycée Arago, à Paris. En tant qu'aumônier, Tony Anatrella propose déjà des sessions de connaissance de soi. « *Il nous prenait les uns après les autres dans son bureau. Il était très curieux de notre sexualité* », se souvient aujourd'hui Raphaël, qui nous reçoit dans son village. « *J'ai entamé une analyse avec lui ensuite. Ces entretiens qu'on avait faits avant, il a prétendu que ça avait déverrouillé des choses… À l'époque, la psychanalyse était très en vogue.* »

Les séances, étrangement gratuites, se déroulent aux domiciles de Tony Anatrella, rue de la Mare puis rue de Belleville, ou à son cabinet, place de la Nation. Très vite, des dérives surviennent. « *Ça s'est gâté à partir de 1979* », explique Raphaël. Lui ne parle que d'emprise, de destruction psychologique, et assure qu'il n'a jamais été victime d'abus sexuels. Mais il décrit une scène pour le moins

---

1. Pour préserver l'anonymat des victimes, certains prénoms ont été modifiés à leur demande.

Justice de Dieu, justice des hommes

troublante. « *En début de séance, il m'a dit de me déshabiller. J'étais nu sur le divan. Il me posait légèrement les mains sur tout le corps* », décrit Raphaël, qui assure avoir participé à deux séances seulement de ce type. C'est un prêtre, aujourd'hui décédé, qui dégagera finalement Raphaël de l'influence de Tony Anatrella. « *J'ai réagi, peut-être un peu tard… Ce n'est pas facile. C'était une influence morale et intellectuelle* », analyse aujourd'hui le sexagénaire, qui ne souhaite pas porter plainte.

Vincent J. a lui aussi quitté Paris pour l'Auvergne. Grand, la soixantaine passée, plein d'humour, il a connu, comme Raphaël et Jérôme, le père Anatrella durant ses années de lycée à Arago, dans les années 1970. Âgé d'une vingtaine d'années, Vincent décide de suivre une thérapie avec Tony Anatrella. Les séances dureront presque quatre ans. Elles seront douloureuses. « *Il n'en est jamais rien sorti, ça m'apportait de la douleur. Il a une façon de poser les questions… Peut-être que c'est sa démarche de thérapeute, mais il avait vraiment du plaisir à poser les questions douloureuses* », se souvient l'ancien élève du lycée Arago. Vincent l'assure, il n'a jamais été victime d'abus sexuels de Tony Anatrella. Une plainte en justice semble donc compliquée. Avant d'ajouter : « *Ce n'est pas une plainte recevable, la souffrance. C'est sûr que, si j'avais été sous son emprise plus longtemps, peut-être que j'aurais pété un câble.* »

Jean-Marc, lui, a rencontré pour la première fois le « psy de l'Église » en 1993. Il a alors 25 ans, est étudiant en droit et se rend au cabinet de la place de la Nation une fois par semaine. « *Au bout de six mois environ, il m'a proposé ce qu'il présentait comme une "méthode*

Église la mécanique du silence

américaine". *Il m'a expliqué qu'il fallait passer dans la petite pièce voisine de son bureau, et se mettre nu. Il m'a parlé de massages, de relaxation. J'étais très surpris de sa proposition ; en plus, je savais qu'il était prêtre. J'ai décliné. La séance suivante, on a parlé de mon rapport à la nudité dans ma famille. Il m'a de nouveau proposé sa méthode américaine, j'ai refusé et je lui ai dit que j'arrêtais la thérapie avec lui. Il a été très vexé.* » Après cette tentative ratée, Jean-Marc décide de couper tout contact avec le père Anatrella. Il n'en entendra parler que quelques années plus tard, par la presse.

Le 24 juin 2016, Jean-Marc a été auditionné devant l'officialité de Paris, le tribunal de l'Église. En effet, acculé par les médias, le diocèse de Paris a mis en place une commission spéciale, chargée d'auditionner les victimes de Tony Anatrella dix ans après les premières plaintes. « *En 2006, le témoignage de M. Lamarca n'avait pas été pris au sérieux, ou pas complètement* », justifie Mgr Éric de Moulins-Beaufort, l'évêque auxiliaire de Paris, qui supervise les travaux de la commission. « *L'officialité a jugé qu'elle n'avait pas de moyens supérieurs à la justice pour en savoir plus, et donc qu'il n'y avait pas lieu de procéder à une enquête. Après, ils ont eu tort ou raison, je ne sais pas* », précise-t-il. Inactive en 2006, l'Église semble enfin apporter du crédit aux témoignages. « *Aujourd'hui, c'est très différent. On a entendu les gens, on les a vus en direct. Évidemment, ça change les choses* », admet l'évêque auxiliaire. Après des mois d'auditions, la commission a remis son rapport fin 2016 et le diocèse a finalement adressé un signalement au procureur de la République. Sollicité sur ce dossier, le tribunal de la Signature apostolique à Rome

Justice de Dieu, justice des hommes

a désigné l'Officialité de Toulouse afin de poursuivre la procédure canonique, pour des raisons d'indépendance. Tony Anatrella ayant été expert auprès de l'Officialité de Paris.

L'affaire Tony Anatrella se révèle un casse-tête pour l'Église. L'homme a toujours entretenu le flou, jouant sur ses deux casquettes de prêtre et de psychanalyste. Lors de ses consultations, Tony Anatrella reçoit toujours en tant que psychothérapeute. Mais c'est son statut de prêtre qui a d'abord convaincu la plupart de ses victimes. Comme beaucoup, c'est sur le conseil d'un autre prêtre que Fabien a été envoyé pour la première fois chez le thérapeute. « *Je n'y serais jamais allé s'il n'avait pas été prêtre. Le monde des "psys" est très éloigné de ma culture familiale* », confirme-t-il.

Ancien élève du lycée Arago, où il a été secrétaire de l'aumônerie, Philippe Porret se souvient bien de Tony Anatrella. Aujourd'hui psychanalyste reconnu, il se remémore des « *sessions de connaissance de soi, et des ateliers de dynamique de groupe* », organisés par le prêtre. Une approche peu habituelle pour une aumônerie classique. Les années passent et le mélange des genres perdure. À partir de la fin des années 1980, Tony Anatrella acquiert une solide réputation dans le milieu catholique, d'abord pour son travail sur l'adolescence, puis pour ses « expertises » sur l'homosexualité. Un thème qu'il ne lâchera plus, et dont il fait un combat personnel. Dans son ouvrage *Non à la société dépressive* (Flammarion, 1993), il va jusqu'à affirmer que « *le nazisme, le marxisme et le fascisme sont des idéologies de nature homosexuelle* ». Dans l'*Osservatore Romano*, le quotidien du

Église la mécanique du silence

Vatican, il écrit le 25 novembre 2005 que l'homosexualité apparaît « *comme un inachèvement et une immaturité foncière de la sexualité humaine* ».

Surtout, il devient le principal « psy de l'Église ». L'expert à qui l'on confie les cas « à problèmes », qu'il s'agisse pêle-mêle de catholiques homosexuels, de prêtres pédophiles ou de victimes d'abus sexuels. Au sein de l'Église, Tony Anatrella est l'un des seuls à traiter de ces sujets sensibles. Son « expertise » est appréciée, même à l'étranger. « *Dans les années 2000, on envoyait des prêtres chez Tony Anatrella pour résoudre les cas les plus graves* », explique un prêtre belge. Lui-même abusé par un curé dans son enfance, il lui a été proposé d'être expertisé. « *Mon évêque ne m'en disait que du bien* », se souvient-il. Les méthodes de Tony Anatrella sont pourtant expéditives. Après seulement quelques minutes au téléphone avec le prêtre abusé, le psychanalyste conclut que c'est un « *pervers* », et met en garde l'évêque. Sans jamais rencontrer la personne. Un verdict complètement désavoué par la suite par un second praticien wallon qui, lui, rencontrera physiquement le prêtre abusé.

Depuis des années, Tony Anatrella fait l'objet de critiques virulentes de la part de ses confrères. « *Il y a une grande confusion entre la psychanalyse et la morale catholique* », pointe Laurent Lemoine, prêtre dominicain et psychanalyste. « *Sur un patient, on ne peut pas se permettre d'être confus. Il faut distinguer les champs, sinon on aboutit à une catastrophe. "Nul ne peut servir deux maîtres", pour reprendre une citation de l'Évangile.* » Une analyse partagée par Élisabeth Roudinesco, historienne de la psychanalyse. « *Il a une double emprise : il est prêtre*

Justice de Dieu, justice des hommes

et psychanalyste, met-elle en garde. *Sa légitimité tient des publications, mais tout le monde peut publier. Sa deuxième légitimité tient de l'Église.* » Malgré ces critiques, les psychologues et psychanalystes ne cachent pas leur impuissance. Selon plusieurs de ses confrères, Tony Anatrella n'est répertorié dans aucune société psychanalytique. En l'absence d'un conseil de l'ordre capable de l'interdire d'exercice, Tony Anatrella « *ne relève que du droit commun, donc d'une plainte* », explique Philippe Porret. « *S'il ne peut pas être viré par sa propre société, je ne vois pas ce qui peut lui arriver, à part une sanction du clergé. Il ne peut être désavoué que par ses instances.* »

De quoi inquiéter Stéphane Joulain, prêtre et docteur en psychothérapie de l'université catholique Saint-Paul d'Ottawa : « *J'ai eu à analyser l'une de ses anciennes patientes. Elle était en confiture. C'est quelqu'un qui est extrêmement dangereux* », révèle-t-il. « *Au début, quand j'ai commencé à m'intéresser à la psychanalyse, j'avais essayé de le rencontrer. Je suis tombé sur un secrétaire qui m'a dit que le père Anatrella était concentré sur sa clientèle, qu'il n'avait pas le temps pour recevoir.* » Stéphane Joulain se dit inquiet : « *Quand on exerce comme psychothérapeute, on doit avoir une supervision de confrères une fois par mois ou tous les deux mois maximum.* »

Tony Anatrella pourrait-il être condamné pour exercice illégal de la profession ? Si l'Église commence à s'intéresser au cas du prêtre, aucune instance ne se penche pour l'instant sur les pratiques du psychanalyste. Les victimes réclament pourtant l'arrêt de ses thérapies. « *C'est pour ceux qui ont subi, pour ceux qui sont terrés que j'ai témoigné devant la commission du diocèse de*

Paris », estime aujourd'hui Fabien. « *J'attends que Tony Anatrella soit dénoncé, sanctionné, qu'il y ait une mise en lumière de la situation, et pas seulement qu'il soit mis à l'écart,* nous explique Fabien. *J'ai besoin que le mal qu'il a fait soit reconnu.* » Déterminé, il restera vigilant. Hors de question pour lui que cette affaire « *s'évapore* » une seconde fois.

24

Philippe

« *C'est mon verset préféré dans la Bible. Quand David est tout jeune, il veut se battre contre Goliath. Il demande ce qu'on peut faire, mais on lui dit de se taire. Et David répond : "Qu'ai-je donc fait ? Ne puis-je pas parler ainsi ?"* » Comme David, son héros, le frère Philippe Lefebvre a décidé de ne plus se taire. Face au silence de l'institution, il a choisi la parole. Pendant des mois, nous avons échangé avec le prêtre français par mail ou sur Facebook. Aujourd'hui, le dominicain accepte pour la première fois de témoigner sous son nom. Il revient longuement sur l'histoire qui lui a valu menaces et pressions depuis dix ans. L'affaire Tony Anatrella.

À 56 ans, c'est un homme avenant, vif et drôle, qui se présente, sacoche noire à la main, dans une brasserie centrale de Genève. Il ne porte pas de col romain, et seuls quelques passages de la Bible cités ici ou là trahissent sa prêtrise. Cet ancien élève de l'École normale supérieure, agrégé de lettres classiques, n'est rentré qu'à 30 ans dans l'ordre des dominicains. Sept ans plus tard, il est ordonné prêtre. Depuis 2005, il enseigne l'Ancien Testament à l'Université catholique de Fribourg, en Suisse. « *J'ai toujours voulu être prêtre mais d'abord, il fallait que je fasse des études, que j'enseigne* », raconte aujourd'hui Philippe Lefebvre. « *Je suis un produit laïc, j'étais à distance de l'Église, et je le reste un peu* », lâche-t-il avec un sourire.

Son combat contre le père Tony Anatrella commence en 2005, quelques mois seulement après son arrivée en Suisse. Le prêtre dominicain tombe alors sur une note d'une congrégation de Rome sur l'accès des personnes homosexuelles aux ordres sacrés. Il y découvre le commentaire violent d'un certain Tony Anatrella. Philippe Lefebvre, qui a travaillé sur les questions de sexualité dans la Bible, manque de s'étrangler. « *Je me suis dit, ça ne va pas du tout. Ce freudisme un peu curieux, un peu positiviste, des arguments qui n'en sont pas. J'étais prof de littérature avant d'être dominicain, et je me suis dit que c'était une écriture fascinée. C'est-à-dire qu'il semble fasciné par l'objet qu'il dénonce* », analyse Philippe Lefebvre. « *Je n'en savais pas plus sur lui, je ne connaissais pas du tout cet homme. J'ai appris d'ailleurs presque accidentellement qu'il était prêtre, car ce n'est marqué sur aucun de ses livres. Ce qui est ennuyeux à mon avis. Car je pense qu'une partie de sa manière de voir le monde contemporain est liée à sa foi chrétienne. Freud lui-même refusait que les prêtres soient psychanalystes. Donc, il faut informer le public de cette donnée importante.* »

Justice de Dieu, justice des hommes

Le professeur d'université décide alors de publier une réponse argumentée à Tony Anatrella. Elle est refusée par trois revues, avant d'être acceptée par un blog catholique. Le nombre de réactions dépasse ses attentes. Plus de 20 000 lecteurs consultent l'article. Philippe Lefebvre reçoit des centaines de lettres. Des clercs soutiennent sa démarche, tout en refusant de s'exprimer publiquement. Mais ce texte l'entraîne aussi sur un tout autre terrain. *« Dans les jours qui ont suivi la parution, un prêtre m'a écrit »*, raconte le dominicain. *« Il m'a dit qu'il connaissait un gars, et peut-être d'autres, qui avait eu des thérapies corporelles avec Anatrella. Le même jour, j'ai reçu un mail d'un jeune homme que j'avais connu dans un couvent. Il avait suivi la thérapie d'Anatrella, et il portera plainte en 2006. Ce jeune homme n'était pas du genre à mettre le feu aux poudres et à faire des histoires »*, se souvient Philippe Lefebvre. Pendant dix ans, le dominicain rencontrera trois victimes présumées et alertera une dizaine d'évêques sur les thérapies sexuelles de Tony Anatrella. Mais rien ne bougera.

Les menaces et les pressions ne tardent pas à tomber. Des sites catholiques traditionalistes comme *Le Salon Beige* se demandent si le prêtre dominicain, en s'en prenant à Tony Anatrella, ne cherche pas à défier directement Rome. *« On a écrit qu'en m'attaquant à Anatrella, je touchais au pape et au dicastère »*, soupire Philippe Lefebvre. Un ancien camarade normalien le prévient même qu'un cardinal romain, parrain de l'un de ses enfants, juge son article *« anti-ecclésial »*. *« Merde quand même, on a le droit de parler ! »*, s'emporte Philippe Lefebvre. *« Tout ça m'a tellement énervé que j'ai écrit un deuxième article, sur le site de l'association Devenir un en Christ, histoire de me compromettre un peu avec un groupe homosexuel. Dans ce deuxième article, je parlais des rumeurs persistantes.* »

En 2006, l'affaire Anatrella sort dans la presse, grâce au journal *Golias*. Trois jeunes adultes, se disant victimes des thérapies sexuelles de Tony Anatrella, portent un signalement devant la justice. À l'époque, Christian Terras, directeur de *Golias*, demande à Philippe Lefebvre d'écrire un article dans la revue. Le dominicain réfléchit, puis refuse, par peur de sa hiérarchie. « *J'arrivais à Fribourg comme prof. Je devais attendre la permission d'enseigner de Rome. J'ai dit à Terras que je ne pouvais pas* », regrette aujourd'hui Philippe Lefebvre.

Dix ans plus tard, l'affaire Anatrella ressort dans les médias avec une nouvelle victime présumée du prêtre-psychanalyste[1]. Sur les ondes, Philippe Lefebvre écoute Mgr Pontier, le président de la Conférence des évêques de France, minimiser l'affaire. Deux ans auparavant, il lui avait pourtant envoyé un courrier avec accusé de réception mentionnant des témoignages de victimes. La lettre sera renvoyée à l'expéditeur. « *C'était la première fois de ma vie qu'on me renvoyait un recommandé. Alors, j'ai envoyé un petit message à la secrétaire en disant que puisqu'une fatalité s'abat sur mes courriers aux évêques depuis dix ans, vous transmettrez à Mgr Pontier que les informations contenues dans cette lettre, je les don-*

---

1. Daphné Gastaldi, Mathieu Martinière et Mathieu Périsse, « Les dérives sexuelles du psy de l'Église, Monseigneur Anatrella », *Mediapart*, 6 mai 2016.

Justice de Dieu, justice des hommes

nerai aux enquêteurs de la presse et de la justice », s'amuse Philippe Lefebvre.

Il faudra attendre une décennie pour que l'Église se décide enfin à bouger sur le dossier Anatrella. Pendant ce temps, le prêtre-psychanalyste a continué d'exercer, faisant au moins une nouvelle victime présumée, Fabien. Avant qu'une commission spéciale ne soit finalement créée par le diocèse de Paris en septembre 2016, sous la pression des médias. *« Je pense que c'est bien d'être un peu pilonné en ce moment. Peut-être parce qu'on en a besoin. On fait la morale à tout le monde, mais il faut peut-être voir un peu chez nous »*, estime Philippe Lefebvre. *« Moi ce qui m'a choqué, c'est que pour un abuseur, c'est tout un système en fait qui est dévoilé. On a beaucoup parlé de brebis galeuses, c'est une manière de faire diversion et d'en faire l'affaire de quelques personnes. Mais le troupeau n'est pas sain. »*

Face à ce qu'il nomme « *la langue de bois ecclésiastique* », le prêtre oppose le principe de veritas, devise de l'ordre dominicain. *« À 50 %, je reste un vieux laïc anticlérical. L'Église c'est une maison ouverte mais compliquée. Dans la Bible, le langage religieux est toujours remis en cause. Dans l'Ancien et le Nouveau Testament, les plus sévères critiques sont sur le langage religieux et ceux qui le disent »*, rappelle le professeur à l'université catholique de Fribourg.

Depuis deux ans, Philippe Lefebvre a rejoint un groupe informel de vigilance contre les dérives de l'Église. Une petite dizaine de personnes, prêtres, psychologues, enseignants, qui échangent des articles et des informations, en français, en anglais ou en italien. *« On devient un peu répertoriés. J'ai eu une sœur qui est sortie d'une congrégation de dingue qui m'a contacté. Et j'ai deux personnes qui m'ont appelé parce qu'ils ont des problèmes avec l'Église, mais pas d'abus sexuels »*, relève Philippe Lefebvre.

L'universitaire intervient désormais partout en France dans des colloques sur les abus, autant devant des groupes gays catholiques que devant des publics conservateurs. Ironie du sort, en juin 2016, le diocèse de Paris lui demande s'il accepterait éventuellement d'animer des formations. Plus de dix ans après les alertes du dominicain sur Tony Anatrella. Philippe Lefebvre décline. « *Un problème d'agenda.* »

25

L'évêque star

Quinze ans après, il tient toujours debout. Quinze ans après avoir porté plainte pour viols et abus sexuels, Marc[1] n'a pas abandonné le combat. Pas encore. Grand et avenant, l'homme, aujourd'hui acteur, se frotte le visage et fixe une épaisse pochette grise. Nous sommes en octobre 2016, et Marc a décidé d'assigner au civil l'un des évêques les plus médiatiques de l'Église de France, Mgr Jean-Michel di Falco. Après avoir épuisé tous les recours au pénal pour cause de prescription, dont la Cour européenne des droits de l'Homme, Marc demande des réparations financières, notamment pour préjudice sexuel et pour les souffrances endurées. Une assignation envoyée quelques semaines avant le départ de Mgr di Falco. À presque 75 ans, le prélat a atteint

---

1. Pour garantir l'anonymat de la victime présumée, le prénom a été modifié.

Église la mécanique du silence

l'âge limite pour un évêque. Marc a tenu à l'assigner avant sa retraite. « *Je veux le faire avec la responsabilité de l'Église* », nous confie-t-il, dans le bureau de son avocat. Il assigne également le diocèse de Paris pour « préjudice secondaire ». « *Le civil, ça ne me plaît pas de faire ça. Mais aujourd'hui, je n'ai que ça au niveau juridique.* »

Dans sa pochette grise se trouve le dossier de toute une vie, quatre décennies de combat, rythmées par des décisions de justice. Quarante ans plus tôt, le jeune Marc croisait la route du père Jean-Michel di Falco au prestigieux collège Saint-Thomas-d'Aquin, dans le VIIe arrondissement de Paris. Nous sommes en 1972. Avec deux autres amis, ils se rendent chez le prêtre, alors directeur du petit collège. Jean-Michel di Falco reçoit à domicile, rue Perronet, non loin du café de Flore. Selon son récit, Marc a 12 ans environ le jour où il se retrouve seul avec le religieux. « *Même encore maintenant, je ne comprends toujours pas comment j'ai pu passer du stade assis dans le canapé du salon, au stade allongé sur lui* », se souvient-il. Dans la chambre, le collégien dit se retrouver rapidement nu, incapable de réagir. « *J'étais comme paralysé, déconnecté, décérébré, sourd, j'attendais que ça se passe* », écrira-t-il dans un mémo en 2001, près de trente ans après les faits.

De 1972 à 1975, Marc raconte avoir subi de multiples abus sexuels de la part de Mgr di Falco. Des scènes de frottements, de masturbations et de fellations. À Paris, mais aussi chez des amis du prêtre à Strasbourg, ou lors d'un week-end en montagne. Jamais Marc n'osera le dire à sa famille. Le père di Falco venait dîner régulièrement, conversait avec sa mère et apportait des cadeaux, explique-t-il. Comme une mobylette ou un dictaphone. Lors de ce week-end à Rencurel près de Grenoble, sa sœur aura quelques doutes et s'opposera, en vain, au prêtre qui voulait faire dormir Marc dans sa chambre. Le collégien avait alors osé dire que le père di Falco « *l'embêtait* ». Détruit psychologiquement, Marc est expulsé de son collège, sans rien révéler. Il plonge et démarre une psychanalyse. Lors d'une thérapie en 1995, il prend finalement conscience, selon ses dires, que les relations sexuelles n'étaient pas consenties.

Pendant ce temps, le charismatique Mgr di Falco est en pleine ascension. Spécialiste d'éducation et communicant hors pair, il est sur tous les fronts : expert auprès de l'Unesco, président de la commission Enfants et médias au Bureau international catholique de l'enfance, directeur de la revue *Les Fiches du cinéma* ou encore chroniqueur religieux à *RTL*. Jean-Michel di Falco est la voix de l'Église de France, un visage moderne qui répond aux sollicitations des journalistes. En 1987, il est même nommé porte-parole de la Conférence des évêques de France (CEF) puis, en 1996, directeur du prestigieux séminaire français de Rome. L'année suivante, il est ordonné évêque à la cathédrale Notre-Dame-de-Paris par le cardinal Jean-Marie Lustiger et devient évêque auxiliaire de Paris. Un tremplin de prestige. Trois ans plus tard, il est de nouveau propulsé sur le devant de la scène médiatique avec la création de la chaîne de télévision catholique KTO, dont il est le premier président en 1999. Avant d'être nommé « *consultant médias* » au Vatican. Une consécration.

Mais la carrière fulgurante de Jean-Michel di Falco, alors bras droit de l'influent cardinal Lustiger à Paris,

Église la mécanique du silence

s'arrête brutalement en 2001. Quand Marc, en quête de justice à l'âge de 41 ans, alerte Mgr Lustiger et raconte son histoire dans un courrier. S'ensuivent trois rencontres avec le père Henri Madelin, un jésuite chargé par le diocèse de Paris de recueillir son témoignage. Le cardinal Lustiger lui fait alors savoir que la carrière de Mgr di Falco va être stoppée. Mais cela n'apaise pas Marc, qui ne peut admettre que l'homme reste évêque, sans même qu'un procès canonique ne lui soit fait. Face à l'inertie de l'institution, il décide de porter plainte contre Mgr di Falco le 14 novembre 2001, pour des « *faits de viols et abus sexuels dont il a été victime, de l'âge de 12 ans à l'âge de 15 ans* ». Auditionné à la brigade des mineurs, l'évêque nie farouchement les faits : « *Je n'ai pas gardé de souvenir de liens particuliers avec Marc.* » Le prélat dément, mais le scandale, rendu public par *Golias* et *L'Express*, fait la Une des journaux. Pour la première fois en France, un évêque est directement accusé de pédophilie. « L'affaire di Falco » explose.

Un contre-feu est organisé. D'importants titres de presse comme *La Croix* ou *Le Point* défendent dans leurs colonnes l'évêque-star. Des personnalités du Tout-Paris montent au créneau. À quelques semaines d'intervalle, les philosophes Alain Finkielkraut et Bernard-Henri Lévy prennent leur plume indignée. « *Le nouveau dispositif de simultanéité juridico-médiatique rend possibles tous les abus, dénonciations calomnieuses, vengeances privées, chantages*[1] », s'emporte Alain Finkielkraut le 22 mars 2002. « *Le beau visage amaigri, défait, de Jean-Michel di*

---

1. Alain Finkelkriaut, « Le danger de lynchage », *Le Point*, 22 mars 2002.

Justice de Dieu, justice des hommes

Falco, évêque auxiliaire de Paris, qui vient de tomber dans le plus effroyable des traquenards. Que répondre, en effet, à «un intermittent du spectacle» qui vous accuse d'avoir eu, il y a trente ans, des relations pédophiliques avec lui ? Que faire quand le délateur reste anonyme, donc insaisissable, et ne fournit, à l'appui de son dire, pas l'ombre d'une preuve[1] *?* », s'exclame un mois plus tard Bernard-Henri Lévy, dans les pages du *Point*.

Dans un état dépressif, Jean-Michel di Falco vient témoigner sur le plateau de *TF1*, dans l'émission *Sept à huit*, pour plaider son innocence. S'estimant sali, il décide de laver son honneur en portant plainte contre X du chef de dénonciation calomnieuse. Mais en juin 2004, le tribunal de grande instance de Paris rend une ordonnance de non-lieu sur la plainte de l'évêque. Le juge d'instruction estime même qu'« *il demeure impossible d'établir avec certitude que les faits dénoncés par Marc, avec lequel Jean-Michel di Falco n'a pas demandé à être confronté, sont totalement ou partiellement inexacts, notamment au vu des témoignages de sa mère et de sa sœur recueillis par les enquêteurs à la suite de la plainte du 14 novembre 2001* ». En clair, l'ordonnance de non-lieu n'invalide pas la plainte de Marc qui, selon le juge, n'a « donné lieu à aucune instruction sur le fond en raison de la prescription de l'action publique », ajoutant qu'il « *ne peut a fortiori se voir reprocher d'être de mauvaise foi* ».

Malgré la prescription de la plainte de Marc, le scandale ne s'éteint pas. Les braises qui couvent provoquent

---

1. Bernard Henry-Lévy, dans son « Bloc-notes » du *Point*, le 19 avril 2002.

Église la mécanique du silence

des étincelles. En 2003, le journaliste indépendant Guillaume Serina publie *L'Affaire di Falco*[1], un livre d'enquête qui révèle l'existence d'une deuxième victime présumée. Paul[2], un ancien élève du collège Bossuet à Paris, dont le père di Falco était le directeur entre 1977 et 1984, a porté lui aussi plainte contre l'évêque, le 29 octobre 2002, pour agression sexuelle. Mais rapidement, sa plainte est classée sans suite par le procureur de Paris. Le délai de prescription, à l'époque de dix ans après la majorité des faits, empêche toute poursuite judiciaire contre Mgr di Falco.

Près de quinze ans après cette deuxième plainte, nous retrouvons Paul dans les rues de Paris. L'homme a hésité des semaines avant d'accepter de nous parler. À plusieurs reprises, il a changé l'heure et le lieu de rendez-vous. Ce sera finalement devant l'Hôtel de Ville, avant de bifurquer vers un parc public, puis le long des quais de la Seine. Paul ne veut pas rester au même endroit, plus de quelques minutes. Il paraît observer autour de lui si personne ne le suit. Des décennies après les agressions qu'il raconte avoir subies enfant, Paul semble toujours profondément marqué par cette histoire. S'il se dit aujourd'hui « *solidaire* » de Marc, il n'a plus l'énergie, ni les moyens financiers, d'assigner Mgr di Falco au civil. « *Il y a très peu de chances pour que cela aboutisse* », confie-t-il,

---

1. Guillaume Serina, *L'Affaire di Falco : l'Église en question*, Ramsay/Golias, 2003.
2. Pour garantir l'anonymat de la victime présumée, le prénom a été modifié.

désabusé, en tirant de son sac à dos une pochette verte. « *Tout est là* », lâche Paul, nous remettant un témoignage réactualisé qu'il a écrit à notre attention[1].

Son récit commence en 1977. Paul a 11 ans, et il débarque au collège Bossuet, à Paris. Jean-Michel di Falco en est alors le directeur. Un soir, raconte Paul, le prêtre l'invite à dîner sur les Champs-Élysées et à rester dormir dans son appartement, rue Perronet. Après le repas, l'enfant et le directeur d'école sont assis sur le canapé du clerc. Selon les mots de Paul, Jean-Michel di Falco lui aurait alors mis la main dans le pyjama pour lui caresser les fesses. L'enfant aurait demandé d'arrêter, et le prêtre aurait retiré sa main. Les attouchements s'arrêteront là, mais l'emprise psychologique du prêtre sur l'enfant aurait continué pendant de nombreuses années.

> « Di Falco avait avec moi une relation qui ressemblait un peu à la relation entre un père et son fils (…). Cet acte m'a choqué si fort que j'avais du mal à réaliser que c'était bien la main de di Falco, ce directeur d'école, ce prêtre connu de tous, qui me caressait les fesses avec insistance. »
>
> Extrait du témoignage rédigé par Paul à notre attention, octobre 2016.

En 2003, face au tollé que provoquent les témoignages de Paul et Marc, le diocèse de Paris envoie son

---

[1]. Ce témoignage a également été recueilli par *France Inter* pour l'émission « Secrets d'info » à l'automne 2016.

prestigieux évêque auxiliaire loin de la capitale. Mgr di Falco est alors nommé évêque de Gap et d'Embrun. Officiellement, une « promotion » dans un évêché confidentiel des Alpes. Officieusement, une mise à l'écart. Aucune enquête canonique ne sera engagée du côté de l'Église. « *Il était le bras droit du cardinal Lustiger. Gap était une promotion placard* », estime un prêtre passé par le diocèse de Paris. « *Il fallait tout faire pour sauver le soldat di Falco* », se souvient Me Jean-Baptiste Moquet, l'avocat des deux victimes présumées.

Éloigné de Paris, Mgr di Falco revient pourtant très vite sous le feu des projecteurs. De Gap, il poursuit son ascension médiatique. En 2009, il crée le groupe de chanteurs lyriques « Les Prêtres ». C'est un phénomène commercial, qui reste plusieurs semaines numéro un du top 50. Le groupe vend des centaines de milliers d'albums autour de leur tube « Spiritus Dei ». Mgr di Falco remet même un coffret musical au pape Benoît XVI. En 2016, l'évêque de Gap reste encore une personnalité très médiatisée, avec de nombreuses relations dans la presse. Il alimente notamment une chronique hebdomadaire vidéo sur le site du magazine *Le Point*, où il commente l'actualité, balayant tous les sujets, de la religion à Donald Trump, en passant par l'Euro de football.

En septembre 2016, alors que nous nous apprêtons pour *Mediapart* à publier un article sur son assignation au civil, Jean-Michel di Falco refuse de répondre à nos questions. Il nous renvoie à sa défense, Me Olivier Baratelli, un grand avocat parisien qui balaye les accusations. « *Une démarche aussi vile, aussi déplacée*

Justice de Dieu, justice des hommes

qu'incongrue, tente maladroitement de profiter du sillon creusé par les affaires occupant le diocèse de Lyon », nous écrit Me Baratelli. Il ajoute : « *Mgr Jean-Michel di Falco avait, au moment des premières accusations de 2002, bénéficié du soutien de l'opinion publique et du soutien de tous ceux qui ont pu le côtoyer tout au long de sa vie. Jamais personne n'avait pu apporter un témoignage contraire à la rectitude morale et intellectuelle de cet homme.* »

Le 27 septembre 2016, soit quatre jours seulement après la publication de notre enquête[1], l'avocat parisien nous envoie un courrier recommandé, menaçant de nous attaquer en justice. Un classique. *Golias*, *L'Express* et le livre d'enquête de Guillaume Serina, qui avaient sorti l'affaire au début des années 2000, avaient également dû faire face à des courriers similaires. Alors qu'il s'apprête à prendre sa retraite, Jean-Michel di Falco reste une personnalité de l'Église de France. Il n'aura jamais été jugé, pour cause de prescription. « *C'est un non-sens*[2] », s'emporte Me Jean-Baptiste Moquet, l'avocat de Marc et Paul, dans un entretien avec les membres de La Parole libérée. « *Mais la justice ne veut pas ouvrir la boîte de Pandore sur la prescription.* »

---

1. Daphné Gastaldi, Mathieu Martiniere et Mathieu Périsse, « Pédophilie dans l'Église : l'affaire di Falco relancée », *Mediapart*, 23 septembre 2016.
2. Interview réalisée par l'association La Parole libérée, consultable sur leur site internet. Maître Jean-Baptiste Moquet est également l'avocat des victimes dans l'affaire François Lefort, prêtre et héros de l'humanitaire condamné en 2005 à huit ans de réclusion pour viols et agressions sexuelles sur mineurs.

26

Compte à rebours

Elle en a encore les larmes aux yeux. En 2014, quand Béatrice[1] a voulu se rendre à la brigade de la protection des familles de Lyon, elle espérait pouvoir porter plainte contre le père Guy Gérentet de Saluneaux. Dénoncer enfin ce prêtre qui l'aurait abusée lorsqu'elle avait 5 ans. Mais la jeune femme s'est heurtée à un mur. Une barrière juridique infranchissable : la prescription, qui tombe comme un couperet. Les faits datant de 1979, il est trop tard pour porter plainte. Béatrice, frappée d'une amnésie post-traumatique, ne s'est remémoré son agression présumée qu'en 2013. Plus de vingt ans après les faits. « *Il faut arrêter la prescription. J'aurais pu faire un procès. Mais là, je ne peux pas me défendre* », se révolte aujourd'hui Béatrice.

---

1. Nom d'emprunt.

Église la mécanique du silence

C'est un compte à rebours implacable. Un chronomètre judiciaire qui obsède la plupart des victimes d'agressions sexuelles. Elles ont vingt ans à compter de leur majorité pour porter plainte. Passé ce délai, les faits sont prescrits, la plainte promise au classement sans suite et l'agresseur à l'impunité. Alexandre Dussot avait 39 ans en 2014, quand il apprend que le père Preynat est toujours en activité. Un an trop tard pour agir en justice. Il n'est pas le seul. Dès 2005, le cardinal Barbarin est informé du passé du prêtre de Sainte-Foy-lès-Lyon. *« À cette date, la quasi-totalité des 72 cas que nous avons recensés n'étaient pas prescrits »*, assure Alexandre. Dix ans plus tard, ils ne sont que sept à avoir pu porter plainte[1]. Autant de vies brisées qui ne seront pas examinées par la justice.

Incontestablement, la prescription joue un rôle majeur dans les affaires d'agressions sexuelles. Pendant notre année d'enquête, nous nous y sommes heurtés plus d'une fois. Il suffit de se pencher sur les 32 agresseurs couverts par leur hiérarchie que nous avons recensés dans notre travail de données[2]. Sur plus de 300 victimes, mineures ou majeures, la moitié seulement a pu mener une action en justice. Il existe des grandes disparités selon les cas. Ainsi, sur 58 victimes reconnues, 39 personnes ont pu porter plainte contre Pierre-Étienne Albert à Rodez. À l'inverse, seuls 3 victimes sur 11 ont vu leurs plaintes retenues par la justice dans l'affaire Bissey en Normandie.

---

1. Début janvier 2017.
2. Voir chapitre 13.

Justice de Dieu, justice des hommes

Certes, une partie des victimes choisissent de ne pas porter plainte. Par crainte d'une procédure longue et éprouvante, pour ne pas rouvrir leurs blessures, pour épargner leurs familles ou parce qu'elles n'ont que leur parole pour seule preuve. Mais la grande majorité ne peut simplement pas obtenir justice. Des victimes recalées aux portes des tribunaux, faute d'avoir parlé plus tôt.

C'est précisément la raison d'être de la prescription : constituer « *un mode d'extinction de l'action publique* », au même titre qu'un jugement définitif, un retrait de plainte ou le décès de l'accusé. Pendant longtemps, aucune disposition n'était prévue dans le Code pénal pour les agressions sexuelles ou les viols commis sur des mineurs. Il faut attendre la loi du 8 juin 1998, dans le sillage de l'affaire Dutroux, pour que le point de départ de la prescription soit fixé à la majorité de la victime et que le délai soit allongé à dix ans. La loi Perben II de mars 2004 portera ensuite à dix ans le délai de prescription pour les délits et à vingt ans celui applicable aux viols sur mineurs, ainsi qu'aux agressions commises sur mineur de 15 ans par un membre de leur famille.

Récemment, le livre de Flavie Flament *La Consolation*[1] a remis la question de la prescription dans l'actualité. L'animatrice de télévision et de radio de 43 ans y raconte avoir été violée à plusieurs reprises à l'âge de 13 ans par le photographe de mode David Hamilton, célèbre pour ses clichés de jeunes filles. Évoquant la « *mémoire traumatique* » engendrée par ces viols, Fla-

---

1. Flavie Flament, *La Consolation*, JC Lattès, 2016.

vie Flament raconte avoir décidé de lui faire face, en racontant à visage découvert « *ce coffre à secrets scellé du sceau de la honte, de la protection, des mensonges et des aveuglements* ». Rapidement, d'autres femmes affirment avoir subi les mêmes actes, l'affaire prend de l'ampleur, jusqu'à ce que David Hamilton se suicide fin novembre 2016, privant les victimes d'une possible explication.

Dans l'affaire David Hamilton, comme dans les affaires Anatrella ou di Falco, classées sans suite pour prescription, les victimes doivent se contenter d'un témoignage, sans possibilité d'action en justice. Pire, elles sont la plupart du temps obligées de parler à mots couverts, sans nommer leur agresseur. Faute de quoi, elles risquent d'être poursuivies pour diffamation, dans une ubuesque inversion des rôles.

Autre bizarrerie, le délai de prescription pour non-dénonciation d'un abus sexuel sur mineur est actuellement de trois ans seulement à partir de la prise de connaissance des faits. Un enfant attouché par un prêtre à l'âge de 10 ans aura donc jusqu'à ses 38 ans pour porter plainte, mais il ne pourra que très rarement poursuivre l'évêque qui aurait couvert son agresseur. C'est l'une des raisons du classement sans suite de la plainte contre le cardinal Barbarin. Des associations de victimes demandent que les délais en matière de non-dénonciation soient alignés sur ceux des infractions couvertes.

Mais à quoi sert la prescription ? Historiquement, d'abord à pallier la déperdition des preuves. Comment juger trente ou quarante ans après, alors que les armes,

Justice de Dieu, justice des hommes

les lieux et même les souvenirs du crime ont disparu ? Avec le temps, le risque d'erreur judiciaire augmenterait, et justifierait l'abandon des poursuites. Mais l'argument est probablement de moins en moins valable. Les techniques d'enquête policière modernes sont bien plus performantes que par le passé, notamment grâce au recours à l'ADN ou à l'expertise psychiatrique.

La raison de la prescription n'est donc pas seulement technique. Il s'agit aussi d'éviter un trouble à la société. En 2007, un rapport du Sénat[1] écrivait que « *la paix et la tranquillité publique commanderaient, après un certain délai, d'oublier l'infraction et non d'en raviver le souvenir* ». Une « *grande loi de l'oubli* » dont les auteurs du rapport pointaient le risque qu'elle « *heurte l'opinion publique* » bien plus qu'elle n'apaise la société.

Oublier l'infraction. Certaines victimes ont bien tenté de le faire, en vain, pendant des années. D'autres, au contraire, ont été frappées d'amnésie, les faits remontant brutalement, parfois des décennies plus tard. Le souvenir doit mûrir pour être exprimé publiquement. En moyenne, les victimes d'inceste mettent ainsi seize ans avant de révéler leur agression, d'après un sondage Ipsos effectué en 2010 pour l'Association internationale des victimes de l'inceste (AIVI). Un chiffre certainement comparable pour les agressions commises au sein de l'Église. « *Un élément traumatique casse, fait mal, on a besoin de ce temps-là* », résumait Ernestine Ronai

---

1. *Pour un droit de la prescription moderne et cohérent.* Rapport d'information n° 338 (2006-2007) de MM. Jean-Jacques Hyest, Hugues Portelli et Richard Yung.

en novembre 2016 à l'AFP. Coordinatrice nationale de la mission interministérielle pour la protection des femmes victimes de violences (Miprof), la psychologue milite pour un allongement des délais de prescription. « *Ces traumatismes restent parfois enfouis dans la mémoire, et resurgissent des années plus tard, à l'occasion d'une grossesse, d'un événement extérieur* », expliquait-elle.

La psychiatre Muriel Salmona travaille sur la question des violences sexuelles depuis près de vingt ans. « *C'est un problème de santé publique majeur* », martèle la fondatrice de l'association Mémoire traumatique et victimologie. « *On sait aujourd'hui que les victimes perdent en moyenne vingt ans d'espérance de vie.* » Alcool, conduites à risque, suicides, les « *survivants* », comme ils s'appellent dans les pays anglo-saxons, traversent souvent de profondes crises. Car « *notre mémoire traumatique enregistre toutes les émotions, le stress de l'agression* », détaille Muriel Salmona. « *C'est une boîte noire qui reste là, qui torture les victimes.* »

Cette mémoire reste à la fois douloureusement présente et pourtant inaccessible pour la victime. « *Plus la personne est abusée jeune, plus elle parlera tard* », affirme la psychiatre. En effet, les victimes sont souvent sous l'emprise directe de leur agresseur. Qu'il s'agisse d'un parent, d'un instituteur ou d'un prêtre, l'autorité demeure présente dans leur quotidien. Les enfants abusés ont également beaucoup de mal à identifier ce qu'ils ont subi, à mettre des mots sur les faits. De plus, ils éprouvent fréquemment un sentiment de honte, de culpabilité, qui les empêche de parler. Certains ressentent même des douleurs physiques lorsqu'ils essaient d'évoquer les faits.

Justice de Dieu, justice des hommes

Dernière explication, peut-être la plus importante, les victimes vivent souvent « *un processus de dissociation traumatique* », ajoute Muriel Salmona. « *Le cerveau de la victime disjoncte pour se protéger contre ce stress continuel.* » Dans ces conditions, l'enfant est déconnecté de ses émotions, comme anesthésié, spectateur de lui-même. « *Ce faisant, il déconnecte aussi le circuit de la mémoire. C'est une machine à effacer.* » Selon les études référencées par son association, plus d'un tiers des personnes ayant été agressées enfants n'ont pas de souvenir des faits. Une situation qui peut persister des dizaines d'années, « *jusqu'à ce que la victime soit adulte, quitte sa famille, sa ville, son agresseur* », poursuit la psychiatre. « *À ce moment-là, la dissociation cède, la mémoire devient insupportable, la victime peut être dans une souffrance extrême.* » Une souffrance qu'accentue encore le sentiment d'injustice causé par la prescription.

Aujourd'hui, la psychiatre intervient à l'École de la magistrature de Bordeaux pour sensibiliser la justice à la question de la dissociation traumatique. « *Cet impact fait encore l'objet d'un déni important* », regrette-t-elle. « *Mais les violences sur mineurs sont des machines à broyer. Seuls 10 % donnent lieu à des plaintes, 1 % à une condamnation. Il y a une impunité totale.* »

Mais l'année 2016 pourrait bien avoir changé la donne. Avec l'émergence de La Parole libérée, les révélations de Flavie Flament, le scandale de pédophilie dans le football britannique, l'opinion publique semble de plus en plus favorable à une réforme de la prescription. Signe de cette évolution, le succès en ligne des pétitions lancées en ligne par Change.org ou par *Psychologies magazine*, et leurs dizaines de milliers de signatures. Le sujet est dans l'air du temps. Après la Suisse en 2013, la Californie a supprimé en septembre 2016 la prescription pour l'ensemble des crimes sexuels. Dans d'autres pays, comme l'Angleterre, la prescription est traditionnellement presque inexistante.

En France aussi, la nécessité d'une réforme semble de plus en plus évidente. Au Parlement, le débat divise aujourd'hui ceux qui militent en faveur de l'imprescriptibilité et ceux qui prônent un simple allongement du délai de prescription. Dès 2014, les sénatrices Muguette Dini et Chantal Jouanno (UDI) avaient porté une proposition de loi visant à contourner le problème. Le texte prévoyait de reporter le point de départ de la prescription au jour « *où l'infraction apparaît à la victime dans des conditions permettant l'exercice de l'action publique* ». Autrement dit : la victime aurait vingt ans pour porter plainte, non plus à partir de ses 18 ans, mais à partir du moment où elle se souvient et prend conscience de l'agression. Dans les faits, l'infraction devenait quasiment imprescriptible.

« *On avait repris la même formulation que pour les abus de biens sociaux* », raconte aujourd'hui Muguette Dini, croisée lors de l'assemblée générale de La Parole libérée. « *Quand ces délits sont dissimulés, on fait démarrer le délai de prescription à la révélation des faits. On se disait que si c'était bon pour le fric, ce serait bon pour le corps !* », lance-t-elle. La proposition sera finalement amendée au Sénat, puis enterrée à l'Assemblée nationale. L'ancienne sénatrice du Rhône, lucide sur les raisons de ce rejet, désigne les députés des commissions des lois de

Justice de Dieu, justice des hommes

l'Assemblée nationale et du Sénat. Des magistrats, des juristes, « *par nature conservateurs* », pour qui la justice est faite « *pour punir les coupables pas pour les victimes* ». Ce sont eux qui bloqueraient toute réforme. « *Ils ont peur que le nombre d'affaires explose.* »

Ce blocage s'appuie sur un raisonnement bien rodé. « *Il y a cette idée que l'imprescriptibilité ne vaudrait que pour les crimes contre l'humanité* », regrette Muguette Dini. Depuis 1964, le crime contre l'humanité est en effet le seul à bénéficier de l'imprescriptibilité en droit français. Un argument d'autorité pour ses défenseurs. « *Si on banalise l'imprescriptibilité, tout devient comparable à la Shoah. Quelle que soit la douleur des gens, on ne peut pas la mettre au même niveau qu»Auschwitz* », assure Alain Tourret. En juillet 2015, le député (PRG) a déposé avec Georges Fenech (LR) une proposition de loi visant à nouveau à réformer la prescription pénale. Le texte prévoit de doubler l'ensemble des délais de prescription pour les infractions « de droit commun », de trois à six ans pour les délits et de dix à vingt pour les crimes. Un progrès incontestable, notamment pour les adultes victimes d'agressions sexuelles. Mais la réforme initiale ne prévoyait aucune disposition spécifique aux agressions sur mineurs.

Pourquoi n'avoir pas prévu de faire courir la prescription à compter du moment où la victime se rappelle des faits, comme le proposait Muguette Dini ? « *Ce n'est pas acceptable. Ce serait soumettre le droit à la décision d'un individu* », se défend Alain Tourret, pointant le risque de dépérissement des preuves. « *Les souvenirs sont plus ténus des années après.* » Et le député du Calvados se fait volontiers alarmiste, évoquant « *l'effondrement de notre système de droit* » que causerait une telle réforme. « *Il y a beaucoup de souffrances chez les victimes, cette mémoire traumatique. Je comprends ça. Mais comme législateur, je dois assurer un droit pérenne et sécurisant pour notre société* », conclut-il.

Un amendement à la loi Tourret-Fenech, rejeté au Sénat fin 2016, proposait de porter à trente ans à compter de la majorité de la victime le délai de prescription pour les agressions et les crimes commis sur des mineurs. Les victimes auraient donc eu jusqu'à leurs 48 ans pour porter plainte, contre 38 ans jusqu'à présent. En janvier 2017, le texte a finalement été retoqué par l'Assemblée nationale.

Comme elle, certains élus continuent de défendre le principe d'imprescriptibilité. C'est le cas de Michelle Meunier, sénatrice socialiste de Loire-Atlantique, très active sur ces questions. « *Il existe aussi une fonction thérapeutique de la justice* », avance-t-elle. « *Le fait de raconter son histoire devant un juge, ça a une dimension cathartique, de résilience.* » Porter plainte viendrait donc compléter le travail mené par ailleurs avec des soignants, fait-elle valoir. Une thérapie par le tribunal en quelque sorte, valable aussi pour l'agresseur. « *Seule la justice peut permettre une sanction de l'auteur des faits, lui faire prendre conscience de la gravité de ses gestes* », poursuit-elle.

Un procès doit-il permettre aux victimes de « *faire leur deuil* » des agressions subies dans l'enfance ? Aujourd'hui, toutes les victimes peuvent déjà, en théorie, s'exprimer à la barre. La prescription les empêche seulement de porter plainte, pas d'apporter leur témoignage à une affaire en cours. Mais lui refuser le statut de « plaignant », est-ce lui refuser cette dimension thérapeutique tant recherchée ?

« *Un procès n'est pas une catharsis pour les victimes, ce n'est pas son rôle* », réagit Julie Klein, professeure de droit et sciences criminelles à l'université de Rouen. Auteure d'une thèse sur le sujet[1], elle appelle à « *réfléchir à la place des victimes dans le procès pénal* », de plus en plus centrale. Les jugements sont pourtant rendus « *au nom de la société* », et non pas au nom d'un individu, rappelle-t-elle. « *Historiquement, la victime a quasiment un rôle de figurant dans le droit pénal. C'est une bonne chose de lui avoir accordé un peu plus de place, mais attention à l'excès inverse.* »

La juriste se dit opposée à tout allongement des délais de prescription. Une « *fausse bonne idée* », d'après elle. « *Si on juge des affaires plus de trente ans après les faits, ça risque de se terminer par des relaxes et des non-lieux dans neuf cas sur dix* », prévient-elle. À la peine causée par l'agression s'ajouterait alors celle de voir l'auteur acquitté. Une autre solution consisterait à considérer l'ensemble des victimes d'un même agresseur comme une seule et même infraction indivisible. « *On sait que les actes ont souvent lieu sur de longues périodes. Cela permettrait de juger les anciennes agressions en se basant sur la dernière non prescrite* », assure-t-elle.

Dans ce contexte, la justice canonique est paradoxalement l'un des derniers espoirs pour les victimes.

---

1. « Le point de départ de la prescription », Economica, 2013.

Église la mécanique du silence

Régulièrement, des plaignants prescrits sur le plan pénal se tournent vers l'institution catholique. Mais là encore, ils peuvent se heurter à la prescription. Comme en droit français, l'Église prévoit l'extinction des poursuites vingt ans après la majorité de la victime. Mais, là où les tribunaux civils ne peuvent passer outre, le pape peut lever cette prescription pour les crimes les plus graves. Dans les faits, l'Église se cache la plupart du temps derrière les décisions de la justice pénale pour ne pas ouvrir de procédure interne sur les cas les plus anciens. Mais la justice canonique n'en demeure pas moins le dernier lieu où des victimes peuvent faire reconnaître les actes qu'elles ont subis. Comme l'affirmait le vicaire général du diocèse d'Orléans en novembre dernier, « *la souffrance, elle, n'est jamais prescrite* ». Cette souffrance réduite au silence par une horloge judiciaire mal réglée. Celle de Béatrice, d'Alexandre et de centaines d'autres, pour qui les aiguilles ont tourné un peu trop vite.

27

Après le scandale

Travailler en trio est un avantage certain, qui se paie en heures de discussions. Nous avons passé notre année d'enquête à débattre. Chaque article a occasionné des questionnements éthiques, plus ou moins faciles à trancher. Faut-il publier le nom d'un agresseur ? Tel témoignage est-il fiable ? Mais de toutes les histoires publiées sur *Mediapart*[1], très peu ont généré autant d'interrogations que celle du père Dominique Spina.

Fin avril 2016, nous révélions le cas de ce prêtre condamné en 2005 à quatre ans de prison ferme pour le viol d'un lycéen de 16 ans. Après avoir purgé sa peine, le prêtre avait été transféré de son diocèse de Bayonne

---

1. Daphné Gastaldi, Mathieu Martinière et Mathieu Périsse, « Pédophilie dans l'Église : condamné pour viol, puis à la tête de sept clochers », *Mediapart*, 29 avril 2016.

Église la mécanique du silence

à celui de Toulouse et avait fait part à l'évêque, Mgr Le Gall, de son souhait de reprendre un ministère. En 2009, après sa période de liberté conditionnelle, il avait non seulement été remis en activité, mais placé à la tête de l'ensemble paroissial de Fronton-Bouloc-Castelnau d'Estétefonds, rassemblant sept clochers au nord de Toulouse.

Fallait-il ou non publier cette nouvelle histoire ? Il nous fallait plus de détails sur la situation de ce prêtre. Dans le diocèse de Toulouse, le curé supervisait la pastorale des jeunes. Un organigramme, retiré du site de la paroisse depuis, le plaçait même au centre d'une équipe de bénévoles en charge des baptêmes, du catéchisme ou des premières communions. « *Pour moi, c'est un problème* », s'indignait à l'époque une bénévole de la paroisse que nous avions interviewée. « *Ce n'est pas assez surveillé, il a trop de responsabilités.* » De fait, la plupart des paroissiens n'avaient pas été informés du passé du prêtre à son arrivée. Le curé avait donc pu participer à des sorties organisées avec des jeunes communiants, et même accompagner seul un jeune lors d'un voyage à Lourdes. La sortie lui avait valu une simple remontrance de la part d'un de ses supérieurs.

Premier constat, l'histoire choque le public. Dans les jours qui suivent la publication de cette enquête, l'information fait le tour des médias locaux, puis nationaux. Sous pression, Mgr Robert Le Gall, archevêque de Toulouse, est contraint de se fendre d'un communiqué le 3 mai. Il y annonce que le prêtre « *a demandé à être relevé de l'exercice de sa charge de curé* ». Le prélat se défend, arguant que le dispositif encadrant le

Justice de Dieu, justice des hommes

prêtre « *a été plus strict que la décision de justice : je lui ai interdit tout ministère auprès de mineurs* », et rappelant que le père Spina « *a exprimé à de nombreuses reprises son regret* ». Mais sa démission est apparue au diocèse comme « *la seule solution contre la méfiance et le soupçon généralisé* », précise-t-il.

Dans la foulée, l'archevêque rend publics deux autres cas de prêtres condamnés par la justice. Le premier, reconnu coupable dans les années 1990 d'atteinte sexuelle sur mineurs, a été retiré de son ministère. Et doit rester « *sans contact direct ou indirect avec les enfants* ». Le second, condamné dans les années 2000 pour détention d'images pédopornographiques, n'exerce plus qu'« *auprès d'adultes uniquement* », fait-il valoir.

Véritable casse-tête pour les évêques, la question de l'avenir des prêtres après leur condamnation est complexe. Les statistiques sur le sujet sont rares. Fin janvier 2017, la Conférence des évêques de France a publié de nouveaux chiffres, faisant état de 9 prêtres en prison, 26 mis en examen et 37 ayant purgé leur peine. Des chiffres en légère baisse par rapport à ceux publiés en 2010, se félicite la CEF, qui mentionnait alors 9 prêtres en prison, 51 mis en examen pour des faits de pédophilie et 45 prêtres ayant accompli leur peine.

Depuis 2001, la position de l'Église vis-à-vis de la justice est claire, au moins sur le papier : un évêque informé de faits d'agressions sexuelles est tenu d'encourager l'auteur à se dénoncer à la justice, ou à le faire lui-même. Mais quid d'un prêtre sortant de prison ? Faut-il automatiquement le réduire à l'état laïc ou lui accorder une seconde chance, en lui confiant une fonction moins exposée ?

« Aujourd'hui, il faut être extrêmement clair : un prêtre qui a été condamné pour des actes de pédophilie ne doit plus pouvoir exercer de ministère », tranche Mgr Stanislas Lalanne, évêque de Pontoise, invité de France 2 le 13 avril 2016. Le prélat est alors responsable de la cellule de veille sur la pédophilie de l'épiscopat français, fonction qu'il quittera le mois suivant. Il poursuit sans hésiter : « *Il peut rester prêtre, mais il faut avoir des mesures conservatoires extrêmement importantes. C'est-à-dire, il ne célèbre plus la messe, il ne célèbre plus les sacrements, il n'est plus en situation de catéchèse.* » En clair : pas de retour à l'état laïc systématique, mais à condition de mettre le prêtre fautif au placard, sans contact avec les enfants. La plupart du temps, monastères, couvents, maisons de retraite ou postes d'archivistes accueillent ces prêtres condamnés. Une volonté affichée de l'Église de France en contradiction avec la réalité du terrain

Car les exemples de négligences sont nombreux. Après avoir été condamné une première fois pour viols et agressions sexuelles sur mineurs au Québec en 1985, le père Denis Vadeboncœur avait ainsi pu poursuivre sa carrière en Normandie, dans le diocèse d'Évreux. Parfaitement au courant du passé criminel du prêtre, Mgr Gaillot, alors évêque d'Évreux, décidera de lui laisser une seconde chance. Alerté lui aussi, son successeur, Mgr David, le maintiendra en place, au contact de jeunes. Le père Vadeboncœur récidivera en agressant un mineur, avant d'être condamné à douze ans de prison

Justice de Dieu, justice des hommes

en 2005. « *Je l'ai déplacé et lui ai demandé de rencontrer un psychiatre* », se défendra Mgr David lors du procès.

Plus récemment, le parcours du père Bruno Houpert a également mis en lumière le flou qui entoure le suivi de ses prêtres par l'Église. Condamné en 2007 à dix-huit mois d'emprisonnement avec sursis et trois ans de mise à l'épreuve pour l'agression de plusieurs étudiants majeurs à Rodez, le prêtre est muté dès l'année suivante dans le diocèse de Lyon. D'abord dans une communauté religieuse, avant de gravir les échelons : vicaire, puis curé, il est finalement promu doyen du Sud-Ouest lyonnais, en charge de six paroisses. Seule restriction à son ministère, « *il ne devait pas être en internat* », se défendra l'évêché, interrogé par *Le Parisien*. « *Le jugement rendu ne mentionne aucune restriction dans mon ministère, ni auprès des jeunes, ni plus largement en paroisse. Il n'y avait pas non plus d'obligation de soin* », écrit au printemps Bruno Houpert sur le site de sa paroisse. Le prêtre est pourtant suspendu dès la médiatisation de l'affaire.

L'argument n'est pas sans portée. Est-ce le rôle de l'Église d'aller au-delà des dispositions prévues par la justice ? Comme journalistes, nous passerons des heures à osciller entre deux postures. Entre le droit à une seconde chance et le principe de précaution. Entre le droit à l'oubli, auquel pourrait prétendre tout condamné, et le risque de récidive. Aborder cette question, c'est mettre rapidement le doigt sur les carences de la justice pénale et l'inefficacité du droit canonique. Ce que la première ne prévoit pas, le second est-il tenu de le mettre en place ?

Église la mécanique du silence

Mais il est des négligences évidentes. Des cas où la mise en danger des enfants est flagrante. Comme celui de Jean-Olivier Guinant, dans le diocèse de Tulle. Condamné en 1997 pour des attouchements sur des mineurs, ce prêtre avait pu revenir quelques années plus tard dans sa paroisse de Lignac, en Corrèze, avant d'être à nouveau condamné pour le viol d'un de ses enfants de chœur en 2008.

Le parcours du père Jean-Marie Vincent est lui aussi édifiant. Après avoir écopé de cinq ans de prison en 2000 pour avoir agressé plusieurs enfants de la chorale de Bar-le-Duc, en Lorraine, il est envoyé à la Réunion dès 2003, alors qu'il vient d'être libéré sous contrôle judiciaire. À plus de 9 000 kilomètres, les paroissiens ne connaissent rien de son passé judiciaire. Le prêtre exercera son ministère en étant fréquemment au contact d'enfants, jusqu'à ce que la presse locale dévoile le scandale. Il sera finalement relevé de ses fonctions sur décision de la CDF en 2015.

Que dire enfin du père Didier B., dans le diocèse de Lyon, dont nous révélons le passé dans ce livre[1] ? En 1992, ce prêtre du Haut Beaujolais est condamné à six ans de prison pour avoir agressé une dizaine d'enfants et violé l'un d'entre eux. En 2015, il exerçait toujours un ministère, donnant régulièrement des messes en paroisse dans la banlieue lyonnaise, plus de vingt ans après sa condamnation. Il sera finalement retiré en catastrophe en 2016, le diocèse n'assumant plus la prise de risque.

---

1. Voir chapitre 9.

Justice de Dieu, justice des hommes

Les affaires récentes en France ont mis en lumière le manque de directives de l'Église sur la réinsertion des prêtres condamnés pour abus sexuels. L'institution a encore du mal à se détacher du lien filial prêtre-évêque. À Rome, Mgr François Bousquet, recteur de la paroisse Saint-Louis des Français, l'avoue. « *Nous prêtres, sommes habitués à prêcher la réconciliation et le pardon* », estime ce fin analyste de la psychologie ecclésiastique. « *Alors que dans la société, il y a de l'impardonnable maintenant. Il n'y a pas de prescription. Et nous, on est habitués à poser les conditions du pardon. On est coincés, on est maladroits, on est mal à l'aise.* »

Plusieurs prélats dénoncent la « *dictature de la transparence* » et le comportement « *inquisiteur* » des médias. Mgr Antoine Hérouard, recteur du séminaire pontifical français de Rome, critique « *le côté très intrusif et violent* » des médias, « *qui ne connaissent pas toujours bien les tenants et les aboutissants* » des cas qu'ils dénoncent. Quant à savoir si les prêtres condamnés doivent être réduits à l'état laïc, « *mon opinion n'est pas faite* », dit-il. « *Ce sont toujours des cas d'espèce. On peut dire "tolérance zéro", quelque part, c'est plus confortable, l'institution se protège totalement* », raisonne-t-il d'abord. Avant de mettre en garde : « *Il ne faut pas lâcher ces gens dans la nature.* »

« *Je ne suis pas sûr que la réduction à l'état laïque, sans plus de contrôle, soit la meilleure protection pour éviter de futurs abus sur les enfants* », abonde Hans Zollner, vice-président de l'Université pontificale grégorienne de Rome. Responsable du Centre pour la protection de l'enfance, ce prêtre allemand a beaucoup travaillé sur les questions d'abus sexuels en 2010, au moment des grands scandales dans l'Église outre-Rhin. Il en retient une approche très pragmatique. Pour lui, plus que la réduction à l'état laïque, la vraie question est celle du maintien en poste du prêtre. Aux yeux du prélat, que l'Église le veuille ou non, il est désormais impossible de laisser ces prêtres en paroisse. « *L'opinion publique réclame la destitution de ces prêtres* », constate-t-il. Et d'évoquer le cas de cet évêque allemand qui avait voulu donner une charge pastorale à deux prêtres abuseurs après leur peine. « *Il avait tout préparé, parlé aux paroissiens. Au moment où il les a mis en place, dans un environnement supervisé, avec un ministère très restreint. Sans contact avec des enfants, tout a explosé* », se souvient-il. « *C'était impossible, il a dû les retirer immédiatement.* »

Retour en France. Scruté par les médias depuis l'affaire Preynat, le diocèse de Lyon, plus que n'importe quel autre, doit aujourd'hui faire preuve de cohérence. « *On ne peut pas prêcher la morale si on n'est pas clair* », estime le père Yves Baumgarten. Le vicaire général admet avoir évolué sur la question. « *Au début, je me disais "comment on peut permettre à certains prêtres de continuer ?". Aujourd'hui, je me rends compte que ce n'est plus possible quand les faits sont très graves, même dans des ministères très fermés.* » La destitution après une condamnation serait désormais automatique. « *Il vaut mieux lui dire "voilà, maintenant, il faut réorienter ta vie dans autre chose que la prêtrise parce que cela n'a plus beaucoup de sens"* », assure-t-il. « *Et je pense que cela va être l'option prise un peu partout.* »

Justice de Dieu, justice des hommes

Au fil de nos interviews, nous comprenons que l'Église compte autant d'avis que de responsables. L'institution peine à adopter une position claire sur cette question. À l'image de Mgr Luc Crépy, le successeur de Mgr Lalanne à la présidence de la cellule permanente de lutte contre la pédophilie. Nous le rencontrons au Puy-en-Velay à l'été 2016. Comme tous les matins, l'évêque célèbre la messe de 7 heures pour les pèlerins en partance pour Lourdes. Dix-sept mille chaque année, originaires de toute l'Europe. « *Personnellement je pense qu'il faut être très clair avec le prêtre concerné* », énonce le prélat, qui prône lui aussi une politique au cas par cas.

Pas question d'aller vers une procédure systématique. « *Ce serait injuste de mettre tout le monde dans le même panier* », argue-t-il. « *Aucun cas n'est secondaire, chaque abus est terrible. Mais il y a des faits suffisamment graves pour que le prêtre n'exerce plus son ministère et d'autres où l'Église peut confier de nouvelles responsabilités à une personne condamnée, à condition de garder une grande vigilance.* » Avant notre départ, l'évêque nous fait visiter l'évêché, niché sur une falaise en surplomb de la ville. « *La cathédrale est bâtie sur du vide* », fait-il remarquer, rieur. « *On ne le sait pas toujours* ». La métaphore inspire Marc, un Breton qui s'apprête à prendre la route, coquille Saint-Jacques[1] accrochée au sac à dos. « *Le positionnement de l'Église est à l'image de cette cathédrale : en apparence les mesures sont claires, mais elles ne reposent sur rien.* »

---

1. Symbole du pèlerinage de Saint-Jacques de Compostelle.

28

Tadig

« *Nous sommes des monstres. Les pédophiles font horreur.* » Il s'est choisi un pseudonyme, comme pour alléger le passé. Tadig Fulup est son alter ego. Tadig pour « petit père » en breton, Fulup comme « Philippe », son prénom. Un déguisement qu'il enfile pour parler de « ça », pour se protéger, éviter l'opprobre à ses proches aussi. Fuir la honte de ce jugement de 2006 qui a « *bousillé sa famille* », comme il dit. Trente mois de prison ferme pour l'agression sexuelle de deux adolescentes de 12 et 15 ans, les filles de la femme de ménage, dans son église des Alpes-Maritimes. Il fera vingt mois de détention. Dans sa cellule, le prêtre écrit sa version des faits. Il s'agit d'un livre érudit, une autobiographie mêlée de paroles bibliques et d'essais politiques, qu'une petite maison d'édition publiera en

Église la mécanique du silence

2014 sous ce titre, volontairement provocateur : *Tout est bien !*[1]

« *Ce titre, ça ne veut pas dire que mes actes étaient bien, ça veut dire que tout pécheur a droit à la miséricorde* », précise d'emblée l'ancien prêtre quand nous le rejoignons dans son village du Morbihan. Sa maisonnette se dresse à deux pas de l'église en pierre noire. Dans la petite salle à manger, quelques bibelots ornent une armoire massive. Sur une chaise, un coussin à fleur de lys trahit ses convictions royalistes. L'homme s'est rapproché très jeune de l'Action Française, cite Charles Maurras en ouverture de son livre et a fait une partie de sa formation au sein de la Fraternité Saint-Pie-X, une frange traditionaliste de l'Église connue pour ses liens avec l'extrême droite.

« *Je suis né à Saint-Nazaire en 1954.* » Il commence son histoire d'une voix posée, très grave. Une élocution irréprochable et un vocabulaire choisi avec soin. « *J'ai eu une éducation très classique* », fait-il remarquer. Le sexagénaire récite son parcours avec la facilité d'un homme qui a passé du temps à faire son examen de conscience. Il évoque d'une traite cette « *famille unie* » bretonne, sa mère « *très possessive* » et « *une figure paternelle en retrait* ». Il se décrit en adolescent timide. Dès le lycée, il se découvre une attirance pour les enfants. « *Là, j'ai commis des attouchements, donné des bisous sur la bouche* [il hésite] *deux ou trois fellations. Voilà mon crime* », détaille-t-il, comme de simples banalités. Adulte, ses pulsions de lycéen ne le quittent pas. « *En tout, j'ai dû commettre ce que la loi appelle une dizaine d'agressions sexuelles.* »

---

1. Tadig Fulup, *Tout est bien !*, Les Sentiers du Livre, 2014.

Justice de Dieu, justice des hommes

Attiré par la prêtrise dès son adolescence, il entre au séminaire au lendemain de son vingtième anniversaire. Pense-t-il trouver dans l'Église un moyen pour satisfaire ses pulsions ? « *Absurde* », tranche-t-il. « *On n'entre pas au séminaire pour ça. Si on n'y entre pas pour devenir un saint, c'est qu'on n'a rien à y faire. Moi, je voulais être un saint dans les quinze jours...* » Dans les années 1970, la pédophilie est encore largement méconnue dans la société. Le jeune homme n'a pas conscience de blesser les jeunes qu'il touche. Encore aujourd'hui, la douleur des victimes reste théorique pour lui. « *C'est vrai que j'ai du mal à mesurer. J'ai eu des signes qui ont pu me faire deviner le mal que j'avais fait, que j'avais blessé des gens. Mais je suis incapable de me le représenter, de me l'imaginer.* » À plusieurs reprises au cours de l'entretien, nous percevrons cette incapacité à se mettre à la place des victimes. Une absence d'empathie et de remords contre laquelle il tente de lutter depuis des années.

En 1980, Tadig est désormais dans son année diaconale, celle qui précède l'ordination. Il se souvient avoir entretenu durant cette période une « *relation* » avec un enfant, qu'il force à pratiquer des fellations. C'est aussi à cette époque que sa hiérarchie est informée pour la première fois de son comportement. « *Je ne sais plus ce que j'avais fait. J'avais dû embrasser un enfant de chœur sur la bouche. Le petit avait mal réagi. Il en avait parlé au curé qui en avait parlé à l'évêque* », raconte-t-il. Mais la sanction ne viendra jamais. Son évêque le convoque. « *Là, il m'engueule, en me disant que j'avais été signalé, qu'il ne fallait plus recommencer.* » Puis on l'envoie à Rome poursuivre ses études de théologie, après son ordination

Église la mécanique du silence

en 1981. « *Moi, naïvement, je pensais que c'était pour mes qualités* », assure aujourd'hui Tadig. En réalité, ses supérieurs étouffent l'affaire. À Rome, le jeune homme côtoie les grands de l'Église, croise François Mitterrand au Palais Farnese, et exerce en parallèle un poste au lycée français de Rome. « *J'avais des sentiments pour un enfant, mais qui sont restés au niveau de sentiments* », assure-t-il. Mais l'inconscience de sa hiérarchie l'étonne.

Après deux ans d'exil, le prêtre rentre au diocèse de Nice. À sa grande surprise, il est nommé responsable d'aumônerie de collège et de lycée. Les alertes précédentes semblent avoir été complètement oubliées par le nouvel évêque. « *C'est vraiment criminel, je dirais* », s'emporte encore Tadig aujourd'hui. « *Je trouve que ma hiérarchie a eu une grave responsabilité. Il y a eu des erreurs, des fautes graves* », estime-t-il. Car « *les mêmes causes produisent les mêmes effets* », écrit-il dans son livre. Sans surveillance, il agresse d'autres enfants.

Certaines affaires remontent à son confesseur qui lui demande seulement de présenter ses excuses à une famille. Puis il doit à nouveau quitter la ville « *pour échapper à un dépôt de plainte* » de la part des parents d'un autre élève. Le scandale n'ira pas plus loin. Les paroissiens laissent l'Église déplacer le prêtre dans une paroisse de l'arrière-pays niçois. « *Mises à part celles qui m'ont valu ma condamnation, je n'ai plus commis d'agressions après ce déplacement* », tient-il à préciser. « *En tout cas à ma connaissance* », s'empresse-t-il d'ajouter.

Il arrête de parler, se redresse dans son fauteuil et passe rapidement sur son parcours judiciaire. Son arrestation, sa mise en examen, sa condamnation en 2006.

Justice de Dieu, justice des hommes

« *Bien sûr que les diocèses devraient signaler les cas à la justice* », commente-t-il. « *C'est la loi, ça ne me choque pas.* » Son visage s'anime soudain en évoquant le regard porté par la société sur les pédophiles. « *Nous sommes devenus les sorcières à brûler. Brûler, ça veut dire pas de prescription, pas de remise de peine, pas de place dans l'Église… Il faut annihiler les pédophiles le plus possible, puisque malheureusement il n'y a plus la peine de mort. Ce sont les discours populistes que l'on entend depuis des années. Et le discours actuel de l'Église va dans ce sens-là.* »

En creux, apparaît une profonde blessure, celle d'avoir été reconduit à l'état laïc par le Saint-Siège après avoir purgé sa peine de prison. « *Moi, je suis entré au séminaire à 20 ans, et j'ai été jeté par ma mère, l'Église, à près de 60 ans.* » Sans formation, ni profession, les prêtres défroqués comme Tadig sont souvent désarmés pour réintégrer la société. Il y a quelques années, Tadig avait pris contact avec la Croix-Rouge locale, pour rendre service, pour s'occuper. Le responsable le « *mettra dehors* » en apprenant son passé. « *Donc qu'est-ce qui est fait pour les auteurs ? Rien. On les enfonce, on les marque au fer rouge. Ils sont livrés à eux-mêmes. C'est pour ça que la reconduite à l'état laïc est une hypocrisie inqualifiable. Évidemment qu'ils risquent de recommencer dans ces conditions.* »

Nous lui posons la question qui nous brûle les lèvres depuis quelques minutes. Se considère-t-il encore aujourd'hui comme un pédophile ? « *Pas actif. Mon combat, c'est de n'être pas actif. Mais je suis attiré autant par des adultes que par des enfants* », répond-il. « *J'ai des attirances oui, et des tentations bien sûr. Envers des adolescents.* » Comment gère-t-il ses pulsions ? « *Ça se gère comme ça peut. Ça n'arrive pas jusqu'aux actes de toute façon. On doit faire avec.* »

Tadig a suivi les affaires récentes avec attention. Le scandale Preynat, mais aussi les nouvelles mesures annoncées par l'Église. Celles qui lui ont peut-être manqué lorsqu'il était au séminaire. « *Je regrette que personne n'ait décelé mon orientation* », confie-t-il. Il en est persuadé, il est possible d'empêcher les potentiels agresseurs de passer à l'acte, à condition de changer le regard que l'on porte sur eux, de leur parler. « *Il y a certainement des comportements qui peuvent alerter un responsable. Mais je pense que le plus important c'est que ça soit la personne elle-même qui ressente, qui détecte son orientation, et que ça lui fasse problème* », estime-t-il. « *Il faut que le pédophile soit conscient de ce qu'il est et du mal qu'il peut causer aux victimes, pour s'empêcher de passer à l'acte.* »

Un discours loin du tout répressif, que le prêtre pourrait bientôt porter publiquement. Des contacts ont été pris entre l'association l'Ange Bleu, qui organise des groupes de parole pour pédophiles, et l'archevêché de Lyon. Le nom de Tadig a été évoqué pour intervenir fin mars 2017 lors d'une journée de sensibilisation obligatoire pour les 350 prêtres du diocèse. Tadig pourra alors se livrer sans fard à ses anciens collègues. Peut-être quittera-t-il le pseudonyme pour redevenir Philippe. Pour que sa « *mère l'Église* » accepte de regarder l'homme sans son masque, comme une partie de sa propre histoire. De celles que l'on ne peut plus cacher.

Annexe

32 agresseurs, 25 évêques, 339 victimes

Pendant un an, jusqu'en janvier 2017, nous avons synthétisé dans un tableur Excel des centaines de données. Face aux chiffres succincts présentés par la Conférence des évêques de France, il nous paraissait essentiel de faire notre propre contre-enquête avec un angle nouveau : celui des agresseurs couverts par l'Église.

Cette base de données recense des prêtres, des religieux et des laïcs qui ont commis des faits d'abus sexuels sur majeurs ou mineurs, dans l'Hexagone, ou à l'étranger quand il s'agit de clercs français. Nous avons défini le fait de couvrir comme suit : « un supérieur ou un religieux est informé de faits d'abus sexuels et n'en saisit pas la justice ». Avec cette liste de 32 agresseurs non signalés, notre objectif est de pointer les responsabilités d'une institution et documenter les rouages d'une mécanique du silence.

Certains agresseurs sont indiqués de façon anonyme. Une décision prise au cas par cas, lorsque l'enquête judiciaire en est à ses débuts ou lorsque l'individu n'a pas avoué les faits. À l'inverse, nous avons décidé de publier les noms de deux prélats, des personnalités publiques qui n'ont pu être poursuivies en justice pour cause de prescription.

Pierre-Étienne Albert
Diocèses d'Albi et Toulouse
Date des faits : 1983 à 2001
Couvert par les supérieurs des Béatitudes
Dès 1989, plusieurs supérieurs de la communauté des Béatitudes seront avertis des agissements de Pierre-Étienne Albert. Il reconnaîtra avoir fait 58 victimes dans différents diocèses, entre 1983 et 2001. L'homme est condamné une première fois en 2011 à cinq ans de prison ferme, puis à trois mois de prison avec confusion de peine en 2015 pour agressions sexuelles sur mineurs.

Joël Allaz
Diocèse de Genève, Lausanne, Fribourg (Suisse)
Date des faits : 1958 à 1995
Couvert par Mgr Mamie
Informé en 1989, Mgr Pierre Mamie, évêque de Lausanne, Genève et Fribourg, expatrie le prêtre capucin à Grenoble, en France. Le prêtre récidive dans la région de Grenoble. Entre les deux pays, le prêtre aurait abusé au moins de 24 enfants. Joël Allaz a été condamné à deux ans de prison avec sursis en 2011 par le tribunal correctionnel de Grenoble pour abus sexuels sur deux mineurs en France.

Annexe

Mgr Tony Anatrella
Diocèse de Paris
Date des faits : Années 1970 à 2011
Couvert par le diocèse de Paris
Dès 2001, Mgr Lustiger, archevêque de Paris, est alerté par une victime présumée de possibles agressions sexuelles sur un majeur commises par Tony Anatrella, prêtre, psychanalyste et consulteur au Vatican. Dès 2006, trois adultes tentent une procédure mais leurs plaintes seront classées sans suite notamment à cause de la prescription des faits. En 2016, de nouvelles victimes se manifestent, forçant le diocèse de Paris à créer une commission pour étudier ce cas. Ce n'est que fin 2016 que le diocèse de Paris décide de signaler au procureur de la République de Paris la procédure canonique ouverte.

René Bissey
Diocèse de Bayeux-Lisieux
Date des faits : 1987 à 1996
Couvert par Mgr Pican
Informé dès 1996 des faits de pédophilie, Mgr Pican, évêque de Bayeux-Lisieux, n'en informera pas la justice. Le prêtre continuera à exercer en paroisse. Lors de son procès en 2000, onze victimes se manifesteront, le clerc écopera de dix-huit ans de prison ferme. En 2001, Mgr Pican sera condamné à trois mois de prison avec sursis en 2001 pour « non-dénonciation ». Une première en Europe pour un évêque.

Francis Braem
Diocèse de Perpignan
Date des faits : 1992 à 1998
Couvert par Mgr Fort

Église la mécanique du silence

Informé en juillet 1997, Mgr Fort, évêque de Perpignan, a seulement conseillé au prêtre de se dénoncer à la justice. L'homme sera ensuite déplacé. Faute d'autodénonciation, c'est une mère de victime qui finira par porter plainte en février 1998. Le prêtre sera condamné à dix-huit mois de prison avec sursis en 2001 pour agressions sexuelles sur mineurs, assortis de trois ans de mise à l'épreuve, d'une obligation de soin et d'une interdiction d'exercer auprès de mineurs pendant cinq ans. Huit victimes sont connues à ce jour.

Jean Bréheret
Diocèse d'Angers
Date des faits : 1987 à 1989
Couvert par Mgr Orchampt

Mgr Orchampt, évêque d'Angers, a été informé des abus sexuels du prêtre en 1989 par un curé, puis par un père de victimes. Des victimes se signaleront également en 1991. Pourtant, Mgr Orchampt laisse le prêtre en place et n'alerte pas la justice. Jean Bréheret est condamné en 2005 à huit ans de prison sur viols sur mineurs, et de nouveau en 2012 à un an avec sursis pour agression sexuelle sur mineurs.

Michel Chidaine
Diocèse de Clermont-Ferrand
Date des faits : 2007 à 2010
Couvert par Mgr Simon

En 2010, de retour de Centrafrique, le père Michel Chidaine avoue à Mgr Hippolyte Simon avoir commis des agressions sexuelles sur mineurs. L'évêque de Clermont-Ferrand ne suspendra le prêtre que deux ans après, en septembre 2012, au moment où la justice le met en examen. En janvier 2017, le prêtre a été condamné en première instance

Annexe

à cinq ans de prison, dont trois ans avec sursis, pour atteintes sexuelles sur deux garçons mineurs.

Pierre de Castelet
Diocèse d'Orléans
Date des faits : 1993 à 1995
Couvert par Mgr Picandet et Mgr Fort

En juillet 1993, après des agressions sexuelles présumées commises lors d'un camp d'été par le père Pierre de Castelet, le diocèse d'Orléans est informé. Mgr Picandet et Mgr Fort, évêques successifs d'Orléans, ont reçu des courriers de familles. Le prêtre est ensuite maintenu en fonction auprès de jeunes, selon les victimes. Mgr Fort promet à une victime que des « mesures conservatoires » seront prises mais n'informe pas la justice. C'est leur successeur à Orléans, l'évêque Jacques Blaquart, qui finira par révéler l'affaire en décembre 2011. Le prêtre est alors retiré de son ministère, dix-huit ans après les premiers signalements. Pierre de Castelet est mis en examen en 2012 pour agressions sexuelles sur mineurs.

Max de Guibert
Diocèse du Mans
Date des faits : 1993 à 2007
Couvert par Mgr Gilson, Mgr Faivre, Mgr Le Saux

Entre 1995 et 2010, une famille a adressé plusieurs courriers au diocèse du Mans pour dénoncer les agissements sexuels présumés du prêtre Max de Guibert. En avril 1995, Mgr Gilson s'est engagé à muter simplement le prêtre. En 2005, la famille a alerté Mgr Faivre, demandant à écarter le prêtre de tout ministère en contact avec des jeunes. En 2010, la famille renouvelle par écrit sa demande auprès de Mgr Le Saux, évêque actuel du Mans, qui ne prend pas la mesure du courrier. Sous sa responsabilité, le père Max de Guibert a continué à encadrer des groupes de jeunes dans la Sarthe. Ce n'est qu'en 2015 que la justice est saisie. Aujourd'hui, le prêtre est mis en examen. Il doit faire face à une dizaine de plaintes pour viols et agressions sexuelles sur mineurs.

Éric Dejaeger
Belgique
Date des faits : 1975 à 1989
Couvert par la congrégation des Oblats de Marie-Immaculée et l'Église belge

Alors qu'il est recherché par la justice canadienne dans les années 1990, le prêtre Éric Dejaeger quitte le Canada et va se réfugier en Belgique et à Lourdes (France). Avant d'être extradé en 2011 vers le Canada. D'après une lettre révélée par le journaliste français Paul Moreira, les Oblats étaient parfaitement au courant du mandat d'arrêt du Canada le concernant. L'Église belge est également au courant depuis 2002, selon le journal flamand *De Morgen*. En 2015, il est finalement condamné à dix-neuf ans pour viols et agressions sexuelles sur une trentaine de victimes mineures.

Philippe de Morand
Diocèse de Lyon
Date des faits : 2008
Couvert par Mgr Barbarin

Informé en janvier 2008 d'abus sexuels sur majeur commis par le père Philippe de Morand, le cardinal Barbarin n'informe pas la justice et déplace le prêtre dans le diocèse de Nanterre. Pourtant, le lendemain de l'agression commise, le prêtre a avoué les faits devant le cardinal. La famille de la victime attendait une réaction du diocèse. Une

Annexe

procédure canonique au moins. Face à l'inertie de l'Église et à l'éloignement du prêtre toujours en activité, la victime majeure finira par faire un signalement en juillet 2008. En 2010, le père Philippe de Morand est condamné à six mois de prison avec sursis pour agression sexuelle sur majeur. Fin 2016, il exerce toujours comme prêtre dans le diocèse de Nanterre.

Jean-Marc Desperon
Diocèse de Lyon
Date des faits : années 1990 à 2009
Couvert par Mgr Decourtray, Mgr Barbarin et Mgr Housset
Au milieu des années 1990, Jean-Marc Desperon, prêtre du diocèse de Lyon, est déplacé dans le diocèse de Montauban après avoir été mis en cause par des familles lyonnaises pour son emprise psychologique sur des jeunes. En 2002, les diocèses de Lyon et Montauban sont informés par trois courriers d'accusations d'agressions sexuelles commises par le prêtre dans les années 1990. Il est alors suspendu mais les évêques de Lyon et Montauban ne signalent pas les agissements du prêtre à la justice. Il aurait agressé sexuellement un autre mineur en 2005. Le prêtre ne sera mis en examen qu'en 2016, suite à notre article sur *Mediapart*. Le prêtre est réduit à l'état laïc en urgence à la même période. À ce jour, nous avons recensé cinq victimes présumées d'agressions sexuelles.

Mgr Jean-Michel di Falco
Diocèse de Paris
Date des faits : de 1972 à 1977
Couvert par Mgr Lustiger
En 2001, une victime présumée de Mgr di Falco, évêque auxiliaire de Paris, alerte le diocèse. Face à l'inaction de

Église la mécanique du silence

Mgr Lustiger, évêque de Paris, la victime décide de porter plainte pour des faits de viols et d'abus sexuels qu'il affirme avoir subis étant mineur. La justice prononcera un non-lieu dans cette affaire pour cause de prescription. En 2002, une deuxième victime porte plainte mais sera classée également pour cause de prescription. Aucune procédure canonique ne sera enclenchée. Mgr di Falco est alors nommé évêque de Gap en 2003, où il est toujours en poste fin 2016.

Pierre Dufour
Diocèse de Chambéry
Date des faits : 1960 à 2003
Couvert par Mgr Feidt
En 1993, une famille alerte Mgr Feidt, évêque de Chambéry, des abus sexuels de Pierre Dufour mais l'évêque le maintient en poste sans alerter la justice. Deux ans plus tard, Mgr Feidt promeut vicaire Pierre Dufour. Après quarante ans de silence, le prêtre sera condamné à quinze ans de prison ferme pour viol et agressions sexuelles en 2006.

Guy Gérentet de Saluneaux
Diocèse de Lyon
Date des faits : 1989 à 2000
Couvert par Mgr Billé, Mgr Barbarin
En 2001, une jeune fille avertit Mgr Billé, alors cardinal de Lyon, qui décide de suspendre le père Gérentet de Saluneaux de son ministère. Puis en 2003-2004, une autre victime informe son successeur, le cardinal Barbarin. Ce dernier n'informera pas non plus la justice et maintient le prêtre hors ministère. Après des années de silence du diocèse de Lyon, le prêtre mariste ne sera condamné qu'en 2016, en première instance, à deux ans de prison avec sursis pour agressions sexuelles sur huit mineurs.

Annexe

Père Georges G.
Diocèse de Marseille
Date des faits : 2013
Couvert par ses supérieurs
Après avoir eu connaissance en 2013 des actes du prêtre, sa hiérarchie de l'Œuvre de jeunesse Saint-Calixte l'a déplacé de Marseille à la branche de Béziers, sans avertir la justice. À la suite du signalement d'une famille, le prêtre est condamné en 2014 à un an de prison pour l'agression sexuelle de trois enfants.

Père Pierre G.
Diocèse de Toulouse
Date des faits : Années 1980
Couvert par Mgr Marcus
En 2005, l'archevêque de Toulouse, Mgr Marcus, reçoit une lettre décrivant les attouchements du père G., signée par trois personnes : l'une de ses victimes présumées, un chef scout et un autre prêtre du diocèse. Malgré cet avertissement, le prêtre est maintenu en poste dans un autre diocèse, celui de Tarbes. En 2016, suite aux scandales, des signalements arrivent enfin sur le bureau du procureur. Le parquet de Toulouse ouvre alors une enquête préliminaire. Le père G. est suspendu de son ministère, onze ans après la première lettre.

Stéphane Gotoghian
Diocèse d'Amiens
Date des faits : 2002-2012
Couvert par Mgr Noyer et Mgr Bouilleret
Entre 1998 et 2003, alors que Stéphane Gotoghian est encore séminariste, ses problèmes de comportement sont

signalés par courrier à l'évêque d'Amiens de l'époque, Mgr Noyer. Au milieu des années 2000, Mgr Bouilleret est alerté par trois prêtres et par la famille d'une victime d'un problème entre leur fils et le père Stéphane Gotoghian. Une alerte suffisamment sérieuse pour que le prélat encourage la famille à porter plainte, ce qu'elle ne fera pas. A la suite de cette rencontre, Mgr Bouilleret s'est contenté de « *signaler oralement* » les éléments au parquet, sans envoyer aucun signalement écrit, ni ne lancer d'enquête interne. Faute d'éléments, le parquet n'engagera aucune poursuite. Malgré ces témoignages, le père Gotoghian ne sera jamais suspendu par son supérieur, qui se contentera de lui retirer ses fonctions au contact avec des adolescents. Il faudra la plainte d'une famille en 2013 pour que l'affaire éclate. Le prêtre est condamné en 2014 à trois ans de prison pour l'agression sexuelle de cinq victimes, dont au moins deux mineurs.

Philippe Guillemain
Diocèse de Paris
Date des faits : 1988-1989
Couvert par une religieuse
Ce laïc, éducateur chez les Apprentis d'Auteuil, est condamné en 1997 à quinze ans de prison pour le viol de deux jeunes enfants. Dès la fin des années 1980, l'une des victimes s'était confiée à la religieuse en charge de l'établissement, qui avait choisi de ne pas croire l'enfant, se contentant de demander la démission de l'agresseur, sans alerter la justice. Au moment du procès, la religieuse échappera aux poursuites pour non-dénonciation grâce à la prescription.

Jean-Olivier Guinant
Diocèse de Tulle
Date des faits : 1988-1996

Annexe

Couvert par des prêtres
Condamné une première fois pour agression sexuelle sur mineur en 1997, Jean-Olivier Guinant est remis en paroisse peu après. Le curé est à nouveau condamné en 2008 à douze ans de prison pour le viol d'un enfant de chœur entre 1988 et 1994. Au cours du procès, plusieurs prêtres affirmeront avoir été informés des faits lors des confessions de Jean-Olivier Guinant et d'une victime, sans en alerter le diocèse.

Jean-Luc Heckner
Diocèse de Strasbourg
Date des faits : 1992-1998
Couvert par Mgr Hégélé
Informé par le curé de Thann (Haut-Rhin) des problèmes de comportement du prêtre avec de jeunes garçons, l'évêque auxiliaire de Strasbourg, Mgr Hégélé, avait simplement sermonné le jeune curé et l'avait nommé dans la paroisse d'Oderen. Lors du procès en 2001, le supérieur du séminaire du prêtre admettra avoir découvert une revue pédopornographique dans le courrier du clerc, sans en informer l'évêque. Jean-Luc Heckner a été condamné en 2001 à seize ans de réclusion pour des viols et des agressions sexuelles sur sept mineurs.

Jean-Dominique Lefèvre
Diocèse d'Autun
Date des faits : 1991-1999 et 2007
Couvert par les supérieurs de la communauté Saint-Jean
Informés à plusieurs reprises des actes du frère Jean-Dominique Lefèvre, ses supérieurs l'ont déplacé en France, puis en Roumanie, où il commet d'autres agressions. Quand l'affaire éclate, les frères de Saint-Jean l'envoient

faire une thérapie au Canada. Jean-Dominique Lefèvre est condamné à deux reprises en 2015 pour six agressions sur mineurs. L'enquête montrera que sa communauté a fait disparaître en 2003 des documents internes faisant état de la dangerosité du religieux.

Frère Albert
Congrégation de droit pontifical
Date des faits : Années 1990-2002
Couvert par les frères du Sacré-Cœur
En 2002, ce frère missionnaire installé à Conakry admet avoir agressé sexuellement au moins un mineur. Un aveu fait en présence d'une victime, de l'archevêque par intérim de Conakry et du supérieur local des frères du Sacré-Cœur. Le prêtre est simplement rapatrié en France. La congrégation affirme avoir fait des signalements à la justice française en 2003, soit près d'un an plus tard. L'agression n'a jamais été signalée à la justice guinéenne, pourtant directement concernée.

Père Robert M.
Congrégation de droit pontifical
Date des faits : années 1990
Couvert par les supérieurs des prêtres du Prado et Mgr Barbarin
Trois femmes, majeures au moment des faits, affirment avoir été agressées sexuellement par ce prêtre exerçant dans le diocèse de Lyon dans les années 1980 et 1999. Alerté par une victime en 2004, le supérieur des prêtres du Prado envoie au même moment le clerc en Guinée. Lui aussi informé des mêmes faits dès 2006, le cardinal Barbarin ne saisit pas la justice. Ce n'est que début 2017, en accord avec la Congrégation pour la doctrine de la foi, que

Annexe

l'institut du Prado interdit au père Robert M. d'exercer un ministère public pour une durée d'au moins cinq ans. Les conclusions de leur enquête canonique ont été transmises à la justice.

Bertrand Ollé
Diocèse de Toulouse
Dates des faits : 1997-2004
Couvert par des prêtres
Bertrand Ollé est un laïc, chef de chœur d'une paroisse de Toulouse. Au début de l'été 2004, des enfants le dénoncent auprès de deux prêtres et du chef de la chorale. Malgré ces alertes, la tournée du mois de juillet est maintenue, une agression y aura lieu. L'évêque Mgr Marcus est informé peu après par une famille et signale les faits à la justice après quelques jours d'attente. Bertrand Ollé est condamné en 2007 à cinq ans de prison pour huit agressions sexuelles sur mineurs.

Philippe Peignot
Fraternité Sacerdotale Saint-Pie-X
Date des faits : fin des années 1980-1990
Couvert par Mgr Fellay
Avertis des possibles agressions commises par cet abbé sur au moins un mineur dès les années 1990, les supérieurs généraux successifs de la fraternité Saint-Pie-X ne préviendront jamais la justice et le laisseront s'occuper de groupes scouts. Le prêtre est finalement condamné lors d'un procès canonique en 2010, mais aucune peine n'est prononcée à son encontre. Il quitte la fraternité Saint-Pie-X en 2014. En 2016, une victime présumée a porté plainte avec constitution de partie civile à l'encontre de l'abbé Peignot.

Église la mécanique du silence

Régis Peillon
Diocèse d'Autun
Date des faits : 2008-2014
Couvert par les supérieurs des frères de Saint-Jean
En 2008, le frère Jean-François Régis, de son nom civil Régis Peillon, confie à son supérieur du prieuré d'Abidjan (Côte d'Ivoire) avoir « *vérifié* » les organes sexuels d'une dizaine d'enfants. Il est renvoyé en France au prieuré de Rimont (Saône-et-Loire). Il agressera sexuellement un mineur en 2009 et un adulte en 2014, avant de se dénoncer à la justice pour ces deux faits en 2015 à la demande de ses supérieurs. Il est condamné en 2016 à un an de prison avec sursis pour agressions sexuelles. À ce jour, il n'a jamais été mis en cause pour les agressions commises en Côte d'Ivoire.

Bernard Preynat
Diocèse de Lyon
Date des faits : 1972-1991
Couvert par Mgr Decourtray, Mgr Balland, Mgr Billé, Mgr Barbarin
Informés à partir des années 1970 d'accusations d'abus sexuels de l'aumônier sur plusieurs scouts, les archevêques de Lyon successifs ne dénonceront jamais le prêtre aux autorités judiciaires. Début 2017, au moins 72 victimes présumées étaient recensées par la Parole libérée. Seules sept plaintes ont été retenues dans l'instruction judiciaire à cause de la prescription.

Frère R.
Diocèse d'Autun
Date des faits : 2003-2004
Couvert par les supérieurs des frères de Saint-Jean

Annexe

Dans les années 2000, une victime présumée livre un témoignage d'abus sexuels de la part du frère R. au prieur général des frères de Saint-Jean, Jean-Pierre Marie. Malgré cette alerte, le frère R. deviendra supérieur du prieuré de Bologne en Italie. En 2014, Mgr Carballo, secrétaire de la congrégation romaine pour les instituts de vie consacrée, et le cardinal Caffarra, archevêque de Bologne, sont également informés par un courrier de la victime présumée. En 2016, des procédures judiciaires et canoniques sont finalement ouvertes contre le frère R.

Joannes Rivoire
Congrégation de droit pontifical
Dates des faits : 1968-1970
Couvert par Mgr Rouleau et les supérieurs des Oblats de Marie-Immaculée

Dès 1991, une victime présumée commence à affirmer publiquement avoir subi des abus de la part du père Joannes Rivoire dans son enfance dans le Grand Nord canadien. En 1992, d'autres victimes se font connaître auprès du diocèse de Churchill-Baie d'Hudson (Canada) et de son évêque Mgr Rouleau, qui ne préviendra pas la justice. Recherché par la justice canadienne depuis 1998 pour quatre possibles agressions, Joannes Rivoire n'a jamais été dénoncé par sa congrégation, ni invité à revenir au Canada. Il vit aujourd'hui en France, sans jamais avoir été inquiété.

Christophe Roisnel
Fraternité sacerdotale Saint-Pie-X
Date des faits : 2010-2011
Couvert par Mgr Fellay

Église la mécanique du silence

Trois enseignantes d'un établissement scolaire privé des Yvelines accusent l'abbé Roisnel de viols lors de séances d'exorcisme. Informée de ces accusations, la fraternité Saint-Pie-X s'est alors contentée d'organiser le procès canonique du prêtre et de l'envoyer dans un couvent du Beaujolais de 2010 à 2013, avant sa mise en examen en 2014 pour viols, tortures et actes de barbarie.

Jean-François Sarramagnan
Diocèse de Bayonne
Date des faits : fin des années 1980
Couvert par : Mgr Molères et Mgr Aillet

Dès 1991, le prêtre Jean-François Sarramagnan avoue à des parents avoir abusé de leur fils âgé de 11 ou 12 ans au moment des faits. La famille alertera à l'époque l'évêque de Bayonne, Mgr Molères, puis son successeur, Mgr Aillet, par un courrier en 2009. Aucun ne saisira la justice. Le prêtre est finalement mis en examen en 2016, vingt-cinq ans après que le diocèse de Bayonne a été informé.

Remerciements

Nous remercions sincèrement les victimes, l'association La Parole libérée, les lanceurs d'alerte, les parents et les membres du clergé qui nous ont fait confiance et nous ont éclairés au fil de cette enquête.

www.ingramcontent.com/pod-product-compliance
Lightning Source LLC
Chambersburg PA
CBHW050134240426
43673CB00043B/1664